● 指 定 数 量

第4類危険物の指定数量

品　名	性　質	指定数量	主な物品
特殊引火物		50 l	ジエチルエーテル、二硫化炭素、アセトアルデヒド、酸化プロピレン
第1石油類	非水溶性	200 l	ガソリン、ベンゼン、トルエン、酢酸エチル
	水溶性	400 l	アセトン
アルコール類		400 l	メタノール（メチルアルコール）、エタノール（エチルアルコール）、イソプロピルアルコール（2-プロパノール）
第2石油類	非水溶性	1 000 l	灯油、軽油、キシレン、n-ブチルアルコール
	水溶性	2 000 l	酢酸
第3石油類	非水溶性	2 000 l	重油、クレオソート油、ニトロベンゼン
	水溶性	4 000 l	エチレングリコール、グリセリン
第4石油類		6 000 l	ギヤー油、シリンダー油
動植物油類		10 000 l	アマニ油、ナタネ油

第4類以外の危険物の指定数量（重要品名のみ）

類	品　名	物品名	指定数量
第2類	硫化りん（三硫化りん等）、赤りん、硫黄		100 kg
	鉄粉		500 kg
	引火性固体	固形アルコール	1 000 kg
第3類	カリウム、ナトリウム アルキルアルミニウム		10 kg
	黄りん		20 kg
第6類	すべて	過酸化水素、硝酸	300 kg

鈴木先生の
パーフェクト講義

Dr.Suzuki

乙4類危険物試験

鈴木幸男 著

Ohmsha

本書を発行するにあたって，内容に誤りのないようできる限りの注意を払いましたが，本書の内容を適用した結果生じたこと，また，適用できなかった結果について，著者，出版社とも一切の責任を負いませんのでご了承ください．

本書は，「著作権法」によって，著作権等の権利が保護されている著作物です．本書の複製権・翻訳権・上映権・譲渡権・公衆送信権（送信可能化権を含む）は著作権者が保有しています．本書の全部または一部につき，無断で転載，複写複製，電子的装置への入力等をされると，著作権等の権利侵害となる場合があります．また，代行業者等の第三者によるスキャンやデジタル化は，たとえ個人や家庭内での利用であっても著作権法上認められておりませんので，ご注意ください．

本書の無断複写は，著作権法上の制限事項を除き，禁じられています．本書の複写複製を希望される場合は，そのつど事前に下記へ連絡して許諾を得てください．

(社) 出版者著作権管理機構
(電話 03-3513-6969, FAX 03-3513-6979, e-mail：info@jcopy.or.jp)

JCOPY ＜(社)出版者著作権管理機構 委託出版物＞

読者の皆様方へ

☑ 1. 本書の主旨

　私は危険物講習の講師を約30年間勤めている現役の講師です。講習の傍ら各地で行われる試験を年15回ほど受け、試験問題を全部覚えて対策問題を作成していますが、最近受験して感じることは

　　① 年々出題される問題の変わり方が早くなっていること
　　② 難しい問題が増えていること

です。①に関して以前には法令や物理の中で、全く同じ問題に年間4回、5回と当たりましたが、最近は2回当たればよいほうです。また、②に関しては今までに参考例のない初めての出題で、講師でも正解を出すのに苦労する「新問題」が増えていることです。特に物理・化学にそれが顕著です。このような現状を鑑み、**最新の30回分の試験問題（約2年の収集による）を分析して作成したものが本書です**。市販の類書で、本書に勝るものはないと確信いたしております。貴方が有効に活用され、合格されることを期待しております。

☑ 2. 本書の特長

　豊富なデータをもとに**本書では危険物試験と同じ出題順の35問で構成し、番号を見ればどのような問題が出るのか一目瞭然にしました**。また、ix～xiページのデータを見ていただければ、出題率が細部の項目までわかります。

〈科目別の出題傾向〉

	出題数	ほぼ毎回出る問題
危険物に関する法令（法令）	15	10（67％）
基礎的な物理学及び基礎的な化学（物理・化学）	10	3（30％）
危険物の性質並びに火災予防及び消火の方法（性質）	10	7（70％）

　貴方が大事だと思っていた問題や苦手な問題の出題率は何パーセントでしょうか？

　また、貴方は毎回出題されるたいせつな問題をおろそかにして、ほとんど出ない問題にこだわっていませんでしたか。

　本書を使えば、効率的な勉強をしていただけます。

　特に多くの受験生の皆さんが苦手といわれる、物理・化学の「物理・化学・燃焼・消火」の4項目については、16番から25番までの10問で構成されております。

ここでは出題数の多い『燃焼』の重要問題を前半に配し、近年出題数の低い「物質の三態」、「熱の移動」、「液体（ガソリン）の膨張計算」など『物理』の範疇に入る問題を後半に収録して、より実践に則った内容にしています。

入学前の補講
完璧な出題分析＋本書➡合格への近道！

☑ 1．危険物取扱者乙種第 4 類試験の概要
(1) 受験資格

受験資格に経験など制限がないので、誰でも受験ができます。
(2) 試験科目

出題数と合格点

科　目	出題数	合格に必要な正解数
危険物に関する法令（法令）	15	9（60％）
基礎的な物理学及び基礎的な化学（物理・化学）	10	6（60％）
危険物の性質並びにその火災予防及び消火の方法（性質）	10	6（60％）

※合格には、科目ごとにそれぞれ 60％以上の正解が必要です。合計点で 60％以上であっても 1 科目でも 60％に満たない場合は、合格できません。

(3) 試験時間

2 時間（拘束 35 分間）

(4) その他

五肢択一式、計算機は使用不可

　"正しいもの""誤っているもの"のいずれを選ぶにしても、**五肢択一式は山勘で答えをだすのは難しいです**。しかし、"なぜ"その答えになるかを理解すれば、関連の他の問題についても解答できる場合が多いので、勉強の仕方がたいせつとなります。

☑ 2．"合格の秘訣"

合格の秘訣は、五肢択一式の問題の各項目すべてに、〇×の印を付けることです。
(1) **1 項目ずつ文章を最後まで読み、正しい項には〇印を、誤っている項には×印をする**（後述の例題参照）。
(2) **誤っていて×印をした項は、誤っている箇所を正しく直す**（簡単な文章や数値等）。

　　　　　　　　　　　　　　　　　　　　－40℃以下
　　（例：自動車ガソリンの引火点は、常温（20℃）より高い。）

(3) **本書で解説されておらず、わからない項には？マークをして、無理に〇×の印をしない**。難しくて？マークをした項が答えになることは、およそ 95％の確率でありません（最近の出題傾向より）。
(4) **正しいものを選ぶ問題は、〇が 1 個、×が 4 個付くので〇印の番号が答えです**。誤っているものを選ぶ問題では、この逆になります（後述の例題参照）。

(5) たいせつで覚えてほしい問題は何度も出るので、このようにすべてに○×の印を付けて解答することで、自然に問題を覚えて物理・化学や性質に強くなり、合格できるはずです。
　面倒だと思わずにまずはやってみよう！

〔例　題〕
【問1】自動車ガソリンの性状について、次のうち誤っているものはどれか。
　　　○1．揮発性物質である。
　　　○2．水面に流れたものは、広がりやすい。
　　　○3．流動摩擦等により静電気が発生しやすい。
　　　×4．**自動車ガソリンの蒸気比重は1より小さい。**→大きい。
　　　○5．引火点は−40℃以下である。
【問2】自動車ガソリンの性状について、次のうち正しいものはどれか。
　　　×1．自然発火しやすい。→引火点が低いので引火しやすいが、自然発火はしない。
　　　×2．**自動車ガソリンの蒸気比重は1より小さい。**→大きい。
　　　×3．燃焼範囲は、ジエチルエーテルより広い。→狭い（おおむね1〜8％）。
　　　×4．発火点は、二酸化炭素より低い。→高い。約300℃。
　　　○5．水よりも軽い。

　受験生の皆さん、設問が「正しいか」「誤っているか」のいかんにかかわらず、答えの項目に○印でチェックしているだけではありませんか？　このやり方で例題を行うと
　　　問1の4項「自動車ガソリンの蒸気比重は1より小さい。」
では、誤っている選択肢が答えになるので4項に○印を付けてしまい、一方、同じ内容の問2の2項では×印を付けることになります。このように同じ文章でも○が付いたり×が付いたりすると、頭の中が混乱して、できる問題でも間違ったり、なかにはパニックになる方もいます。そのようなことを防ぎ**危険物試験に強くなるために、五肢択一式の各項目には正しければ○印を、誤っていれば×印をしてみてください！**

☑ 3．本書の効果的な使い方
(1) 構　成
　各問題ともに①**合格のポイント**から始まり、②**よく出題される問題（＋レベルアップ問題）**、③**解答＆パーフェクト講義**の3部門で構成してあります。
① 合格のポイント
　問題を解くためのテキストです。不要な部分は極力省略し、必要な内容のみを掲載しました。試験問題では「誤っているものはどれか」という問題が半数近くあります。市販の教科書、問題集には正しいことは数多く解説されていますが、誤っている項目の解

説は少ないのが実態です。本書では、最近の出題傾向よりまとめた「このような文言は誤っている」等を主要な項目に掲載しました。

また、最近の試験問題に効率よく対処するために、「最近の試験問題で実力アップ！」という項目も設け、解答には○か×かを記載し、誤っている場合には解説を入れました。また、より理解を深め、解答する実戦力を養うことのできるポイント解説を配しています。

イ．出題分析アドバイス（←出題傾向をふまえた解説）

ロ．得点力 UP のツボ（←より実戦的な解答力を解説）

② **よく出題される問題**

最近 2 年間の出題傾向を参考にして作成した、最新の予想問題です。問題は 5 ～ 10 問程度で構成しており、出題頻度の高いものは右のようなイラストを入れました。

なお、レベルアップ問題は、難しい問題または最近出題された新問題です。

③ **解答＆パーフェクト講義**

イ．考え方のポイント

問題を解く鍵を端的にまとめポイントとして掲載しましたが、「合格のポイント」での説明だけで解ける問題は極力省略しました。

ロ．解法のテクニック

より効率的に問題を解くための関連知識も解説しました。

ハ．解　答

○**印の正しい項目**の解説は練習問題に記載された内容どおりなので、たいせつで他の問題にも関連のある項目を主に解説し掲載しました。

×**印の誤っている項目**の解説は、「"なぜ"誤っているのか」を理解できるよう基本的に全部掲載しました。

(2) **効果的な使い方**

★問題に取り組むうえでの留意点

- 1 回の受験で合格を目指すためには、各科目で 80 ％以上の得点を取ることがたいせつです。80 ％以上の得点を取るために、次のことに留意して問題に取り組みましょう。
- 各問題は最低 3 回行うため答えを書かないようにし、296 ページ付録の「解答記入用紙」を A4 に拡大（130 ％）コピーして使ってください。引火点や発火点等の数値は、ノートやメモ用紙等に書いて覚えるようにしてみよう！　消えるボールペンも有効に使ってください。
- わからない問題はそのままにしておき、後ほど解説で確認して覚えるようにしてください。山勘で正解しても、本試験で間違っては意味がありません。

★次のステップで問題に取り組みましょう

① 問題は3回行う

　同じ問題を3回行えば、苦手な問題も自然に覚えられます。また、1回目に1時間使って答えを出した問題も、2回目は40分、3回目は30分と早くできるようになります。

② 法令の場合の実施例

　問題1～問題5を実施→解説で答えの確認

　問題6～問題10を実施→解説で答えの確認

　問題11～問題15を実施→解説で答えの確認

　＊このパターン（5問題ずつ解く）を以降同じ内容で2回繰り返す。

　1回目は問題1を行い解説で答えを確認し、次いで問題2を行い解説で答えを確認するパターンでもかまいません。2回目以降は、実施例を参考に行ってください。

③ 物理・化学の場合の実施例

　問題16～問題20を実施→解説で答えの確認

　問題21～問題25を実施→解説で答えの確認

　＊このパターン（5問題ずつ解く）を以降同じ内容で2回繰り返す。

　物理・化学が苦手な方は、問題を1つずつ行い重要なポイントを覚えてください。

④ 性質の場合の実施例

　物理・化学と同様に行ってください。

⑤ 時間に余裕があれば、苦手な項目をもう一度やってみてください。

⑥ すべて終了したならば、あなたは合格に一歩近付きました。自信をもって試験に臨んでください。

☑ 4．問題の順番と項目ごとの平均出題率

表の見方（最新の出題傾向のデータ）

① 問題の番号と項目の内訳

　実際の危険物試験の問題番号と項目であり、90％の確率でほぼこの通りに出題されます。

② 出題率

　最近の2年間に出題された問題から収集した30回分の試験問題を分析したデータです。問題1の消防法上の危険物の出題率100％とは、毎回必ず出るということです。50％の項目は、平均2回に1回出題されています。

③ 最近の出題傾向

　法令と性質は、出る項目がほぼわかっています。わからないのは物理・化学です。次ページに、より細分化した項目別の出題率（出題傾向）を示しましたが、物理・化学では問題22の「1-②比重と密度」のように出題率は低いが、関連問題として、性質では必ず出る項目もあるので、苦手なものがないようにしましょう！

危険物に関する法令

番 号	項目の内訳	出題率〔%〕	掲載ページ
☆問題 1	消防法上の危険物	100	1
問題 2	製造所の区分、予防規程 ① 製造所の区分 ② 予防規程	70 (27) (43)	8
☆問題 3	指定数量	103	16
☆問題 4	保安距離・保有空地	100	23
☆問題 5	消火設備・警報設備	110	29
問題 6	製造所等の基準 1 1-① 製造所の一般的な構造 1-② 屋内貯蔵所 1-③ 屋外タンク貯蔵所 1-④ 屋内タンク貯蔵所 1-⑤ 地下タンク貯蔵所 1-⑥ 屋外貯蔵所 製造所等の基準 2 2-① 給油取扱所 2-② 販売取扱所、標識・掲示板	97 (13) (3) (17) (3) (10) (7) (30) (13)	36 45
☆問題 7	各種申請手続き（許可、承認、届出等）	127	55
☆問題 8	法令違反に対する措置（許可の取り消し等）	103	63
☆問題 9	定期点検	103	71
☆問題 10	危険物取扱者、免状の交付・書換え他	117	78
問題 11	保安講習	73	87
問題 12	危険物保安監督者、危険物施設保安員他 ① 危険物保安監督者 ② 危険物施設保安員 ③ 所有者等の責務他	103 (63) (27) (13)	94
問題 13	移動タンク貯蔵所（移送の基準を含む） ① 移動タンク貯蔵所 ② 移送の基準	93 (57) (37)	104
☆問題 14	危険物運搬の基準	100	111
☆問題 15	貯蔵・取扱いの基準	100	118

☆：項目別の出題率が 80％以上で、ほぼ毎回出題される問題です。

＊30回分の試験問題を分析したデータなので、各問題の出題率と（　）内の内訳の合計が、四捨五入により合わない場合があります。

＊出題率が 100％を超えているものは、1回の試験で2問以上出題されたものです。

基礎的な物理学・基礎的な化学

番　号	項目の内訳	出題率〔%〕	掲載ページ
問題 16	燃焼の基礎知識他 ① 燃焼の基礎知識 ② 完全燃焼・不完全燃焼	103 (70) (33)	127
☆問題 17	燃焼の仕方、燃焼の難易 ① 燃焼の仕方（蒸発燃焼他） ② 燃焼の難易	153 (63) (90)	136
問題 18	引火点、燃焼範囲、発火点他 ① 引火点 ② 燃焼範囲 ③ 引火点と燃焼範囲 ④ 発火点 ⑤ 引火点、発火点、燃焼範囲の総合問題 ⑥ 物質の危険性	87 (27) (20) (20) (7) (10) (3)	146
☆問題 19	消火の基礎知識	103	156
問題 20	自然発火、燃焼の総合問題他 ① 自然発火 ② 粉じん爆発 ③ 燃焼の総合問題	67 (37) (17) (13)	165
☆問題 21	静電気	100	173
問題 22	物理 1 1-① 物質の三態 **1-② 比重と密度** 1-③ 沸騰と沸点 1-④ 気体の性質（ボイルの法則等） 1-⑤ 潮解・風解 物理 2 2-① 比熱と熱容量 2-② 熱量の計算 2-③ 熱の移動 2-④ 熱膨張 2-⑤ 液体（ガソリン）の膨張計算 2-⑥ 湿度、物理総合問題	93 (10) **(3)** (10) (3) (10) (10) (20) (13) (3) (3) (7)	181 189
問題 23	物理変化・化学変化、化合物・混合物他 ① 物理変化・化学変化 ② 単体・化合物・混合物 ③ 化学反応・熱化学他 ④ 溶液・溶解度・濃度 ⑤ その他	100 (10) (43) (40) (3) (3)	197
問題 24	金属・イオン化傾向・腐食、有機化合物 ① 金属・イオン化傾向・腐食 ② 有機化合物 ③ 物理化学の総合問題	97 (63) (33) (0)	207

問題 25	酸・塩基・pH、酸化と還元他	93	215
	① 酸・塩基・pH	(40)	
	② 酸化と還元	(43)	
	③ 酸化剤・還元剤	(0)	
	④ 化学総合問題	(10)	

危険物の性質・火災予防・消火の方法

番号	項目の内訳	出題率〔%〕	掲載ページ
☆問題 26	危険物の類ごとの性質	100	223
☆問題 27	第4類に共通する特性	90	230
☆問題 28	第4類に共通する火災予防	120	239
☆問題 29	事故事例	80	248
☆問題 30	第4類に共通する消火の方法	123	255
☆問題 31	第1石油類-1（ガソリン）	100	263
問題 32	第2石油類（灯油・軽油・酢酸他）	120	269
	① 灯油・軽油	(63)	
	② キシレン	(10)	
	③ 酢酸他	(47)	
問題 33	第3石油類、第4石油類、動植物油類他	110	275
	① 第3石油類（重油）	(37)	
	② 第4石油類	(17)	
	③ 動植物油類	(30)	
	④ 第4類全般	(27)	
問題 34	特殊引火物、アルコール類	93	284
	① 特殊引火物	(47)	
	② アルコール類	(47)	
問題 35	第1石油類-2（ガソリン以外）	63	291
	① ベンゼン・トルエン	(40)	
	② アセトン	(20)	
	③ その他	(3)	

目次

1学期 危険物に関する法令

- 問題 ❶ 消防法上の危険物 …………………………………………………… 1
- 問題 ❷ 製造所等の区分、予防規程 ………………………………………… 8
- 問題 ❸ 指定数量 ……………………………………………………………… 16
- 問題 ❹ 保安距離・保有空地 …………………………………………………… 23
- 問題 ❺ 消火設備 ……………………………………………………………… 29
- 問題 ❻-1 製造所、屋内貯蔵所、屋外タンク貯蔵所、屋内タンク貯蔵所、地下タンク貯蔵所、屋外貯蔵所 ……………………………………… 36
- 問題 ❻-2 給油取扱所、販売取扱所、標識・掲示板他 …………………… 45
- 問題 ❼ 設置許可申請等の手続き（許可・承認・認可・届出等）………… 55
- 問題 ❽ 法令違反に対する措置（設置許可の取り消し・使用停止命令他）… 63
- 問題 ❾ 定期点検 ……………………………………………………………… 71
- 問題 ❿ 危険物取扱者、危険物取扱者免状の交付・書換え・再交付他 … 78
- 問題 ⓫ 保安講習 ……………………………………………………………… 87
- 問題 ⓬ 危険物保安監督者、危険物施設保安員、危険物保安統括管理者、所有者等の責務他 ……………………………………………………… 94
- 問題 ⓭ 移動タンク貯蔵所、移送の基準 ………………………………… 104
- 問題 ⓮ 危険物運搬の基準 ………………………………………………… 111
- 問題 ⓯ 貯蔵・取扱いの基準 ……………………………………………… 118

2学期 基礎的な物理学・基礎的な化学

- 問題 ⓰ 燃焼の基礎知識、完全燃焼と不完全燃焼 ……………………… 127
- 問題 ⓱ 燃焼の仕方、燃焼の難易 ………………………………………… 136
- 問題 ⓲ 引火点、燃焼範囲、発火点 ……………………………………… 146
- 問題 ⓳ 消火の基礎知識 …………………………………………………… 156
- 問題 ⓴ 自然発火、粉じん爆発、燃焼の総合問題 ……………………… 165
- 問題 ㉑ 静電気 ………………………………………………………………… 173
- 問題 ㉒-1 物質の三態、比重、沸騰、気体の性質、潮解・風解 ……… 181

問題 22-2	比熱と熱容量、熱量の計算、熱の移動、 液体（ガソリン）の膨張計算、湿度、物理総合 ·················	189
問題 23	物理変化・化学変化、単体・化合物・混合物、 化学反応・熱化学他 ·································	197
問題 24	金属・イオン化傾向・腐食、有機化合物 ·················	207
問題 25	酸・塩基・pH、酸化と還元他 ·························	215

3学期　危険物の性質・火災予防・消火の方法

問題 26	危険物の類ごとの性質 ································	223
問題 27	第4類に共通する特性 ································	230
問題 28	第4類に共通する火災予防 ····························	239
問題 29	事故事例 ··	248
問題 30	第4類に共通する消火の方法 ··························	255
問題 31	第1石油類-1（ガソリン） ··························	263
問題 32	第2石油類（灯油・軽油・酢酸・キシレン他） ············	269
問題 33	第3石油類、第4石油類、動植物油類、第4類全般 ········	275
問題 34	特殊引火物、アルコール類 ····························	284
問題 35	第1石油類-2（ベンゼン・トルエン・アセトン他） ········	291

解答用紙 ··· 296

危険物に関する法令

問題 1 消防法上の危険物

☑ 1. 消防法上の危険物
① 消防法でいう「**危険物**」とは、「**消防法別表第 1 の品名欄に掲げる物品**」をいう。
② 危険物は常温（20℃）で固体又は液体であり、プロパン、水素ガス等の気体は危険物ではない。

〈消防法別表第 1 より抜粋（最近の出題傾向より）〉

類 別	性 質	品 名
第 1 類	酸化性固体	塩素酸塩類、硝酸塩類、過マンガン酸塩類他
第 2 類	可燃性固体	硫化りん、赤りん、**硫黄**、鉄粉、マグネシウム 金属粉（アルミニウム粉、亜鉛粉）他
第 3 類	自然発火性及び禁水性物質	カリウム、**ナトリウム**、アルキルリチウム、黄りん他
第 4 類	引火性液体	特殊引火物、第 1 石油類、アルコール類、第 2 石油類他
第 5 類	自己反応性物質	有機過酸化物、硝酸エステル類、ニトロ化合物他
第 6 類	酸化性液体	**過酸化水素、硝酸**、過塩素酸他

危険物でない物品：プロパン、**水素**、液体酸素、硫酸、クロルスルホン酸、ニッケル粉、消石灰

☑ 2. 消防法別表の備考（消防法別表の備考より抜粋）
1. 特殊引火物とは、**ジエチルエーテル、二硫化炭素**その他 1 気圧において、発火点が 100℃以下のもの又は引火点が－20℃以下で沸点が 40℃以下のものをいう。
2. 第 1 石油類とは、**アセトン、ガソリン**その他 1 気圧において、**引火点が 21℃未満**のものをいう。
3. アルコール類とは、1 分子を構成する炭素の原子の数が 1 個から 3 個までの飽和一価アルコール（変性アルコールを含む）をいう（**含有量が 60％未満の水溶液を除く**）。

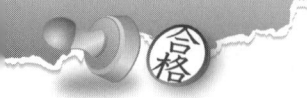

4. 第2石油類とは、灯油、軽油その他1気圧において引火点が21℃以上70℃未満のものをいう。
5. 第3石油類とは、重油、クレオソート油その他1気圧において引火点が70℃以上200℃未満のものをいう。
6. 第4石油類とは、ギヤー油、シリンダー油その他1気圧において引火点が200℃以上250℃未満のものをいう。
7. 動植物油類とは、動物の脂肉等又は植物の種子若しくは果肉から抽出したものであって、1気圧において引火点が250℃未満のものをいう。

最近の試験問題で実力アップ！

① 危険物の指定数量は、全国で同一である。　　　　　　　　　　　　答（○）
② クレオソート油は、第4石油類に相当する。
　→クレオソート油は、第3石油類に相当する。　　　　　　　　　　　答（×）

出題分析アドバイス

上記②のように、合格のポイントの「2.消防法別表の備考」の点線を引いた危険物名（上記シリンダー油等）の出題が増えている。

よく出題される問題

問1 法令上、危険物に関する記述として、次のうち誤っているものはどれか。

1. 法別表第1の品名欄に掲げる物品で、同表に定める区分に応じ、同表の性質欄に掲げる性状を有するものをいう。
2. 酸化性固体、可燃性固体、自然発火性物質及び禁水性物質、引火性液体、自己反応性物質、酸化性液体に分類される。
3. 危険物の性質により、第1類から第6類に分類されている。
4. 1気圧において、温度零度で固体又は液体の状態であるものと定義されている。
5. 法別表に掲げる品名のほか、政令で定められている品名がある。

問2 法別表第1の性質欄に掲げる危険物の性状について、次のうち該当しないものはどれか。

1. 可燃性気体
2. 自然発火性物質及び禁水性物質
3. 酸化性固体

4. 自己反応性物質
5. 酸化性液体

問3 法別表第1に掲げる危険物の類別、性質及び品名で、次のうち正しいものの組合せはどれか。

	類 別	性 質	品 名
1	第1類	酸化性固体	ナトリウム
2	第3類	自然発火性物質及び禁水性物質	硫化りん
3	第4類	自己反応性物質	アルコール類
4	第5類	引火性液体	過マンガン酸塩類
5	第6類	酸化性液体	過塩素酸

問4 消防法別表第1の備考に掲げる品名の説明として、次のうち正しいものはどれか。
1. 特殊引火物とは、ジエチルエーテル、二硫化炭素その他1気圧において、発火点が100℃以下のもの又は引火点が－20℃以下で沸点が40℃以下のものをいう。
2. 第1石油類とは、ガソリン、軽油その他1気圧において引火点が21℃未満のものをいう。
3. 第2石油類とは、灯油、アセトンその他1気圧において引火点が21℃以上70℃未満のものをいう。
4. 第3石油類とは、重油、シリンダー油その他1気圧において引火点が70℃以上200℃未満のものをいう。
5. 第4石油類とは、ギヤー油、クレオソート油その他1気圧において引火点が200℃以上のものをいう。

問5 法別表第1に定める危険物の品名について、次のうち誤っているものはどれか。
1. 二硫化炭素は、特殊引火物に該当する。
2. アセトンは、第1石油類に該当する。
3. 軽油は、第2石油類に該当する。
4. 重油は、第3石油類に該当する。
5. クレオソート油は、第4石油類に該当する。

問6 法令上、次の文の（ ）内のA～Bに当てはまる語句の組合せとして、正しいものはどれか。

「アルコール類とは、1分子を構成する炭素の原子の数が（ A ）までの飽和1価アルコール（変性アルコールを含む）をいい、その含有量が（ B ）未満の水溶液を除く。」

	A	B
1.	1～3個	60 %
2.	2～4個	60 %
3.	3～6個	50 %
4.	1～3個	50 %
5.	2～4個	50 %

問7 法別表第1に品名として記載されている危険物は、次のA～Eの物質のうちいくつあるか。

A. 黄りん
B. 硝酸
C. プロパン
D. 水素
E. 過酸化水素

1. 1つ　　2. 2つ　　3. 3つ　　4. 4つ　　5. 5つ

問8 法別表第1に危険物の品名として記載されている組合せで、次のうち正しいものはどれか。

1. カリウム　　　　　プロパン
2. 黄りん　　　　　　消石灰
3. 塩酸　　　　　　　ニトロ化合物
4. アルコール類　　　硝酸
5. 液体酸素　　　　　硝酸塩類

解答 & パーフェクト講義

問1 解答 4

○1. 法別表第1の品名欄に掲げる物品（p.1 消防法別表第1より抜粋参照）で、同表に定める区分に応じ、同表の性質欄に掲げる性状を有するものをいう。

○2. 酸化性固体（第1類）、可燃性固体（第2類）、自然発火性物質及び禁水性物質（第3類）、**引火性液体（第4類）**、自己反応性物質（第5類）、酸化性液体（第

6類）に分類される。
- ○3. 危険物の性質により、第1類から第6類に分類されている。
- ×4. **危険物は1気圧において、温度零度（0℃）ではなく常温（20℃）で、固体又は液体の状態**であるものと定義されている。
- ○5. 法別表に掲げる品名のほか、政令で定められている品名がある。

> **得点力UPのツボ**
> ①一項目ずつ文章を最後まで読み、正しい項には○印を、誤っている項には×印を付ける。
> ②誤っているとして×印をした項は、誤っている箇所を正しく直す。
> 　　　　　　　　　　　　　　　－40℃以下
> 　　例：ガソリンの引火点は、常温（20℃）以上である。
> ③わからない項には？マークを付け、無理に○×の印を付けない。本書にその項に関する説明がなく解答を導くのが難しくて？マークを付けた項が答えになることは、およそ95％の確率でありません。
> ④正しいものを選ぶ問題は、○が1個、×が4個付くので○印の番号を解答とする。誤っているものを選ぶ問題では、この逆になる。
> ⑤このようにすべてに○×の印を付けて問題を行えば、自然に問題を覚えられるので危険物の試験問題に強くなり、合格できるはずです。面倒だといわずにやってみよう！

問2 解答1

解法のTechnique ★ p.1の消防法別表第1より抜粋の表を見て問題を解いてみよう！

- ×1. 可燃性気体→可燃性気体とは、「高圧ガス保安法」で規制されているプロパン（ガス）や水素（ガス）等であり、消防法上の危険物ではない。
- ○2. 自然発火性物質及び禁水性物質→第3類の危険物
- ○3. 酸化性固体→第1類の危険物（不燃性）
- ○4. 自己反応性物質→第5類の危険物
- ○5. 酸化性液体→第6類の危険物（不燃性）

> **得点力UPのツボ**
> p.1の表を見て、「2. 自然発火性物質及び禁水性物質→**第3類の危険物**」と記入してみよう！ これを続けていくと、自然と問題とその解答が身につき危険物試験に強くなります。問題集に正解が記入してあると2回目に解くときの効果が薄くなるので、メモ用紙等に記入し効果を上げよう！

問3　解答5

	類　別	性　質	品　名
×1	第1類	○酸化性固体	×ナトリウム→第3類
×2	第3類	○自然発火性物質及び禁水性物質	×硫化りん→第2類
×3	第4類	×自己反応性物質→引火性液体	○アルコール類
×4	第5類	×引火性液体→自己反応性物質	×過マンガン酸塩類→第1類
○5	第6類	○酸化性液体	○過塩素酸

得点力UPのツボ
品名の物質はすべて危険物であるが、×印は類が誤っているので正しい類を記入しておこう！
第6類の品名は過酸化水素か硝酸の出題が多いが、過塩素酸も覚えておこう！

問4　解答1

○ 1. **特殊引火物とは、ジエチルエーテル、二硫化炭素その他1気圧において、発火点が100℃以下のもの又は引火点が－20℃以下で沸点が40℃以下のもの**をいう。

× 2. **第1石油類とは、ガソリン、アセトン**（軽油は第2石油類なので誤っている）その他1気圧において**引火点が21℃未満**のものをいう。

× 3. 第2石油類とは、灯油、軽油でありアセトンが誤っている。引火点は正しい。

× 4. **第3石油類とは、重油、クレオソート油**でありシリンダー油が誤っている。

× 5. 第4石油類とは、ギヤー油、シリンダー油でありクレオソート油が誤っている。また、引火点が200℃以上250℃未満のものをいう。

出題分析アドバイス
消防法上の危険物は第1類から第6類まであるが、その中でも第4類が最も多く出題される。特に合格のポイントの「2. 消防法別表の備考」が大切で、以前は特殊引火物、第1石油類、アルコール類からの出題が多くあったが、最近は全般的に出題されるように変わってきた。

問5　解答5

× 5. **クレオソート油は、第4石油類ではなく第3石油類に該当する**

出題分析アドバイス
最近のこれらの類似問題では、クレオソート油（第3石油類）、シリンダー油（第4石油類）が答えになっている問題が多い。

問6 解答1　A：1～3個　B：60％

「アルコール類とは、1分子を構成する炭素の原子の数が（A：1～3個）までの飽和1価アルコール（変性アルコールを含む）をいい、その含有量が（B：60％）未満の水溶液を除く。」

> 得点力UPのツボ
> アルコール類ではA項のみを問う問題もあるが、1～3個と60％の2つの数値を覚えれば万全である。

問7 解答3

○ A. 黄りん→第3類の危険物で固体
○ B. 硝酸→第6類の危険物で液体
× C. プロパン→プロパン（ガス）は気体なので、消防法上の危険物でない。
× D. 水素→水素（ガス）は気体なので、消防法上の危険物でない。
○ E. 過酸化水素→第6類の危険物で液体
× 1. 1つ　　× 2. 2つ　　○ 3. 3つ　　× 4. 4つ　　× 5. 5つ

> 得点力UPのツボ
> p.1の〈消防法別表第1より抜粋〉の表を見て解答したときは、問題には「A. 黄りん→第3類の危険物」と記入し、表の3類の黄りんに蛍光ペンで色を付けよう！　面倒なようだがこうして少し工夫すれば、自然に頭の中に問題とその解答が蓄積されていく。また、問2に記したように、消防法上の危険物は、液体と固体で気体は含まれない。

問8 解答4

× 1. カリウム○（第3類）　　　　プロパン×
× 2. 黄りん○（第3類）　　　　消石灰×
× 3. 塩酸×　　　　　　　　　　ニトロ化合物○（第5類）
○ 4. **アルコール類○（第4類）　　硝酸○（第6類）**
× 5. 液体酸素×　　　　　　　　硝酸塩類○（第1類）

問題 ❷ 製造所等の区分、予防規程
合格のポイント！

1 製造所等の区分

危険物施設＝製造所等 ─┬─ 1. 製造所　　1 施設　┐
　　　　　　　　　　　├─ 2. 貯蔵所　　7 施設　├─ 合計 12 施設
　　　　　　　　　　　└─ 3. 取扱所　　4 施設　┘

合計 12 施設をまとめて、危険物施設あるいは製造所等という。

☑ **1．製造所**
　製造所→危険物を製造する施設

☑ **2．貯蔵所**
① 屋内貯蔵所　　　→**屋内の場所において、危険物を貯蔵し、又は取り扱う施設**
　　　　　　　　　　（タンクはない）
② 屋外タンク貯蔵所→屋外にあるタンクにおいて、危険物を貯蔵し、又は取り扱う施設
③ 屋内タンク貯蔵所→屋内にあるタンクにおいて、危険物を貯蔵し、又は取り扱う施設
④ **地下タンク貯蔵所→地盤面下に埋設されているタンクにおいて危険物を貯蔵し、又は取り扱う施設**
⑤ 簡易タンク貯蔵所→簡易タンクにおいて危険物を貯蔵し、又は取り扱う施設
⑥ 移動タンク貯蔵所→車両に固定されたタンクにおいて危険物を貯蔵し、又は取り扱う施設
　（タンクローリー）
⑦ 屋外貯蔵所　　　→屋外の場所において第 2 類の硫黄、引火性固体（引火点 0℃以上のもの）又は第 4 類の第 1 石油類（引火点 0℃以上のもの）、アルコール類、第 2 石油類、第 3 石油類、第 4 石油類等を貯蔵し、又は取り扱う施設（タンクはない）

☑ **3．取扱所**
① 給油取扱所　　　→固定した給油設備によって自動車等の燃料タンクに直接給油するため、危険物を取り扱う施設
　（ガソリンスタンド）
② 販売取扱所　　　→**店舗において容器入りのままで販売するため、危険物を取り扱う施設**
　（塗料店等）
　　　　　　　　　　・第 1 種販売取扱所：指定数量の倍数が 15 以下
　　　　　　　　　　・第 2 種販売取扱所：指定数量の倍数が 15 を超え 40 以下
③ 移送取扱所　　　→配管及びポンプ等によって、危険物を取り扱う施設

④ 一般取扱所　　　→給油取扱所、販売取扱所、移送取扱所以外の取扱所
　（灯油の店等）

2 予防規程

　予防規程とは、製造所等の火災を予防するため、危険物の保安に関し必要な事項を定めたもので、**所有者等が作成し、経営者、従業員等が守らなければならない規程**である。

☑ 1. 予防規程の作成と変更
① 予防規程を**作成や変更**したときは、**市町村長等の認可**が必要。
② 市町村長等は火災予防のために、予防規程の変更を命じることができる。

☑ 2. 予防規程を定めなければならない製造所等→すべての製造所等に必要なわけではない。
指定数量の倍数に規制のある危険物施設→5 施設
　・製造所　・一般取扱所　・屋内貯蔵所　・屋外貯蔵所　・屋外タンク貯蔵所
指定数量に規制がなく、すべてに必要な危険物施設→2 施設
　・給油取扱所　・移送取扱所

☑ 3. 予防規程に定めるべき主な事項（重要項目を抜粋）
① 危険物保安監督者が旅行、疾病等によって職務を行うことができない場合に、その職務の代行者。
② 化学消防車の設置・自衛の消防組織に関すること。→自衛消防組織を定めていても、予防規程は必要。
③ 危険物の保安に係わる作業に従事する者に対する保安教育に関すること。

④ 危険物施設の運転又は操作に関すること。
⑤ 顧客に自ら給油等をさせる給油取扱所（セルフスタンド）にあっては、監視その他保安の措置等。

最近の試験問題で実力アップ！

次の問題も大切で、別の問題では答えになりうる事項のため、しっかり覚えておこう！

① 消防署長は火災予防のために必要があるときは、予防規程の変更を命じることができる。→変更を命じることができるのは、市町村長等なので誤っている。
② 予防規程は、指定数量の倍数が100以上の製造所等において定めなければならない。→製造所等には、12の危険物施設すべてが含まれるので誤っている。また、製造所に限れば、予防規程が必要なのは指定数量の倍数が10以上である。
③ 予防規程は、当該製造所等の危険物取扱者や危険物保安監督者が定めて認可を受けなければならない。→定めるのは製造所の所有者等なので誤っている。
④ 予防規程には、製造所等において発生した火災及び消火のために要した費用やその損害調査に関することを定めなければならない。→必要がないので誤っている。

よく出題される問題

☑ 1. 製造所等の区分

問1 法令上、製造所等の区分について、次のうち正しいものはどれか。

1. 屋外貯蔵所……………屋外の場所において第4類の危険物のみを貯蔵し、又は取り扱う貯蔵所
2. 移動タンク貯蔵所………車両、鉄道の貨車又は船舶に固定されたタンクにおいて危険物を貯蔵し、又は取り扱う貯蔵所
3. 一般取扱所……………一般の店舗において容器入りのままで販売するため危険物を取り扱う取扱所
4. 屋内貯蔵所……………屋内の場所において、危険物を貯蔵し、又は取り扱う貯蔵所
5. 地下タンク貯蔵所………屋内にあるタンクにおいて危険物を貯蔵し、又は取り扱う貯蔵所

問題2 製造所等の区分、予防規程

問2 法令上、製造所等の区分について、次のうち正しいものはどれか。

1. 屋外にあるタンクで危険物を貯蔵し、又は取り扱う施設を屋外貯蔵所という。
2. 屋内にあるタンクで危険物を貯蔵し、又は取り扱う施設を屋内貯蔵所という。
3. 店舗において容器入りのままで販売するため、指定数量の倍数が15以下の危険物を取り扱う取扱所を第1種販売取扱所という。
4. ボイラーで重油等を消費する施設を製造所という。
5. 金属製ドラム等に直接給油するため、ガソリンを取り扱う施設を給油取扱所という。

問3 法令上、貯蔵所及び取扱所の区分について、次のうち誤っているものはどれか。

1. 屋内貯蔵所は、屋内の場所において危険物を貯蔵し、又は取り扱う施設をいう。
2. 屋内タンク貯蔵所は、屋内にあるタンクにおいて危険物を貯蔵し、又は取り扱う施設をいう。
3. 屋外タンク貯蔵所は、屋外にあるタンクにおいて危険物を貯蔵し、又は取り扱う施設をいう。
4. 第2種販売取扱所は、店舗において容器入りのままで販売するため危険物を取り扱う施設で、指定数量の倍数が15を超え40以下のものをいう。
5. 一般取扱所は、配管及びポンプ並びにこれらに付随する設備によって危険物の移送の取り扱いを行う取扱所をいう。

☑ 2. 予防規程

問4 法令上、予防規程について、次のうち誤っているものはどれか。

1. すべての製造所等は、危険物における災害の防止のために予防規程を定めなければならない。
2. 予防規程は、所有者等が定めなければならない。
3. 予防規程を定めたときは、市町村長等の認可を受けなければならない。
4. 製造所等の所有者等及び従業者は、定められた予防規程を守らなければならない。
5. 予防規程は、地震発生時における施設及び設備に対する点検、応急措置等に関することを定めなければならない。

問5 法令上、特定の製造所等において定めなければならない予防規程について、次のうち誤っているものはどれか。

1. 予防規程は、危険物保安監督者が定めなければならない。
2. 予防規程を定めたときは、市町村長等の認可を受けなければならない。
3. 予防規程を変更するときには、市町村長等の認可を受けなければならない。
4. 所有者及び従業者は、予防規程を守らなければならない。
5. 予防規程は、危険物の貯蔵及び取扱いの技術上の基準に、適合していなければならない。

問6 法令上、製造所等における予防規程に定めなければならない事項に該当しないのは、次のうちどれか。

1. 危険物施設の運転又は操作に関すること。
2. 補修等の方法に関すること及び危険物の保安、記録に関すること。
3. 地震発生時における施設及び設備に関する点検、応急措置等に関すること。
4. 施設の工事における火気の使用若しくは取扱いの管理又は危険物の管理等安全管理に関すること。
5. 危険物施設において、火災発生時に消火で受けた損害調査に関すること。

難 レベルアップ問題

問7 法令上、次のA〜Eに掲げる製造所等のうち、指定数量の倍数により予防規程を定めなければならない組合せはどれか。

A. 製造所
B. 地下タンク貯蔵所
C. 移動タンク貯蔵所
D. 販売取扱所
E. 屋外タンク貯蔵所

1. AとB　　2. BとC　　3. CとD　　4. DとE　　5. AとE

解答 & パーフェクト講義

☑ **1. 製造所等の区分**

問1 解答4

問題2　製造所等の区分、予防規程

- × 1. 屋外貯蔵所…………………第4類だけではなく第2類の一部の危険物も取り扱うことができるので誤っている（第2類，第4類に引火点等の規制がある）。
- × 2. 移動タンク貯蔵所………車両に固定されたタンクが正しく、鉄道の貨車又は船舶は誤っている。
- × 3. 一般取扱所…………………一般の店舗において容器入りのままで販売するため危険物を取り扱う施設は、販売取扱所であり誤っている。
- ○ 4. 屋内貯蔵所…………………**屋内の場所において、危険物を貯蔵し、又は取り扱う貯蔵所なので正しい。**
- × 5. 地下タンク貯蔵所………屋内ではなく、地下にあるタンクにおいて危険物を貯蔵し、又は取り扱う施設なので誤っている。

出題分析アドバイス　最近の出題傾向では、正しい、誤っているに関わらず、屋内貯蔵所、地下タンク貯蔵所、販売取扱所、一般取扱所を答えとする問題が多い。

問2　解答3

- × 1. 屋外にあるタンクなので、屋外貯蔵所ではなく**屋外タンク貯蔵所**である。
- × 2. 屋内にあるタンクなので、屋内貯蔵所ではなく**屋内タンク貯蔵所**である。
- ○ 3. **店舗において容器入りのままで販売するため、指定数量の倍数が15以下の危険物を取り扱う取扱所を第1種販売取扱所という。**塗料店等が該当する。
- × 4. ボイラーで重油等を消費する施設は、製造所ではなく**一般取扱所**である。
- × 5. 給油取扱所は、ガソリンを金属製ドラム等に直接給油できない。

問3　解答5

- ○ 1. 屋内貯蔵所は、屋内の場所において危険物を貯蔵し、又は取り扱う施設をいう。
- ○ 2. 屋内タンク貯蔵所は、屋内にあるタンクにおいて危険物を貯蔵し、又は取り扱う施設をいう。
- ○ 3. 屋外タンク貯蔵所は、屋外にあるタンクにおいて危険物を貯蔵し、又は取り扱う施設をいう。
- ○ 4. 第2種販売取扱所（塗料店等）は、店舗において容器入りのままで販売するため、指定数量の倍数が15を超え40以下のものを取り扱う施設をいう。

× 5. 配管及びポンプ等によって危険物の移送を行うのは、一般取扱所ではなく移送取扱所という。

> **得点力UPのツボ**
> 1項の屋内貯蔵所、4項の第2種販売取扱所は、よく出題される施設なのできっちりと読んで覚えるようにしよう！

☑ 2. 予防規程

問4 解答 1

× 1. 予防規程は12ある危険物施設すべてではなく、製造所、屋外タンク貯蔵所等7施設に定めなければならない。
○ 2. 予防規程は、所有者等（所有者、管理者又は占有者）が定めなければならない。
○ 3. 予防規程を定めたときは、市町村長等の認可を受けなければならない。
○ 4. 製造所等の所有者等及び従業者は、定められた予防規程を守らなければならない。
○ 5. 予防規程は、地震発生時における施設及び設備に対する点検、応急措置等に関することを定めなければならない。

> **得点力UPのツボ**
> 2項、3項、4項は当問題では答えではないが、他の問題では答えになる大切な項目（文言）なので覚えておこう。

問5 解答 1

× 1. 予防規程は危険物保安監督者ではなく、所有者等が定めなければならない。
○ 2. 予防規程を定めたときは、市町村長等の認可を受けなければならない。
○ 3. 予防規程を変更するときには、市町村長等の認可を受けなければならない。
○ 4. 所有者及び従業者は、予防規程を守らなければならない。
○ 5. 予防規程は、危険物の貯蔵及び取扱いの技術上の基準に、適合していなければならない。

> **得点力UPのツボ**
> 問4の問題をきっちりと理解すれば、問5の答えは簡単に出るはず。危険物のほとんどの問題は、このような関係にあるので、答え以外の項目も非常に大切である。

問6 解答5

○ 1. 危険物施設の運転又は操作に関することは、定める必要がある。
○ 2. 補修等の方法及び危険物の保安、記録に関することは、定める必要がある。
○ 3. 地震発生時における施設及び設備に関する点検、応急措置等に関することは、定める必要がある。
○ 4. 施設の工事における火気の使用や危険物の管理等安全管理に関することは、定める必要がある。
× 5. 火災発生時に消火で受けた損害調査に関することは、定める必要はない。

> **得点力UPのツボ** p.9 の3. 予防規程に定めるべき主な事項は重要項目の抜粋なので、問6のすべての項目が記載されているものではない。

(難) レベルアップ問題

問7 解答5

解法のTechnique
★指定数量の倍数によって予防規程を定めなければならない製造所等は、「製造、一般、屋内、屋外、屋外タンク」と覚えればよい。p.23 の2. 保安距離・保有空地の必要な施設の覚え方と同じである。
簡易的にはA〜Eの5つの危険物施設で、**危険度の大きな施設を選べばよい**。

○ A. 製造所　　　→貯蔵量の規制がないので、**危険度の大きな施設といえる**。
× B. 地下タンク貯蔵所→貯蔵量の規制はないが、貯蔵量が多くても第5種の小型消火器が2個以上と規定されているので、危険度は大きくない。
× C. 移動タンク貯蔵所→タンク容量は 30 000 l 以下なので、危険度は大きくない。
× D. 販売取扱所　　→第2種販売取扱所：指定数量の倍数が 15 を超え 40 以下なので、危険度は大きくない。
○ E. 屋外タンク貯蔵所→貯蔵量の規制がないので、**危険度は大きい**。

× 1. AとB　　× 2. BとC　　× 3. CとD　　× 4. DとE　　○ 5. AとE

問題3 指定数量　合格のポイント！

☑ 1. 指定数量とは

① **指定数量**とは、その危険性を勘案して政令で定める数量と規定されている。**危険性の高い危険物は「指定数量を少なく」**、**危険性の低い危険物は「指定数量を多く」**なるように定めている。

また、危険物の指定数量は、全国同一である。

② **指定数量未満**の危険物については、**市町村の火災予防条例**で基準が定められている。

☑ 2. 指定数量の計算の仕方

① ガソリンのみを貯蔵している場合

$$\text{指定数量の倍数} = \frac{\text{ガソリンの貯蔵量}(l)}{\text{ガソリンの指定数量}(l)}$$

◆指定数量の覚え方
油種を「名前」、指定数量を「電話番号」で覚える

　名　　前：と　い　あ　に　さ　よ　ど
　電話番号：５　２　４ － １　２　６　１

と	特殊引火物	5	50 l	ジエチルエーテル アセトアルデヒド
い	第1石油類 〈水溶性は2倍〉	2	200 l 〈400 l〉	ガソリン，トルエン 〈アセトン〉
あ	アルコール類	4	400 l	※メタノール エタノール
に	第2石油類 〈水溶性は2倍〉	1	1 000 l 〈2 000 l〉	灯油，軽油 〈酢酸〉
さ	第3石油類 〈水溶性は2倍〉	2	2 000 l 〈4 000 l〉	重油，クレオソート油 〈グリセリン〉
よ	第4石油類	6	6 000 l	ギヤー油，潤滑油等 シリンダー油
ど	動植物油類	1	10 000 l	アマニ油，なたね油

※メタノール（メチルアルコール）　エタノール（エチルアルコール）

覚えなきゃ！

② 複数の危険物（A、B、C、D）を同一場所で貯蔵している場合

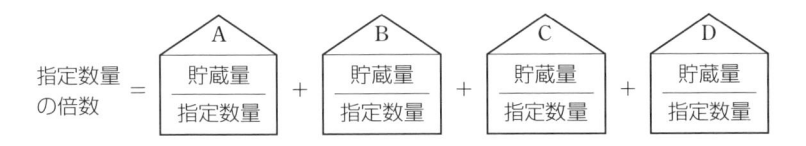

$$\text{指定数量の倍数} = \frac{\text{A の貯蔵量}}{\text{指定数量}} + \frac{\text{B の貯蔵量}}{\text{指定数量}} + \frac{\text{C の貯蔵量}}{\text{指定数量}} + \frac{\text{D の貯蔵量}}{\text{指定数量}}$$

よく出題される問題

問1 指定数量の異なる危険物 A、B 及び C を同一の貯蔵所で貯蔵する場合の指定数量の倍数として、法令上、次のうち正しいものはどれか。

1. A、B 及び C の貯蔵量の和を、A、B 及び C の指定数量のうち、最も小さい数値で除して得た値。
2. A、B 及び C の貯蔵量の和を、A、B 及び C の指定数量の平均値で除して得た値。
3. A、B 及び C の貯蔵量の和を、A、B 及び C の指定数量の和で除して得た値。
4. A、B 及び C のそれぞれの貯蔵量を、それぞれの指定数量で除して得た値の和。
5. A、B 及び C のそれぞれの貯蔵量を、A、B 及び C の指定数量の平均値で除して得た値の和。

問2 法令上、第4類の危険物の指定数量について、次のうち誤っているものはどれか。

1. 特殊引火物の指定数量は、第4類のなかでは一番少ない。
2. 第1石油類の水溶性とアルコール類の指定数量は同じである。
3. 第2石油類の水溶性と第3石油類の非水溶性の指定数量は、同じである。
4. 第1石油類、第2石油類及び第3石油類の指定数量は、各類とも水溶性は非水溶性の2倍である。
5. 第3石油類の水溶性と第4石油類の指定数量は同じである。

問3 法令上、屋内貯蔵所で次の A～D の危険物を同時に貯蔵すると、指定数量の何倍になるか。

A. ガソリン   2 000 l
B. メタノール   800 l
C. 灯油   8 000 l
D. 軽油   6 000 l

1. 10.5 倍   2. 14.0 倍   3. 19.0 倍   4. 21.0 倍   5. 26.0 倍

問4 法令上、同一の場所で同じ類の危険物 A、B、C を貯蔵する場合、指定数量の倍数が最も大きくなる組合せは、次のうちどれか。なお、（ ）内の数値は指定数量を示す。

	〈A〉	〈B〉	〈C〉
	(200 l)	(1 000 l)	(2 000 l)
1.	100 l	1 000 l	1 800 l
2.	200 l	900 l	1 600 l
3.	300 l	700 l	1 400 l
4.	400 l	500 l	1 200 l
5.	500 l	200 l	600 l

問5 第4類の危険物であるメタノールを、200 l 貯蔵している同一の場所に次の危険物を貯蔵した場合、法令上、指定数量以上となるものはどれか。

1. ガソリン　　　　　　90 l
2. ジエチルエーテル　　100 l
3. アセトン　　　　　　150 l
4. 灯　油　　　　　　　400 l
5. 重　油　　　　　　　900 l

問6 法令上、製造所において第4類第2石油類を 2 000 l 製造した場合、この製造所の指定数量の算定で、次のうち正しいものはどれか。

1. この危険物が非水溶性であれば 10 倍である。
2. この危険物が水溶性であれば 5 倍である。
3. この危険物が非水溶性であれば 2 倍である。
4. この危険物が水溶性であれば 2 倍である。
5. この危険物が非水溶性であれば 1 倍である。

難 レベルアップ 問題

問7 法令上、指定数量の倍数の求め方として、次の文中の（ ）内の A～C に該当するもので、正しい組合せはどれか。

「別表第一に掲げる品名又は指定数量を異にする2以上の危険物を同一の場所で貯蔵し、又は取り扱う場合において、当該貯蔵又は取扱いに係わるそれぞれの危険物の（A）を当該危険物の（B）で除し、その（C）となるときは、当該場所は、指定数量以上の危険物を貯蔵し、又は取り扱っているものとみなす。」

	〈A〉	〈B〉	〈C〉
1.	数量	指定数量	商の最大のものが1以上
2.	指定数量	数量	商の和が1以上
3.	数量	指定数量	商の和が1以上
4.	数量	指定数量	商の最小のものが1以上
5.	指定数量	数量	商の最大のものが1以上

解答 & パーフェクト講義

問1 解答 4

● p.16〜17の「2. 指定数量の計算の仕方」の②複数の危険物（A、B、C、D）を同一場所で貯蔵している場合を文章にすると何項となるか考える。

　　　貯蔵量の和　→　貯蔵量をプラスする（＋）こと
　　　除して　　　→　割る（÷）こと

以下の点線の部分が誤っている。

× 1. A、B及びCの貯蔵量の和を、A、B及びCの指定数量のうち、最も小さい数値で除して得た値。

× 2. A、B及びCの貯蔵量の和を、A、B及びCの指定数量の平均値で除して得た値。

× 3. A、B及びCの貯蔵量の和を、A、B及びCの指定数量の和で除して得た値。

○ 4. A、B及びCのそれぞれの貯蔵量を、それぞれの指定数量で除して得た値の和。

× 5. A、B及びCのそれぞれの貯蔵量を、A、B及びCの指定数量の平均値で除して得た値の和。

得点力UPのツボ　各項の文章の誤っている部分（点線の部分）に×印をして、問題を解いていくと自然に覚えられる。

問2 解答 5

●覚えた各品名の指定数量を、例えば次のように第1石油類の水溶性の上に400 l と記入して確認することが、指定数量を覚え間違わないポイントである。

　"指定数量の覚え方：といあにさよど 524‐1261 を覚えよう！"

○ 1. 特殊引火物の指定数量は 50 l で、第4類のなかでは一番少ない。

○ 2. 第1石油類の水溶性とアルコール類の指定数量は同じである。
　　　　　400 l　　　　　　　　400 l

○ 3. 第2石油類の水溶性と第3石油類の非水溶性の指定数量は、同じである。
　　　　　2 000 l　　　　　　　2 000 l

○ 4. 第1石油類、第2石油類及び第3石油類の指定数量は、各類とも水溶性は非水溶性の2倍である。
　　200 l　　　1 000 l　　2 000 l →非水溶性
　　400 l　　　2 000 l　　4 000 l →水溶性

× 5. 第3石油類の水溶性と第4石油類の指定数量は、異なっている。
　　　　　4 000 l　　　　　6 000 l

得点力UPのツボ

問題集に指定数量の数値を書くと、2回目に解くときに答えがわかってしまって効果が出ないことが考えられる。「メモ用紙」や「消えるボールペン」を有効に使おう！

問3　解答 5

●p.16～17 の「2. 指定数量の計算の仕方」の②複数の危険物の計算式を使う。

　　　　　　　　〈貯蔵量〉〈指定数量〉〈倍数〉
　A. ガソリン　　2 000 l ÷ 200 l ＝ 10.0
　B. メタノール　　 800 l ÷ 400 l ＝ 2.0　　合計　26.0
　C. 灯油　　　　8 000 l ÷ 1 000 l ＝ 8.0
　D. 軽油　　　　6 000 l ÷ 1 000 l ＝ 6.0

× 1. 10.5 倍　　× 2. 14.0 倍　　× 3. 19.0 倍　　× 4. 21.0 倍　　○ 5. 26.0 倍

問4　解答 4

	〈A〉	〈B〉	〈C〉	合計
	(200 l)	(1 000 l)	(2 000 l)	
× 1.	$\frac{100\,l}{200\,l}=0.5$	$\frac{1\,000\,l}{1\,000\,l}=1.0$	$\frac{1\,800\,l}{2\,000\,l}=0.9$	＝2.4
× 2.	$\frac{200\,l}{200\,l}=1.0$	$\frac{900\,l}{1\,000\,l}=0.9$	$\frac{1\,600\,l}{2\,000\,l}=0.8$	＝2.7

問題3 指定数量

× 3. $\frac{300 l}{200 l} = 1.5$ $\frac{700 l}{1\,000 l} = 0.7$ $\frac{1\,400 l}{2\,000 l} = 0.7$ $= 2.9$

○ 4. $\frac{400 l}{200 l} = 2.0$ $\frac{500 l}{1\,000 l} = 0.5$ $\frac{1\,200 l}{2\,000 l} = 0.6$ $= 3.1$ ○

× 5. $\frac{500 l}{200 l} = 2.5$ $\frac{200 l}{1\,000 l} = 0.2$ $\frac{600 l}{2\,000 l} = 0.3$ $= 3.0$

得点力UPのツボ
計算はすべて行い、合計の部分も含めて整理して残すようにする。こうすれば間違ったところが後で確認でき、効率的に対処しやすくなる。

問5 解答2

考え方のPoint!!
●指定数量以上の危険物を貯蔵しようとすると消防法の規制を受け、多額の費用や時間等が必要になる。当問題は、それがどの場合かを問う問題である。

① まず、貯蔵してあるメタノール200 lの指定数量の倍数を計算する

$\frac{メタノールの貯蔵量 l}{メタノールの指定数量 l} = \frac{200 l}{400 l} = 0.5$ 倍となる

② 次に、1項のガソリンから5項の重油まで、指定数量の倍数を計算した数値にメタノールの0.5倍をプラスして、**合計が1か1以上になる危険物が答えとなる。**

〈①で計算したメタノールの指定数量の倍数〉
〈貯蔵量〉 〈指定数量〉〈倍数〉 ↓ 〈合計〉

× 1. ガソリン   90 l ÷ 200 l = 0.45   + 0.5 = 0.95 倍
○ 2. ジエチルエーテル   100 l ÷ 50 l = 2.0   + 0.5 = 2.5 倍○
× 3. アセトン   150 l ÷ 400 l = 0.375 + 0.5 = 0.875 倍
× 4. 灯　油   400 l ÷ 1000 l = 0.4   + 0.5 = 0.9 倍
× 5. 重　油   900 l ÷ 2000 l = 0.45   + 0.5 = 0.95 倍

得点力UPのツボ
合計した数値が2.5倍と、指定数量の1倍を超えている2項のジエチルエーテルが答えである。

問6 解答3

考え方のPoint!!
●まず、製造した第4類第2石油類2 000 lの指定数量の倍数計算をするのが、間違わないコツである。

21

① この危険物が**非水溶性の場合**→指定数量は 1 000 l である。

　2 000 l ÷ 1 000 l = 2.0 倍

② この危険物が**水溶性の場合**→指定数量は 2 000 l である。

　2 000 l ÷ 2 000 l = 1.0 倍

× 1．この危険物が非水溶性であれば、10 倍でなく 2.0 倍であり誤っている。

× 2．この危険物が水溶性であれば、5 倍でなく 1.0 倍であり誤っている。

○ 3．**この危険物が非水溶性であれば、2 倍であり正しい。**

× 4．この危険物が水溶性であれば、2 倍でなく 1.0 倍であり誤っている。

× 5．この危険物が非水溶性であれば、1 倍でなく 2.0 倍であり誤っている。

難 レベルアップ 問題

問7 解答3　A：数量　　B：指定数量　　C：商の和が1以上

★ p.17 の資料「2. 指定数量の計算」②複数の危険物（A、B、C、D）の計算を使って解く。なお、文中の次の言葉に注意してほしい。

　数量：貯蔵量のこと

　除し：割る（÷）と同じ意味

　商の和：それぞれの割り算の答えを足したもの（4種類の危険物を貯蔵している場合は、A、B、C、D を足した**指定数量の倍数の合計**である）。

「別表第一に掲げる品名又は指定数量を異にする2以上の危険物を同一の場所で貯蔵し、又は取り扱う場合において、当該貯蔵又は取扱いに係わるそれぞれの危険物の（A：**数量**）を当該危険物の（B：**指定数量**）で**除し**、その（C：**商の和が1以上**）となるときは、当該場所は、指定数量以上の危険物を貯蔵し、又は取り扱っているものとみなす。」

問題 4 保安距離・保有空地

☑ 1. 保安距離・保有空地とは
① **保安距離**とは、製造所等の火災、爆発等の災害時における延焼防止や避難等のために、付近の住宅、学校、病院等の保安対象物に対して一定の距離を保つよう定めたもの。
② **保有空地**とは、消防活動及び延焼防止のために製造所の周囲に確保する空地である。空地内には、どのような物品であっても置くことはできない。

☑ 2. 保安距離・保有空地の必要な施設
12 ある危険物施設のうち、次の 6 施設を覚えれば OK です。

得点力UPのツボ
保安距離・保有空地の覚え方
『製造・一般・屋内・屋外・屋外タンク ＋ 簡易タンク（保有空地のみ）』
と覚える
製造とは製造所、屋内とは屋内貯蔵所である。

製造所等（危険物施設）	保安距離	保有空地
1. 製造所	○	○
2. 一般取扱所	○	○
3. 屋内貯蔵所	○	○
4. 屋外貯蔵所	○	○
5. 屋外タンク貯蔵所	○	○
6. 簡易タンク貯蔵所（屋外に設置）	×	○

☑ 3. 保安対象物と保安距離
① 学校（幼稚園〜高校）、病院、公会堂等……… 30 m 以上
   （学校と人の集まる公共の施設。大学、短大は必要なし）
② 一般住宅（製造所の敷地外にあるもの）……… 10 m 以上
③ 重要文化財 ……………………………………… 50 m 以上
④ 特別高圧架空電線　7 000 〜 35 000 V 以下…… 3 m 以上 → 埋設電線は必要なし。
⑤ 特別高圧架空電線　35 000 V を超えるもの … 5 m 以上
⑥ 高圧ガスの施設 ………………………………… 20 m 以上

☑ 4. 保有空地の幅

区　分	空地の幅
指定数量の倍数が10以下の製造所	3m以上
指定数量の倍数が10を超える製造所	5m以上

よく出題される 問題

問1 法令上、学校、病院及び重要文化財等の保安対象物から、一定の距離（保安距離）を保たなければならないものがあるが、次のうち必要な製造所等はどれか。

1. 給油取扱所
2. 屋内タンク貯蔵所
3. 第1種販売取扱所
4. 第2種販売取扱所
5. 屋外貯蔵所

問2 法令上、製造所等のうち特定の建築物との間に、一定の距離（保安距離）を保たなければならないものがあるが、次のうち必要ないものはどれか。ただし特例基準を適用するものは除く。

1. 一般取扱所
2. 製造所
3. 屋外タンク貯蔵所
4. 屋内タンク貯蔵所
5. 屋外貯蔵所

問3 法令上、製造所等の外壁又はこれに相当する工作物の外側までの間に、50m以上の距離（保安距離）を保たなければならない旨の規定が設けられている建築物は、次のうちどれか。

1. 小学校
2. 使用電圧35 000Vを超える特別高圧架空電線
3. 重要文化財
4. 病院
5. 高圧ガス施設

問題4　保安距離・保有空地

問4　法令上、製造所等の中には特定の建築物等との間に一定の距離（保安距離）を保たなければならないものがあるが、その建築物等と保たなければならない距離との組合せで、次のうち正しいものはどれか。

1. 病院……………50 m 以上
2. 高等学校………30 m 以上
3. 小学校…………20 m 以上
4. 劇場……………15 m 以上
5. 使用電圧 7 000 V ～ 35 000 V の特別高圧架空電線………水平距離 10 m 以上

問5　法令上、製造所から、一定の距離を保たなければならない旨の規定が設けられていない建築物等は、次のうちどれか。

1. 住居（製造所の存する敷地内に存するものを除く）
2. 小学校
3. 重要文化財
4. 公会堂
5. 使用電圧 5 000 V 以下の高圧架空電線

問6　法令上、製造所等の周囲に保有しなければならない空地（以下「保有空地」という。）について、次のうち誤っているものはどれか。

1. 貯蔵し、又は取り扱う指定数量の倍数に応じて保有空地の幅が定められている。
2. 保有空地には、物品等を置いてはならない。
3. 学校、病院等から一定の距離（保安距離）を保たなくてはならない施設は、保有空地を必要としない。
4. 製造所と一般取扱所は、保有空地の幅は同じである。
5. 保有空地を必要としない施設もある。

問7　法令上、危険物を貯蔵し、又は取り扱う建築物その他の工作物の周囲に、一定の幅の空地を保有しなければならない旨の規定が設けられている製造所等の組合せは、次のうちどれか。

1. 屋外貯蔵所　　　第2種販売取扱所
2. 屋内貯蔵所　　　第1種販売取扱所
3. 一般取扱所　　　屋内タンク貯蔵所
4. 給油取扱所　　　屋外に設置する簡易タンク貯蔵所
5. 製造所　　　　　屋外タンク貯蔵所

解答 & パーフェクト講義

問1 解答 5

●保安距離の必要な施設の覚え方
メモ用紙に、『製造・一般・屋内・屋外・屋外タンク』と必ず書いて覚えることが、大切なポイント。

　　製造→製造所　　一般→一般取扱所　　屋内→屋内貯蔵所
　　屋外→屋外貯蔵所　　屋外タンク→屋外タンク貯蔵所

× 1. 給油取扱所
× 2. 屋内タンク貯蔵所
× 3. 第1種販売取扱所
× 4. 第2種販売取扱所
○ 5. **屋外貯蔵所**

問2 解答 4

●問1と同じように覚える。

○ 1. 一般取扱所
○ 2. 製造所
○ 3. 屋外タンク貯蔵所
× 4. **屋内タンク貯蔵所**
○ 5. 屋外貯蔵所

保安距離が必要のない危険物施設として、最近はほとんどが**給油取扱所**か屋内タンク貯蔵所を答えとする問題となっている。

問3 解答 3

3. 重要文化財→50m以上の保安距離が必要である。

1～5項の施設の保安距離をメモ用紙に書いて覚えよう！

問4　解答 2

出題分析アドバイス

建築物と保たなければならない保安距離との組合せの問題では
① 学校、病院等多数の人を収容する施設………30 m 以上
② 重要文化財………50 m 以上（最新の問題では、この出題が増えている）
この 2 点を覚えておくことが最重要である。

- × 1. 病院……………50 m 以上 → 30 m 以上
- ○ 2. 高等学校………**30 m 以上**（幼稚園から高等学校に必要。短期大学、大学は必要なし。）
- × 3. 小学校…………20 m 以上 → 30 m 以上
- × 4. 劇場……………15 m 以上 → 30 m 以上
- × 5. 使用電圧 7 000 V ～ 35 000 V の特別高圧架空電線………10 m 以上 → 3 m 以上

得点力UPのツボ

誤っている項目の距離は正しく直すこと。その積み重ねが危険物試験に強くなる「コツ」である。

問5　解答 5

- ○ 1. 住居（製造所の存する敷地内に存するものを除く）→ 10 m 以上必要
- ○ 2. 小学校 → 30 m 以上必要
- ○ 3. 重要文化財 → 50 m 以上必要
- ○ 4. 公会堂 → 30 m 以上必要
- × 5. 使用電圧 5 000 V 以下の高圧架空電線 → **必要なし**。7 000 V 以上には必要。

問6　解答 3

- ○ 1. 保有空地の幅は、指定数量の倍数が 10 以下の製造所は 3 m 以上、10 を超える製造所は 5 m 以上と定められている。
- ○ 2. 消防活動及び延焼防止のために必要な保有空地には、どのような物品であっても置いてはならないと定められている。
- × 3. **保安距離を必要とする製造所や屋外タンク貯蔵所等は、保有空地も必要なので誤っている。**
- ? 4. 製造所と一般取扱所は、保有空地の幅は同じである。
- ○ 5. 給油取扱所や移動タンク貯蔵所等は、法令上、保有空地を必要としない。

問7 解答 5

Point!!

●保有空地の必要な危険物施設の覚え方

まだ保有空地の必要な施設を覚えていなければ、メモ用紙に『**製造・一般・屋内・屋外・屋外タンク＋簡易タンク（屋外に設置）**』と必ず書いて覚えることが、大切なポイントである。

× 1. 屋外貯蔵所○　　　第2種販売取扱所×
× 2. 屋内貯蔵所○　　　第1種販売取扱所×
× 3. 一般取扱所○　　　屋内タンク貯蔵所×
× 4. 給油取扱所×　　　屋外に設置する簡易タンク貯蔵所○
○ 5. **製造所**○　　　**屋外タンク貯蔵所**○

問題 5 消火設備

☑ 1. 消火設備の種類
① 消火設備は、第1種～第5種に区分されている。

第1種消火設備	屋内消火栓設備、屋外消火栓設備
第2種消火設備	スプリンクラー設備
第3種消火設備	その他各種消火設備（泡消火設備等）
第4種消火設備	大型消火器
第5種消火設備	小型消火器、乾燥砂、膨張ひる石、水バケツ等

② 消火設備の覚え方、見分け方
- 第1種消火設備→最後が○○消火栓設備となっている。
- 第2種消火設備→スプリンクラー設備のみである。
- 第3種消火設備→最後が○○消火設備となっている。第1種の消火栓とは異なる。
- 第4種消火設備→最後が○○大型消火器となっている。
- 第5種消火設備→最後が○○小型消火器となっている。他にもある。

☑ 2. 所要単位等
① 所要単位とは、製造所等に対して、どのくらいの消火能力を有する消火設備が必要なのかを定める単位である。

1 所要単位あたりの延べ面積等

製造所等の構造及び危険物	耐火構造	不燃材料
製造所・取扱所	延べ面積 100 m²	延べ面積 50 m²
貯蔵所	延べ面積 150 m²	延べ面積 75 m²
危険物	指定数量　10 倍（1 所要単位）	

② 製造所等の面積等に関係なく、消火設備が定められている危険物施設
- 地下タンク貯蔵所→第5種の消火設備2個以上
- 移動タンク貯蔵所→自動車用消火器のうち、粉末消火器（3.5kg 以上のもの）又はその他の消火器を2個以上

☑ 3. 消火設備の設置方法
第1種から第5種までの消火設備の設置方法は、各消火設備ごとに定められている。

① 第3種の消火設備………放射能力に応じて有効に設ける
② **第4種の消火設備**………防護対象物までの**歩行距離が**、30 m 以下
③ **第5種の消火設備**………防護対象物までの**歩行距離が**、20 m 以下

　地下タンク貯蔵所、簡易タンク貯蔵所、移動タンク貯蔵所、給油取扱所、販売取扱所に設ける第5種の消火設備は、有効に消火できる位置に設けると定められている。

☑ 4．警報設備

① **警報設備は、指定数量が10倍以上の製造所等に必要**（除く：移動タンク貯蔵所）。
② 警報設備の種類
　・自動火災報知設備　・非常ベル装置　・拡声装置　・警鐘
　・消防機関に報知できる電話

よく出題される 問題

問1 法令上、製造所等に設置する消火設備の技術上の基準等について、次のうち誤っているものはどれか。

1. 消火設備の種類は、第1種の消火設備から第6種の消火設備に区分されている。
2. 危険物は、指定数量の10倍が1所要単位である。
3. 給油取扱所に設ける第5種の消火設備（小型の消火器等）は、有効に消火できる位置に設けなければならない。
4. 地下タンク貯蔵所には、危険物の数量に関係なく第5種の消火設備（小型の消火器等）を2個以上設けなければならない。
5. 移動タンク貯蔵所に、消火粉末を放射する消火器を設ける場合は、自動車用消火器で充てん量が3.5 kg 以上のものを2個以上設けなければならない。

問2 法令上、製造所等に設置する消火設備について、次のうち誤っているものはどれか。

1. 霧状の強化液を放射する小型の消火器及び乾燥砂は、第5種の消火設備である。
2. 危険物の所要単位は、指定数量の10倍を1所要単位とする。
3. 地下タンク貯蔵所には、第5種の消火設備を2個以上設けなければならない。
4. 電気設備に対する消火設備は、電気設備のある場所の面積100 m² ごとに1個以上設けなければならない。
5. 消火粉末を放射する大型の消火器は、第5種の消火設備である。

問題5 消火設備

問3 法令上、製造所等に設置する消火設備の区分について、次のうち誤っているものはどれか。

1. 水バケツは、第5種の消火設備である。
2. 粉末消火設備は、第4種の消火設備である。
3. 泡消火設備は、第3種の消火設備である。
4. スプリンクラー設備は、第2種の消火設備である。
5. 屋内消火栓設備は、第1種の消火設備である。

問4 法令上、製造所等において、その規模、貯蔵し又は取り扱う危険物の最大数量等にかかわらず、第5種の消火設備を2個以上設けなければならないものは、次のうちどれか。

1. 屋内貯蔵所
2. 屋内タンク貯蔵所
3. 地下タンク貯蔵所
4. 一般取扱所
5. 第2種販売取扱所

問5 法令上、製造所等の消火設備の説明で、次のうち第5種の消火設備に該当するものはどれか。

1. スプリンクラー消火設備
2. 泡を放射する大型消火器
3. 屋内消火栓設備
4. 泡を放射する小型消火器
5. ハロゲン化物消火設備

問6 法令上、製造所等に設置する消火設備の区分について、次のA～Dのうち、第3種の消火設備の組合せで正しいものはどれか。

A. 粉末消火設備
B. 水噴霧消火設備
C. スプリンクラー設備
D. 消火粉末を放射する消火器

1. A、B　　2. A、D　　3. B、C　　4. B、D　　5. C、D

問7 法令上、消火設備の区分について、次のうち正しいものはどれか。

1. 粉末消火設備………………………第1種消火設備
2. 屋内消火栓設備……………………第2種消火設備
3. スプリンクラー設備………………第3種消火設備
4. 二酸化炭素の小型消火器…………第4種消火設備
5. 乾燥砂………………………………第5種消火設備

難 レベルアップ問題

問8 法令上、第5種の消火設備の設置基準について、次の文の（ ）内のA及びBに当てはまる語句の組合せで、正しいものはどれか。

「第5種の消火設備は、地下タンク貯蔵所、簡易タンク貯蔵所、移動タンク貯蔵所、(A)および販売取扱所にあっては有効に消火することができる位置に設け、その他にあっては防護対象物の各部分から一つの消火設備に至る歩行距離が（B）以下になるように設けなければならない。ただし、第1種から第4種までの消火設備と併置する場合にあっては、この限りではない。」

　　　　　　〈A〉　　　　　〈B〉
1. 製造所　　　　　10 m
2. 製造所　　　　　20 m
3. 給油取扱所　　　10 m
4. 給油取扱所　　　20 m
5. 給油取扱所　　　40 m

問9 法令上、警報設備を設置しなくてもよい製造所等は、次のうちどれか。

1. 指定数量の倍数が10の屋外貯蔵所
2. 指定数量の倍数が10の製造所
3. 指定数量の倍数が20の屋内貯蔵所
4. 指定数量の倍数が100の移動タンク貯蔵所
5. 指定数量の倍数が100の屋内タンク貯蔵所

解答 & パーフェクト講義

問1 解答1

× 1. 消火設備の種類は、**第1種から第5種までの5つに区分されている**。
○ 2. 危険物は、指定数量の10倍が1所要単位であると定められている。
○ 3. 給油取扱所に設ける第5種の消火設備（小型の消火器等）は、有効に消火できる位置に設けなければならないと定められている。
○ 4. 地下タンク貯蔵所には、危険物の数量に関係なく第5種の消火設備（小型の消火器等）を2個以上設けなければならないと定められている。
○ 5. 移動タンク貯蔵所に、消火粉末を放射する消火器を設ける場合は、自動車用消火器で充てん量が3.5kg以上のものを2個以上設けなければならない。

得点力UPのツボ
2〜5項は、法令に定められているとおりであり正しい。
「正しいものはどれか」という問題の場合は、これら2〜5項の○印を付けた項が答えになるので、問題を1項から5項の最後まできっちりと読んで○×の印を付け、覚えることが重要になってくる。

問2 解答5

○ 1. 霧状の強化液を放射する小型の消火器及び乾燥砂は、第5種の消火設備である。
? 4. 電気設備に対する消火設備は、電気設備のある場所の面積100 m² ごとに1個以上設けなければならない。
× 5. 消火粉末を放射する**大型の消火器は、第4種の消火設備**である。

問3 解答2

○ 1. 水バケツは、第5種の消火設備である。
× 2. **粉末消火設備は、最後が○○消火設備なので第4種ではなく第3種である**。
○ 3. 泡消火設備は、第3種の消火設備である。
○ 4. スプリンクラー設備は、第2種の消火設備である。
○ 5. 屋内消火栓設備は、第1種の消火設備である。

| 問4 | 解答 3 |

- ○ 3. 地下タンク貯蔵所

| 問5 | 解答 4 |

- × 1. スプリンクラー消火設備→第2種消火設備
- × 2. 泡を放射する大型消火器→第4種消火設備
- × 3. 屋内消火栓設備→第1種消火設備
- ○ 4. 泡を放射する**小型消火器は、最後が**○○**小型消火器なので第5種**である。
- × 5. ハロゲン化物消火設備→第3種消火設備

出題分析アドバイス 過去2年間では、第5種の消火設備の出題が一番多い。第5種の消火設備には、小型消火器、乾燥砂、膨張ひる石、水バケツ等がある。

| 問6 | 解答 1 |

- ○ A. 粉末消火設備→最後が○○消火設備なので、第3種消火設備
- ○ B. 水噴霧消火設備→最後が○○消火設備なので、第3種消火設備
- × C. スプリンクラー設備→第2種消火設備
- × D. 消火粉末を放射する消火器→最後に消火器がつくのは第4種か第5種であるが、大型、小型の記載がないのでどちらかはわからない。
- ○ 1. A、B　　× 2. A、D　　× 3. B、C　　× 4. B、D　　× 5. C、D

| 問7 | 解答 5 |

- × 1. 粉末消火設備……………………第1種消火設備ではなく第3種消火設備である
- × 2. 屋内消火栓設備…………………第2種消火設備→第1種
- × 3. スプリンクラー設備……………第3種消火設備→第2種
- × 4. 二酸化炭素の小型消火器………第4種消火設備→第5種
- ○ 5. **乾燥砂**……………………………**小型消火器以外で、第5種消火設備に該当する。**

34

レベルアップ問題

問8 解答 4

「第5種の消火設備は、地下タンク貯蔵所、簡易タンク貯蔵所、移動タンク貯蔵所、(A:**給油取扱所**)および販売取扱所にあっては有効に消火することができる位置に設け、その他にあっては防護対象物の各部分から一つの消火設備に至る歩行距離が(B:**20m**)以下になるように設けなければならない。ただし、第1種から第4種までの消火設備と併置する場合にあっては、この限りではない。」

　　　　　　〈A〉　　　　　　〈B〉
× 1. 製造所 ×　　　　10 m ×
× 2. 製造所 ×　　　　20 m ○
× 3. 給油取扱所 ○　　10 m ×
○ 4. **給油取扱所** ○　**20 m** ○
× 5. 給油取扱所 ○　　40 m ×

問9 解答 4

○ 1. 指定数量の倍数が 10 の屋外貯蔵所
○ 2. 指定数量の倍数が 10 の製造所
○ 3. 指定数量の倍数が 20 の屋内貯蔵所
× 4. **指定数量の倍数が 100 の移動タンク貯蔵所**
○ 5. 指定数量の倍数が 100 の屋内タンク貯蔵所

出題分析アドバイス

12 ある危険物施設で、指定数量の倍数にかかわらず警報設備を設けなくてもよいものは、移動タンク貯蔵所の1箇所のみである。また、移動タンク貯蔵所は、危険物保安監督者の選任も義務づけられていない唯一の危険物施設である。
危険物試験では、この唯一の施設が答えになる問題が多い（最近の出題傾向より）。

問題 6-1 製造所、屋内貯蔵所、屋外タンク貯蔵所、屋内タンク貯蔵所、地下タンク貯蔵所、屋外貯蔵所

合格のポイント！

1 製造所の一般的な構造と設備の基準

☑ 1. 構造

① 建築物は地階を有しないこと。
② 建築物の壁、柱、床、はり及び階段を不燃材料で造るとともに、**延焼のおそれのある外壁を出入口以外の開口部を有しない耐火構造の壁とすること。**
③ **屋根は不燃材料で造るとともに、金属板等の軽量な不燃材料でふくこと。**
　　注意：屋根を耐火構造とすると、建物内で爆発があったとき被害が拡大するおそれがある。このため爆風が上に抜けるように、不燃材料となっている。
④ 窓、及び出入口は防火設備とし、ガラスは網入りガラスとする（ガラスの厚さに 5 mm 等の規定はない）。
⑤ 液状の危険物を取り扱う建築物の床は、危険物が浸透しない構造とし、**適当な傾斜をつけ**、かつ、ためますを設ける。

☑ 2. 設備

① 建築物には採光、照明、換気設備を設ける。
② **可燃性蒸気又は微粉等が滞留する建築物**には、**屋外の高所に排出する設備を設ける**。また、電気機器は防爆構造とすること。
③ 設備には、必要に応じて温度測定装置、圧力計及び安全装置を設ける。
④ 危険物を加熱し、又は乾燥する設備には、直火を用いない。
⑤ 静電気が発生するおそれのある設備には、接地（アース）等の除去する装置を設けること。
⑥ 配管は十分な強度を有するものとし、**最大常用圧力の 1.5 倍以上の水圧試験で異常がないものでなければならない。**
⑦ 配管を地下に埋設する場合には、地盤面にかかる重量が配管にかからないように保護すること。
⑧ 指定数量の 10 倍以上の危険物を貯蔵し、又は取り扱う施設には、避雷施設を設けること。

最近の試験問題で 実力アップ！

① 建築物の屋内貯蔵所の用に供する部分に窓を設ける場合は、ガラスは網入りガラスとしなければならない。　　　　　　　　　　　　　　　答（○）

問題 6-1　製造所、屋内貯蔵所、屋外タンク貯蔵所、屋内タンク貯蔵所、地下タンク貯蔵所、屋外貯蔵所

> **得点力UPの ツボ**　製造所等の窓又は出入口にガラスを用いる場合は、すべて網入りガラスと覚えよう。

2 屋内貯蔵所

☑ 1. 構　造
① 地盤面から軒までの高さ：6 m 未満の平屋建、床は地盤面以上
② 床面積：1 000 m² を超えないこと。

☑ 2. 貯蔵の基準
① 容器の積重ね高さ：3 m 以下（第 3 石油類、第 4 石油類、動植物油類は 4 m 以下。機械により荷役する構造を有する容器の場合は 6 m 以下）
② 容器に収納し、危険物の温度は 55 ℃を超えないこと。

3 屋外タンク貯蔵所

☑ 1. 設　備
① 液体の危険物を入れる屋外貯蔵タンクには、危険物の量を自動的に表示する装置を設けること。
② 液体の危険物（二硫化炭素を除く）の屋外貯蔵タンクの周囲には、防油堤を設けること。

☑ 2. 防油堤の主な基準
① 防油堤の容量はタンク容量の 110 ％（1.1 倍）以上とし、2 つ以上のタンクがある場合には、最大タンクの 110 ％以上であること。
② 防油堤には、その内部の滞水を外部に排水するための水抜口を設けること。
③ 防油堤の水抜口は通常閉鎖しておき、堤内に滞油、滞水した場合は弁を開き速やかに排出すること。

4 屋内タンク貯蔵所

☑ 1. 構造・設備
① タンクの容量：指定数量の 40 倍以下
　　　　　　　　第 4 石油類、動植物油類以外の第 4 類危険物は 20 000 l 以下
　　　　　　　　（同一のタンク室に 2 つ以上のタンクがある場合は、タンク容量を合計した量）
② タンク専用室は、屋根を不燃材料で造り、かつ、天井を設けないこと。

2. 無弁通気管の技術基準

① 先端は、屋外にあっては地上4m以上、かつ、建築物の窓・出入口等の開口部から1m以上離す。
② 引火点が40℃未満の危険物については、先端を敷地境界線から1.5m以上離すこと。

3. その他

平屋建以外の建築物（地下3階、2階建て以上等）に設ける屋内タンク貯蔵所の基準
- 引火点が40℃以上の第4類の危険物のみを貯蔵すること。
- 窓は設けられない。

最近の試験問題で実力アップ！

① タンク専用室は、屋根を不燃材料で造り、かつ、不燃材料の天井を設けること。

答（×）

→屋内タンク貯蔵所に天井を設けることはできない。

⑤ 地下タンク貯蔵所

1. 設 備

① タンクの周囲4箇所に、危険物の漏れを検知する漏えい検査管を設けること。
② 注入口は屋外に設けること。
③ 第5種の消火設備を2個以上設けること。

最近の試験問題で実力アップ！

① 地下貯蔵タンクの外面は塗装し、直接地盤面下に埋設しなければならない。

答（×）

→直接地盤面下に埋設する方法と、地盤面下のタンク室に設置する方法等があるので誤っている。

② 液体の危険物の地下貯蔵タンクの注入口は、建物内に設けなければならない。

答（×）

→屋外に設けることと定められている。

問題 6-1　製造所、屋内貯蔵所、屋外タンク貯蔵所、屋内タンク貯蔵所、地下タンク貯蔵所、屋外貯蔵所

6 屋外貯蔵所

☑ 1. 位置・構造・設備
① 貯蔵場所は湿潤でなく、かつ、排水のよい場所。周囲には、さく等を設けて明確に区画すること。
② 架台は不燃材料で造るとともに、堅固な地盤面に固定すること（**可動式の架台は、動くと危険なので設置してはならない**）。
③ 架台の高さ：6m 未満

☑ 2. 屋外貯蔵所に貯蔵できる危険物（○印）、できない危険物（×印）
○硫黄（第2類）　　○引火性固体（引火点0℃以上のもの）
○トルエン（引火点4℃）→第1石油類は、引火点0℃以上OK。
○アルコール類、第2石油類（灯油、軽油等）、第3石油類、第4石油類、動植物油類OK。
×ナトリウム　　　×カリウム　　　×炭化カルシウム（カーバイド）
×黄りん　　×赤りん　　×鉄粉　　×過酸化水素　　×塩素酸塩類
×特殊引火物　　×ガソリン（引火点−40℃以下）　　×アセトン（−20℃）
→第4類は特殊引火物と引火点が0℃未満の第1石油類がダメ。

よく出題される　問題

☑ 1. 製造所の一般的な構造と設備の基準

問1　法令上、製造所の位置、構造及び設備の技術上の基準について、次のうち正しいものはどれか。ただし、特例基準が適用されるものは除く。
1. 危険物を取り扱う建築物は、地階を有することができる。
2. 危険物を取り扱う建築物の延焼のおそれのある部分以外の窓にガラスを用いる場合は、網入りガラスにしないことができる。
3. 指定数量の倍数が5以上の製造所等には、周囲の状況によって安全上支障がない場合を除き、規則で定められた避雷設備を設けなければならない。
4. 危険物を取り扱う建築物の壁及び屋根は、耐火構造とするとともに、天井を設けなければならない。
5. 電動機及び危険物を取り扱う設備のポンプ、弁、継ぎ手等は、火災の予防上支障のない位置に取り付けなければならない。

問2 法令上、製造所の位置、構造及び設備の技術上の基準について、次のうち誤っているものはどれか。

1. 危険物を取り扱う建築物は、柱、床、はり及び階段を不燃材料で造らなければならない。
2. 危険物を取り扱う建築物の窓及び出入口は、防火設備を設けなければならない。
3. 危険物を取り扱う建築物の窓及び出入口にガラスを用いる場合は、5mm以上の厚さがなければならない。
4. 危険物を取り扱う建築物は、地階を有しない構造でなければならない。
5. 危険物を取り扱う建築物には、危険物を取り扱うために必要な採光、照明及び換気の設備を設けなければならない。

問3 法令上、製造所の技術基準について、次のうち誤っているものはどれか。

1. 危険物を取り扱う建築物には、危険物を取り扱うために必要な採光、照明及び換気の設備を設けること。
2. 危険物を取り扱うにあたって静電気が発生するおそれのある設備には、当該設備に蓄積される静電気を有効に除去する設備を設けること。
3. 可燃性の蒸気又は可燃性の微粉が滞留するおそれのある建築物には、その蒸気又は微粉を屋外の低所に排出する設備を設けること。
4. 危険物を加熱し、もしくは冷却する設備又は危険物の取扱いに伴って温度の変化が起こる設備には、温度測定装置を設けること。
5. 危険物を加圧する設備又はその取り扱う危険物の圧力が上昇するおそれのある設備には、圧力計及び自治省令で定める安全装置を設けること。

2. 屋外タンク貯蔵所

問4 ある事業所で、容量5 000 kl のガソリンの屋外貯蔵タンクと容量10 000 kl の重油の屋外貯蔵タンクを同一の防油堤内に設置する場合、法令上、防油堤の最低容量として、次のうち正しいものはどれか。

1. 10 000 kl
2. 11 000 kl
3. 15 000 kl
4. 16 500 kl
5. 22 500 kl

問題 6-1　製造所、屋内貯蔵所、屋外タンク貯蔵所、屋内タンク貯蔵所、地下タンク貯蔵所、屋外貯蔵所

☑ 3. 屋内タンク貯蔵所

問5 法令上、平屋建としなければならない屋内タンク貯蔵所の位置、構造及び設備の技術上の基準について、次のうち正しいものはどれか。

1. タンク専用室の窓又は出入口にガラスを用いる場合は、網入りガラスとしなければならない。
2. 屋内貯蔵タンクには、容量制限が定められていない。
3. 屋内貯蔵タンクは建物内に設置するため、タンク外面にはさびどめのための塗装をしなくてもよい。
4. タンク専用室の出入口のしきいは、床面とに段差が生じないように設けなければならない。
5. 第2石油類の危険物を貯蔵するタンク専用室には、不燃材料で造った天井を設けることができる。

☑ 4. 地下タンク貯蔵所

問6 法令上、地下タンク貯蔵所の位置、構造及び設備の技術上の基準について、次のうち誤っているものはどれか。

1. 地下タンク貯蔵所には、見やすい箇所に地下タンク貯蔵所である旨を表示した標識及び防火に関し必要な事項を掲示した掲示板を設けなければならない。
2. 地下貯蔵タンクには、通気管又は安全装置を設けなければならない。
3. 液体の危険物の地下貯蔵タンクには、危険物の量を自動的に表示する装置を設けなければならない。
4. 液体の危険物の地下貯蔵タンクの注入口は、建物内に設けなければならない。
5. ガソリン、ベンゼンその他静電気による災害が発生するおそれのある液体の危険物の地下貯蔵タンクの注入口付近には、静電気を有効に除去するための接地電極を設けなければならない。

☑ 5. 屋外貯蔵所

問7 法令上、次の危険物のうち、屋外貯蔵所で貯蔵できない危険物はどれか。

1. 硫化りん
2. アルコール類
3. 引火性固体（引火点が0℃以上のものに限る。）
4. 第1石油類（引火点が0℃以上のものに限る。）
5. 動植物油類

解答 & パーフェクト講義

☑ 1. 製造所の一般的な構造と設備の基準

問1 解答 5

- ×1. 危険物の蒸気は、空気より重いものが多く低所に滞留する。気密性の高い地下室等に滞留し引火爆発すると被害が大きくなるので、<u>安全のため地階を有してはならない</u>と定められている。
- ×2. 建築物の窓にガラスを用いる場合は、<u>網入りガラス</u>としなければならない。
- ×3. 指定数量の倍数が <u>10 以上の製造所</u>には、避雷設備を設けなければならない。
- ×4. 建築物の壁及び屋根は<u>不燃材料造り</u>、天井を設けてはならない。
- ○5. 電動機及び危険物を取り扱う設備のポンプ、弁、継ぎ手等は、火災の予防上支障のない位置に取り付けなければならないと定められている。

得点力UPのツボ　問題は1項から5項までキッチリ読もう！　大切な項目は何度も掲載したので、繰り返し学習によって自然に覚えることができるだろう。

問2 解答 3

- ○1. 建築物は、柱、床、はり及び階段を不燃材料で造らなければならない。
- ○2. 危険物を取り扱う建築物の窓及び出入口は、防火設備を設けなければならない。
- ×3. 建築物の窓及び出入口にガラスを用いる場合は、網入りガラスを用いると定められているが、<u>5 mm 以上という厚さの基準はないので誤っている</u>。
- ○4. 危険物を取り扱う建築物は、地階を有しない構造でなければならない。
- ○5. 危険物を取り扱う建築物には、危険物を取り扱うために必要な採光、照明及び換気の設備を設けなければならないと定められている。

問3 解答 3

- ○1. 危険物を取り扱う建築物には、危険物を取り扱うために必要な採光、照明及び換気の設備を設けることと定められている。
- ○2. 危険物を取り扱うにあたって静電気が発生するおそれのある設備には、当該設備に蓄積される静電気を有効に除去する設備（アース線等）を設けること。

問題 6-1　製造所、屋内貯蔵所、屋外タンク貯蔵所、屋内タンク貯蔵所、地下タンク貯蔵所、屋外貯蔵所

× 3. 可燃性の蒸気や微粉の排出は、**安全のために屋外の低所ではなく高所に排出して拡散をはからなければならない。**
○ 4. 危険物を加熱し、もしくは冷却する設備又は危険物の取り扱いに伴って温度の変化が起こる設備には、温度測定装置を設けることと定められている。
○ 5. 危険物を加圧する設備又はその取り扱う危険物の圧力が上昇するおそれのある設備には、圧力計及び自治省令で定める安全装置を設けること。

2. 屋外タンク貯蔵所

問 4　解答 2

●2つ以上のタンクがある場合の防油堤の容量は、**最大タンクの 110％ (1.1 倍) 以上**と定められている。最大タンクは重油の 10 000 kl なので、計算は次のようにするとよい。

重油 10 000 kl × 110 %（1.1 倍）＝ 11 000 kl

× 1. 10 000 kl 　　○ 2. **11 000 kl** 　　× 3. 15 000 kl 　　× 4. 16 500 kl
× 5. 22 500 kl

3. 屋内タンク貯蔵所

問 5　解答 1

○ 1. **タンク専用室の窓又は出入口のガラスは、網入りガラスと定められている。**
× 2. 屋内貯蔵タンク容量は、指定数量の 40 倍以下等と定められている。
× 3. 屋内貯蔵タンクの外面には、さびどめのための塗装をしなければならない。
× 4. タンク専用室の出入口のしきいの高さは、漏れた危険物の流出等を防ぐため、0.2 m 以上と定められているので床面との間に段差が生じる。
× 5. タンク専用室には、天井を設けないことと定められている。

4. 地下タンク貯蔵所

問 6　解答 4

○ 1. 地下タンク貯蔵所には、見やすい箇所に地下タンク貯蔵所である旨を表示した標識及び掲示板等を設けなければならないと定められている。
○ 2. 地下貯蔵タンクには、通気管又は安全装置を設けなければならない。
○ 3. 液体の危険物の地下貯蔵タンクには、危険物の量を自動的に表示する装置を設けなければならないと定められている。

× 4. タンクの注入口は、屋外に設けることと定められているので誤っている。ガソリンスタンド（給油取扱所）では、屋外で防火塀の近くに設けられている。
○ 5. ガソリン、ベンゼンその他静電気による災害が発生するおそれのある液体の危険物の地下貯蔵タンクの注入口付近には、静電気を有効に除去するための接地電極（アースを取るための電極）を設けなければならない。

☑ 5．屋外貯蔵所

問7 解答 1

●屋外貯蔵所で貯蔵できる危険物
・第2類→硫黄、引火性固体（引火点0℃以上のもの）
・第4類→第1石油類（引火点0℃以上のもの）、アルコール類～動植物油類

× 1. 硫化りん→第2類の危険物なのでダメ（引火性固体でもない）
○ 2. アルコール類
○ 3. 引火性固体（引火点が0℃以上のものに限る。）→固形アルコール等
○ 4. 第1石油類（引火点が0℃以上のものに限る。）→トルエン（4℃）等
○ 5. 動植物油類

問題 6-2　給油取扱所、販売取扱所、標識・掲示板他

合格のポイント!

1 給油取扱所

☑ 1. 位置・構造・設備
① 給油空地　：間口 10 m 以上　奥行 6 m 以上
② 専用タンク：容量制限がない（ガソリン等）　・廃油タンク：10 000 l 以下
③ 給油ホース：5 m 以下

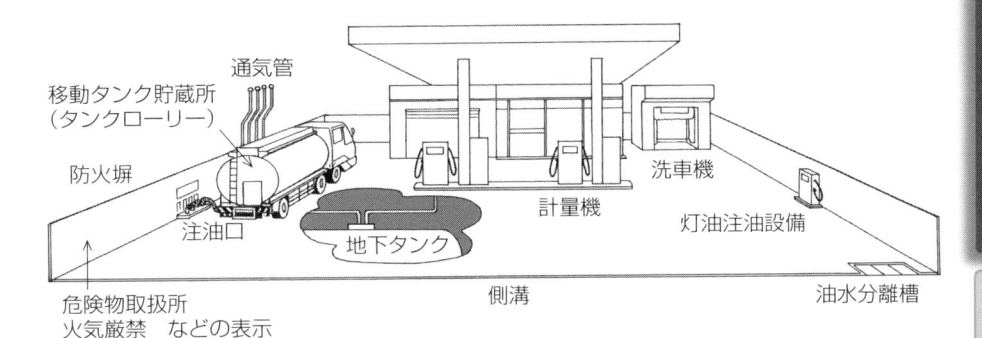

通気管
移動タンク貯蔵所
（タンクローリー）
防火塀
注油口
危険物取扱所
火気厳禁　などの表示
地下タンク
計量機
側溝
洗車機
灯油注油設備
油水分離槽

☑ 2. 給油取扱所に設けることができる建築物の用途
[1] 設けることができる建築物
・給油や詰替えの作業場・事務所・店舗、飲食店又は展示場
・点検整備を行う作業場・自動車の洗浄を行う作業場
・関係者（所有者等）が居住する住居（所有者等に従業員は入らない）
[2] 設けることができない建築物、付随設備（最近の出題傾向より）
① ガソリン詰替えのための作業場　② 自動車の吹付塗装を行う設備
③ 給油取扱所に出入りする者を対象とした遊技場　④ 診療所　⑤ 立体駐車場
⑥ 給油取扱所に勤務する者（従業員）が居住する住居

☑ 3. 取扱いの基準
① 自動車等に給油するときは、固定給油設備を使用して直接給油すること。
② 給油するときは、自動車のエンジンを停止して行うこと。
③ 給油空地からはみ出たままで給油しないこと。
④ 専用タンクに危険物を注入するときは、タンクに接続する給油設備の使用を中止し、自動車等をタンクの注入口に近付けない（注入口から 3 m 以上、通気管の先端からは水平距離 1.5 m 以上離す）。

⑤ 自動車の洗浄は、引火点を有する液体の洗剤を使用しない。

☑ 4. 顧客に自ら給油等させる給油取扱所（セルフスタンド）の基準
[1] 位置、構造、設備
① **給油ノズルは、燃料タンクが満量になった場合に、危険物の供給を自動的に停止する構造であること**（ブザー等で警報を発するものはない）。
② ガソリン及び軽油相互の誤給油を防止できる構造とすること。
③ 1回の連続した給油量、給油時間の上限を設定できる構造であること。
④ 地盤面に車両の停車位置（給油）、容器の置き場所（灯油の注油）を表示する。
⑤ 給油、注油設備の直近に使用方法、危険物の品目等の表示、彩色をすること。

危険物の種類	ハイオクガソリン	レギュラーガソリン	軽油	灯油
色	黄	赤	緑	青

⑥ 顧客自ら行う給油作業等の監視、制御等を行う制御卓（コントロール室）を設けること。
⑦ 消火設備は、第3種泡消火設備を設置しなければならない。

[2] 取扱いの基準
① **顧客は、顧客用固定給油設備でしか給油等を行えない。**
② 給油量、給油時間等の上限を設定する場合は、適正な数値としなければならない。
③ **制御卓では、顧客の給油作業等を直視等により監視すること。**
④ 顧客の給油作業等が終了した場合は、給油作業が行えない状態にすること。
⑤ 放送機器等を用いて、**顧客に必要な指示等をすること。**

最近の試験問題で実力アップ！

① 給油取扱所の給油空地は、漏れた危険物が流出しないように浸透性のあるもので舗装しなければならない。　　　　　　　　　　　　　　　答（×）
→給油空地の舗装は、漏れた危険物が浸透しないものであることと定められている。
② 顧客自ら自動車等への給油等を行わせる給油取扱所（セルフスタンド）は
　イ．建物内に設置してはならない。　　　　　　　　　　　　　　答（×）
　　　　→セルフスタンドは、建物内に設置することが認められている。
　ロ．営業時間の表示をしなければならない。　　　　　　　　　　答（×）

→法令上、営業時間の表示はしなくてよい。
  ハ．顧客の車両の進入路を表示しなければならない。　　　　　　　　答（×）
→法令上、顧客の車両の進入路を表示しなくてよい。

2 販売取扱所他

☑ 1．位置・構造・設備等
① 店舗は建築物の1階に設けること（2階には設置できない）。
② 危険物を配合する室を設けることができる。
③ 販売取扱所の区分
　・第1種販売取扱所………指定数量の倍数が15以下
　・第2種販売取扱所………指定数量の倍数が15を超え40以下
④ 窓の位置等
　・第1種販売取扱所………窓を設けることができる。位置は限定されていない。
　・第2種販売取扱所………窓の位置は、延焼のおそれのない部分に限り設けることができる。
　・窓、出入口にガラスを用いる場合は、網入りガラスとする。

☑ 2．取扱いの基準
容器に収納し、容器入りのままで販売すること。→顧客が持参した容器に入れる等小分けして販売してはいけない。

3 標識・掲示板

☑ 1．標　識
① 製造所等　　　　　：幅0.3m以上、長さ0.6m以上、色は地を白色で文字を黒色
② 移動タンク貯蔵所：0.3m平方～0.4m平方、地が黒字の板に黄色の反射塗料で「危」と表示し車両の前後の見やすい箇所に掲げる。

☑ 2．掲示板

| 危険物の種類　　　第4類 |
| 危険物の品名　　　第1石油類（ガソリン） |
| 貯蔵最大数量　　　10,000ℓ（50倍） |
| 危険物保安監督者　鈴木　幸男 |

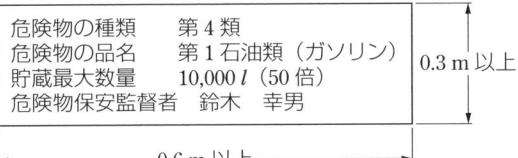

縦 0.3m以上、横 0.6m以上

☑ 3. 危険物の性質に応じた注意事項を表示した掲示板

火気厳禁と表示する危険物（他は省略）
- ・第2類の引火性固体（固形アルコール等）
- ・第4類すべて
- ・第5類すべて

得点力UPのツボ　最近の出題傾向では、火気厳禁の類（項目）を覚えるのがポイントである。

4 製造所等総合

☑ 1. 製造所等の容量制限

① 屋外タンク貯蔵所　容量制限なし
② 屋内タンク貯蔵所　指定数量の40倍以下。第4石油類、動植物油類以外の第4類は、20 000 l 以下
③ 地下タンク貯蔵所　容量制限なし
④ 簡易タンク貯蔵所　600 l 以下。タンクは3基以内
⑤ 移動タンク貯蔵所　30 000 l 以下
⑥ 屋外貯蔵所　容量制限なし。貯蔵できる危険物に引火点等の規制がある第4類は、引火点が0℃以上はOK
⑦ 給油取扱所の専用タンク　容量制限なし
⑧ 販売取扱所　第1種販売取扱所　指定数量の倍数が15以下
　　　　　　　第2種販売取扱所　指定数量の倍数が15を超え40以下

よく出題される 問題

☑ 1. 給油取扱所

問1 次のうち、給油取扱所に附帯する業務のための用途として、法令上、設けることができないものはどれか。

1. 給油のために出入りする者を対象とした喫茶店
2. 給油取扱所の所有者等以外の当該取扱所に勤務する者が居住する住居
3. 灯油の詰替えのために出入りする者を対象とした展示場
4. 自動車の点検・整備のために出入りする者を対象としたコンビニエンスストア
5. 給油取扱所の所有者等に係わる他の給油取扱所の業務を行うための事務所

問題 6-2　給油取扱所、販売取扱所、標識・掲示板他

問2 法令上、顧客に自ら自動車等への給油等を行わせる給油取扱所における取扱いの基準として、次のうち誤っているものはどれか。

1. 顧客用固定給油設備以外の固定給油設備を使用して、顧客に給油作業を行わせることができる。
2. 固定給油設備の1回当たりの給油量及び給油時間の上限は、それぞれ顧客の1回当たりの給油量及び給油時間を勘案して適正に設定しなければならない。
3. 顧客の給油作業が開始されるときは、火気のないこと及びその他安全に支障がないことを確認したうえで、制御装置を用いてホース機器に危険物の供給を開始し、顧客が給油作業を行うことができる状態にしなければならない。
4. 制御卓で、顧客の給油作業を直視等により適正に監視しなければならない。
5. 顧客の給油作業が終了するときは、制御装置を用いてホース機器に危険物の供給を停止し、顧客が給油作業を行うことができない状態にしなければならない。

問3 法令上、顧客に自ら自動車等に給油させる給油取扱所の構造及び技術上の基準として、次のうち誤っているものはどれか。

1. 給油ノズルは燃料タンクが満量になったときに、ブザー等で自動的に警報を発する構造としなければならない。
2. 給油ホースは著しい引張力が加わった場合に安全に分離し、分離した部分から燃料の漏えいを防止する構造としなければならない。
3. ガソリン及び軽油相互の誤給油を防止することができる構造としなければならない。
4. 1回の連続した給油量及び給油時間の上限を設定できる構造としなければならない。
5. 地震時にホース機器への危険物の供給を自動的に停止する構造としなければならない。

☑ 2. 販売取扱所

難 レベルアップ 問題

問4 法令上、第1種販売取扱所及び第2種販売取扱所の区分で、位置、構造、設備及び販売、取扱いの技術上の基準について、次のうち正しい組合せはどれか。

	第1種販売取扱所	第2種販売取扱所
1	指定数量の倍数が15以下のものをいう。	指定数量の倍数が15を超え40以下のものをいう。
2	容器入りのままでないと販売できない。	販売する室で小分けして販売できる。
3	建築物の1階又は2階に設置できる。	建築物の1階にのみ設置できる。
4	窓の位置は、延焼のおそれのない場合は設けることができる。	窓の位置は、延焼の有無にかかわらず設けることができない。
5	危険物を配合する室は設置できない。	危険物を配合する室は設置できる。

3. 標識・掲示板

問5 法令上、製造所等に設ける標識、掲示板について、次のうち誤っているものはどれか。

1. 給油取扱所には、「給油中エンジン停止」と表示した掲示板を設けなければならない。
2. 第4類の危険物を貯蔵する地下タンク貯蔵所には、「取扱注意」と表示した掲示板を設けなければならない。
3. 第5類の危険物を貯蔵する屋内貯蔵所には、「火気厳禁」と表示した掲示板を設けなければならない。
4. 灯油を貯蔵する屋内タンク貯蔵所には、危険物の類別、品名及び最大数量等を表示した掲示板を設けなければならない。
5. 移動タンク貯蔵所には、「危」と表示した標識を車両の前後の見やすい箇所に設けなければならない。

4. 製造所等の総合問題

難 レベルアップ問題

問6 法令上、指定数量の倍数が50のガソリンを貯蔵し、又は取り扱うことができる製造所等の組合せはどれか。

A. 屋外貯蔵所
B. 屋外タンク貯蔵所
C. 販売取扱所
D. 給油取扱所

1. AとB　　2. AとC　　3. BとC　　4. BとD　　5. CとD

問題 6-2　給油取扱所、販売取扱所、標識・掲示板他

難 レベルアップ 問題

問7 法令上、次に示す用語の説明について、誤っているものはどれか。

1. 顧客用給油設備…………………顧客に自ら自動車に給油させるための給油設備をいう。
2. 顧客用注油設備…………………顧客に自ら灯油及び軽油を容器に注油させるための注油設備をいう。
3. 準特定屋外タンク貯蔵所………屋外タンクの最大貯蔵量が 500 kl 以上～1 000 kl 未満の貯蔵所をいう。
4. 特定屋外タンク貯蔵所…………屋外タンクの最大貯蔵量が 1 000 kl 以上の貯蔵所をいう。
5. 高引火点危険物…………………引火点が 130 ℃ 以上の第 4 類の危険物をいう。

解答 & パーフェクト講義

☑ 1. 給油取扱所

問1 解答 2

●現在の給油取扱所（ガソリンスタンド）を思い浮かべると解答しやすい。喫茶店、車の展示場、コンビニエンスストア等が併設されている。

○ 1. 給油のために出入りする者を対象とした喫茶店は、設けることができる。
× 2. 所有者等が居住する住居は設けることができるが、**所有者等以外の従業員が居住する住居は、設けることができない**。
○ 3. 給油取扱所の顧客を対象とした展示場は、設けることができる。
○ 4. 給油取扱所の顧客を対象としたコンビニエンスストアは、設けることができる。
○ 5. 給油取扱所の所有者等に係わる他の給油取扱所の業務を行うための事務所（ガソリンスタンドの本社のようなもの）は、設置が認められている。

問2 解答 1

× 1. 顧客に自ら自動車等への給油等を行わせる給油取扱所（セルフスタンド）では、**顧客用固定給油設備以外の固定給油設備（一般の計量機）を使用して給油させてはならない**（セルフスタンドとフルサービススタンド併設の場合）。

○ 2. 固定給油設備の1回当たりの給油量及び給油時間の上限は、それぞれ顧客の1回当たりの給油量及び給油時間を勘案して適正に設定しなければならない。
○ 3. 顧客の給油作業が開始されるときは、安全を確認したうえで危険物の供給を開始し、給油作業を行うことができる状態にしなければならない。
○ 4. 制御卓で、顧客の給油作業を直視等により適正に監視し、**必要であれば顧客に指示等をしなければならない**と定められている。
○ 5. 顧客の給油作業が終了するときは、危険物の供給を停止し、顧客が給油作業を行うことができない状態にしなければならない。

出題分析アドバイス：4項は「正しいものはどれか？」という問題で答えになることがあるので、きっちりと読んで覚えておくことが大切である。

問3　解答1

× 1. 給油ノズルは燃料タンクが満量になったときに、危険物の供給を自動的に停止する構造であることと定められている。**ブザー等での警報は誤っている。**
○ 2. 給油ホースは著しい引張力が加わった場合に安全に分離し、燃料の漏えいを防止する構造としなければならない。
○ 3. ガソリン及び軽油相互の誤給油を防止できる構造としなければならない。
○ 4. 1回の連続した給油量及び給油時間の上限を設定できる構造であること。
○ 5. 地震時に危険物の供給を自動的に停止する構造としなければならない。

☑ 2. 販売取扱所

レベルアップ問題

問4　解答1

解法のTechnique　★ p.47 の 2. 販売取扱所の項を確認して、解答しよう！

	第1種販売取扱所	第2種販売取扱所
○ 1	指定数量の倍数が15以下のものをいう。○	指定数量の倍数が15を超え40以下のものをいう。○
× 2	容器入りのままでないと販売できない。○	販売する室で**小分けして販売できる。**×
× 3	建築物の1階又は<u>2階</u>に設置できる。×	建築物の1階にのみ設置できる。○

| × 4 | 窓の位置は、**特に限定されていないので誤っ**ている。× | 窓の位置は、**延焼のおそれのない場合は設けることができる**ので誤っている。× |
| × 5 | 危険物を配合する室は**設置できない**。× | 危険物を配合する室は設置できる。○ |

> **得点力UPのツボ**
> 太字の部分が誤っている。
> 1項の販売取扱所の区分と指定数量の倍数、2項の容器入りのままでないと販売できないの2つは、他の問題でも答えになる大切な項目である。

✓ 3. 標識・掲示板

問5　解答2

●危険物の性質に応じた注意事項を表示した掲示板

火気厳禁と表示する危険物が大切
・第2類の引火性固体（固形アルコール等）
・第4類すべて　　・第5類すべて

○ 1. 給油取扱所には、「給油中エンジン停止」と表示した掲示板を設けなければならないと定められている。

× 2. 第4類の危険物を貯蔵する地下タンク貯蔵所には、<u>**「取扱注意」ではなく「火気厳禁」**</u>と表示した掲示板を設けなければならないと定められている。

○ 3. 第5類の危険物を貯蔵する屋内貯蔵所には、「火気厳禁」と表示した掲示板を設けなければならないと定められている。

○ 4. 灯油を貯蔵する屋内タンク貯蔵所には、危険物の類別、品名及び最大数量等を表示した掲示板を設けなければならない。

○ 5. 移動タンク貯蔵所には、「危」と表示した標識を車両の前後の見やすい箇所に設けなければならないと定められている。

✓ 4. 製造所等の総合問題

難　レベルアップ問題

問6　解答4

× A. 屋外貯蔵所→**ガソリンは引火点が-40℃以下なので、貯蔵できない**。
　　第1石油類は、引火点が0℃以上のものは貯蔵できる。

○ B. 屋外タンク貯蔵所→容量制限がないので貯蔵できる。

× C. 販売取扱所→第2種販売取扱所は、指定数量の倍数が15を超え40以下と

定められている。50倍のガソリンを貯蔵し、又は取扱いができない。

○D. 給油取扱所→地下タンクの容量制限はないので、貯蔵できる。

×1. AとB　　×2. AとC　　×3. BとC　　○4. BとD　　×5. CとD

難 レベルアップ 問題

問7 解答5

○1. 顧客用給油設備……………………セルフスタンドで、顧客に自ら自動車に給油させるための給油設備をいう。

○2. 顧客用注油設備……………………セルフスタンドで、顧客に自ら灯油及び軽油を容器に注油させるための注油設備をいう。

○3. 準特定屋外タンク貯蔵所………屋外タンクの最大貯蔵量が、500 kl 以上～1 000 kl 未満の貯蔵所をいう。

○4. 特定屋外タンク貯蔵所…………屋外タンクの最大貯蔵量が、1 000 kl 以上の貯蔵所をいう。

×5. 高引火点危険物……………………引火点が130℃ではなく、100℃以上の第4類の危険物をいう。

問題7 設置許可申請等の手続き（許可・承認・認可・届出等）

合格のポイント！

〈各種申請手続きの種類〉

手続事項		内容	申請先
1. 許可	①設置	製造所等を設置（ガソリンスタンド等を新しく造る等）	市町村長等
	②変更	製造所等の位置、構造又は設備の変更（ガソリンスタンドの洗車機を新しい機種に換える等）	
2. 承認	①仮貯蔵仮取扱い	指定数量以上の危険物を10日以内の期間、仮に貯蔵し取り扱う場合	消防長又は消防署長
	②仮使用	変更部分以外の全部又は一部を仮に使用する場合（洗車機を新しい機種に替える工事で、工事する部分以外を仮に使用すること等をいう。）	市町村長等
3. 認可	①作成②変更	予防規程を作成又は変更した場合	市町村長等
4. 届出		①製造所等の譲渡又は引渡し　（遅滞なく）	市町村長等
		②危険物の品名、数量又は指定数量の倍数の変更（10日前まで）	
		③製造所等の用途を廃止　（遅滞なく）	
		④危険物保安統括管理者を選任又は解任（遅滞なく）	
		⑤危険物保安監督者を選任又は解任（遅滞なく）	

☑ **1. 許　可**

① 製造所等を設置して使用開始するまでの手順（タンクを有しない場合）

　製造所等を設置又は変更するときは、工事着工前に市町村長等の許可を受ける必要がある。

＊設置（変更）許可申請から使用開始までの手順

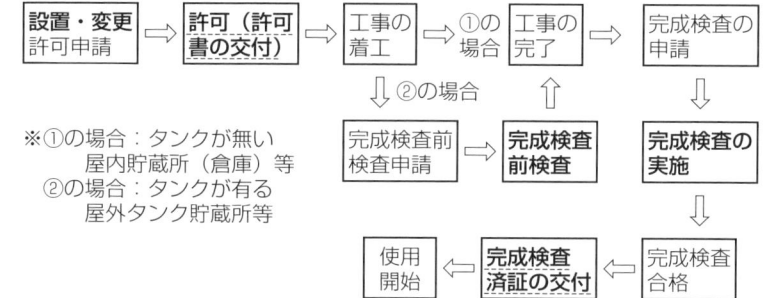

設置・変更許可申請 ⇒ 許可（許可書の交付） ⇒ 工事の着工 ⇒ ①の場合 ⇒ 工事の完了 ⇒ 完成検査の申請

②の場合 ⇓　　⇑

完成検査前検査申請 ⇒ 完成検査前検査 ⇒ 完成検査の実施

⇓

完成検査合格

⇓

使用開始 ⇐ 完成検査済証の交付

※①の場合：タンクが無い屋内貯蔵所（倉庫）等
　②の場合：タンクが有る屋外タンク貯蔵所等

② タンク（屋外タンク、地下タンク等）を有する場合

液体の危険物**タンクを設置（変更）する場合**は、完成検査を受ける前に、政令で定める工事の工程ごとに、市町村長等が行う**完成検査前検査**を受ける必要がある。

☑ 2. 承 認

① 仮貯蔵・仮取扱いとは？

所轄消防長又は消防署長の**承認**を受けて指定数量以上の危険物を、**10日以内の期間**、仮に貯蔵し、又は取り扱うことをいう。

② 仮使用とは？

製造所等の施設の一部について変更の工事を行う場合、**変更の工事に係わる部分以外の全部又は一部を市町村長等の承認**を受けて**使用する**ことをいう。

☑ 3. 認 可

予防規程の作成、変更は、市町村長等の認可を受けなければならない。

☑ 4. 届 出

> **得点力UPのツボ**
>
> 届出には5項目あるが、届け出る日時が重要なポイントである。
> 品名・数量又は指定数量の倍数の変更は「**10日前までに**」届け出て、他の4項目は「**遅滞なく**」届け出るように定められている。

最近の試験問題で 実力アップ！

> **出題分析アドバイス**
>
> 最近の1年間で特に多い問題は、次の3つであるので、マスターしておこう。

① 製造所等の位置、構造及び設備を変更する場合の手続きとして正しいものは？
　→**市町村長等の変更許可を受けてから、変更の工事を開始しなければならない。**
　　　　　　　　　　　　　　　　　　　　　　　　　　　　　　　　答（○）

②「仮使用」とは？
　→製造所等を変更する場合に、**変更工事に係わる部分以外の部分の全部又は一部を、市町村長等の承認を得て完成検査前に仮に使用することをいう。**
　　　　　　　　　　　　　　　　　　　　　　　　　　　　　　　　答（○）

③「製造所等の位置、構造及び設備を変更しないで、貯蔵し又は取り扱う**危険物の品名、数量又は指定数量の倍数を変更する者が、市町村長等に届けなければならない時期はいつか？**」この問題あるいは類似問題が多い。

→答：**変更しょうとする日の 10 日前まで**が正解である。

よく出題される問題

問1 法令上、次の文章の（　）内の A〜C に当てはまる語句の組合せのうち、正しいものはどれか。

「製造所等（移送取扱所を除く）を設置するためには、消防本部及び消防署を置く市町村の区域では当該（A）、その他の区域では当該区域を管轄する（B）の許可を受けなければならない。また、設置許可を受けた工事のため、工事完了後には必ず（C）により、許可内容どおり設置されているかどうかの確認を受けなければならない。」

	〈A〉	〈B〉	〈C〉
1.	消防長又は消防署長	市町村長	機能検査
2.	市町村長	都道府県知事	完成検査
3.	市町村長	都道府県知事	機能検査
4.	消防長	市町村長	完成検査
5.	消防署長	都道府県知事	機能検査

問2 法令上、製造所等の位置、構造及び設備を変更する場合の手続きとして、次のうち正しいものはどれか。

1. 変更工事完了後、すみやかに市町村長等に届け出なければならない。
2. 変更工事完了の 10 日前までに、市町村長等に届け出なければならない。
3. 変更の計画を市町村長等に届け出てから、変更工事を開始しなければならない。
4. 市町村長等の変更許可を受けてから、変更の工事を開始しなければならない。
5. 変更工事を開始する 10 日前までに、市町村長等に届け出なければならない。

問3 法令上、製造所等以外の場所で灯油 2 500 l を 10 日以内の間、仮に貯蔵し取り扱う場合の手続きとして、次のうち正しいものはどれか。

1. 安全な場所であれば、手続きは必要としない。
2. 所轄消防長、消防署長に届け出る。
3. 当該都道府県知事の認可を受ける。
4. 所轄消防長、消防署長に申請し承認を受ける。
5. 当該区域を管轄する市町村長に届け出る。

問4 法令上、製造所等の位置、構造及び設備を変更する場合において、完成検査を受ける前に当該製造所等を仮に使用するための手続きとして、次のうち正しいものはどれか。

1. 変更の工事に着手する前に、変更部分の全部又は一部の使用について市町村長等に承認申請をする。
2. 変更の工事に着手する前に、変更部分の全部又は一部の使用について所轄消防長又は消防署長に承認申請をする。
3. 変更工事が完成した部分ごとの使用について、市町村長等に承認申請をする。
4. 変更の工事に着手する前に、変更工事に係わる部分以外の全部又は一部の使用について、市町村長等に承認申請をする。
5. 変更の工事に着手する前に、変更工事に係わる部分以外の全部又は一部の使用について、所轄消防長又は消防署長に承認申請をする。

問5 法令上、製造所等の所有者等が市町村長等に届出をする場合として、次のうち誤っているものはどれか。

1. 製造所等の譲渡又は引渡しをしたとき。
2. 製造所等の位置、構造又は設備を変更しないで、危険物の品名、数量又は指定数量の倍数を変更したとき。
3. 危険物保安監督者を解任したとき。
4. 危険物施設保安員を定めたとき。
5. 製造所等の用途を廃止したとき。

問6 法令上、次のうち誤っているものはどれか。

1. 指定数量未満の危険物の貯蔵及び取扱いの技術上の基準は、市町村の火災予防条例で定められている。
2. 製造所等の位置、構造又は設備を変更しないで、貯蔵し、又は取り扱う危険物の品名、数量又は指定数量の倍数を変更しようとするときは、速やかに所轄消防署長の許可を受けなければならない。
3. 製造所等を廃止したときは、遅滞なくその旨を市町村長等に届け出なければならない。
4. 消防吏員が市町村の定める証票を示して、指定数量以上の危険物を貯蔵し又は取り扱っている場所に立ち入り、検査や質問をしたときはこれに応じなければならない。
5. 製造所等の所有者等は、危険物保安監督者を定めたとき又はこれを解任したと

きは、遅滞なくその旨を市町村長等に届け出なければならない。

問7 法令上、次の文の（　）内のA～Bに該当する語句の組合せで、正しいものはどれか。

「製造所等の位置、構造、設備を変更しないで、貯蔵し又は取扱う危険物の品名、数量又は指定数量の倍数を変更しようとする者は、（A）にその旨を（B）に届け出なければならない。」

	〈A〉	〈B〉
1.	変更しようとする日の10日前まで	消防長又は消防署長
2.	変更しようとする日の10日前まで	市町村長等
3.	変更した日から7日以内	消防長又は消防署長
4.	変更した日から10日以内	消防長又は消防署長
5.	変更した日から10日以内	市町村長等

問8 法令上、製造所等の変更許可を受ける場合の仮使用について、次のうち正しいものはどれか。

1. 完成検査前に市町村長等の承認を受けて、製造所等の全部を使用した。
2. 市町村長等の承認を受けて完成前から使用した。
3. 完成検査を受け一部が不合格になったので、検査に合格した部分のみ市町村長等の承認を受けて使用した。
4. 完成検査前に市町村長等に届け出て、完成した部分から使用した。
5. 完成検査前に変更の工事に係わる部分以外の部分の全部を、市町村長等の承認を受けて使用した。

解答 & パーフェクト講義

問1 解答2　A. 市町村長　B. 都道府県知事　C. 完成検査

●「設置許可申請等の手続き」は、次の4項目のいずれかについて問うている。

① 設置、変更の**許可**　　② 仮貯蔵・仮取扱い、仮使用の**承認**
③ 予防規程の**認可**　　　④ 製造所等の譲渡又は引渡等の**届出**

楽に正解するためには、どの項目に該当するのかを早く見極めることが大切である。そのためには、文章の一行目にある「設置」に蛍光ペンで印をしてp.55の「各種申請手続きの種類」一覧表を確認する。そうすれば「設置」は

1. 許可 ①設置 製造所等を設置（ガソリンスタンド等を新しく造る等）
申請先→市町村長等

のように確認してから問題に取り組むことが早くでき、正解を導くことができる。

「製造所等（移送取扱所を除く）を 設置 するためには、消防本部及び消防署を置く市町村の区域では当該（A：**市町村長**）、その他の区域では当該区域を管轄する（B：**都道府県知事**）の許可を受けなければならない。また、設置許可を受けた工事のため、工事完了後には必ず（C：**完成検査**）により、許可内容どおり設置されているかどうかの確認を受けなければならない。」

問2 解答4

●変更の工事が着工できる手順は次のとおりであり、これ以外の方法はない。

変更許可申請　→　許可（許可書の交付）　→　工事の着工　→

× 1. 変更工事完了後、すみやかに市町村長等に届け出なければならない。
× 2. 変更工事完了の10日前までに、市町村長等に届け出なければならない。
× 3. 変更の計画を市町村長等に届け出てから、変更工事を開始しなければならない。
○ 4. **製造所等の位置、構造及び設備を変更する場合の手続きは、市町村長等の変更許可を受けてから変更の工事を開始しなければならないと定められている。**
× 5. 変更工事を開始する10日前までに、市町村長等に届け出なければならない。

> 製造所等の設備等を変更する場合の手続きは、**市町村長等の変更許可を受けてから変更の工事を開始しなければならないと定められている**ので、「届け出る」1項、2項、3項、5項はすべて誤っている。

問3 解答4

●灯油を10日以内の間、仮に貯蔵し取り扱う（ 仮貯蔵・仮取扱い ）場合の手続きである。

○ 4. 所轄消防長、消防署長に申請し承認を受けなければならないと定められている。

問題7　設置許可申請等の手続き（許可・承認・認可・届出等）

問4　解答4

- ×1. <u>変更</u>の工事に着手する前に、変更部分「**以外**」の全部又は一部の使用について市町村長等に承認申請をする。太字の「**以外**」が抜けているので、誤っている。
- ×2. 変更の工事に着手する前に、変更部分の全部又は一部の使用について所轄消防長又は消防署長に承認申請をする。点線の箇所が誤っている。
- ×3. 変更工事が完成した部分ごとの使用についてではないので誤っている。
- ○4. <u>変更</u>の工事に着手する前に、**変更工事に係わる部分以外**の全部又は一部の使用について、市町村長等に承認申請をするのが**仮使用の承認申請**である。
- ×5. **所轄消防長又は消防署長が誤っており、市町村長等に承認申請であれば正しい。**

問5　解答4

●製造所等の所有者等が、市町村長等に<u>届出</u>をする場合の問題である。

- ○1. 製造所等の譲渡又は引渡しをしたとき。→遅滞なく届け出る。
- ○2. 製造所等の位置、構造又は設備を変更しないで、危険物の品名、数量又は指定数量の倍数を変更したとき。→10日前までに届け出る。
- ○3. 危険物保安監督者を解任したとき。→遅滞なく届け出る。
- ×4. **危険物施設保安員を定めたとき。→法令上、届け出る必要がない。**
- ○5. 製造所等の用途を廃止したとき。→遅滞なく届け出る。

問6　解答2

- ○1. 指定数量未満の危険物の貯蔵及び取扱いの技術上の基準は、市町村の火災予防条例で定められている。
- ×2. **設備等を変更しないで、危険物の品名、数量又は指定数量の倍数を変更しようとするときは、10日前までに市町村長等に届け出ると定められている。**
- ○3. 製造所等を廃止したときは、遅滞なく市町村長等に届け出なければならない。
- ○4. 消防吏員が市町村の定める証票を示して、指定数量以上の危険物を取り扱っている場所に立ち入り、検査や質問をしたときはこれに応じなければならない。
- ○5. 所有者等が危険物保安監督者を定めたとき又は解任したときは、遅滞なく市町村長等に届け出なければならない。

問7 解答2　A：変更しようとする日の10日前まで　　B：市町村長等

「製造所等の位置、構造、設備を変更しないで、貯蔵し又は取り扱う危険物の品名、数量又は指定数量の倍数を変更しようとする者は、(A：変更しようとする日の10日前まで) にその旨を (B：市町村長等) に 届け出 なければならない。」

問8 解答5

●製造所等の変更許可を受ける場合の 仮使用 についての問題である。
次の3点がポイント

① 変更の工事　　② 変更の工事以外の部分の全部又は一部　　③ 市町村長等の承認

× 1. 完成検査前に市町村長等の承認を受けて、製造所等の全部を使用した。
× 2. 市町村長等の承認を受けて完成前から使用した。
× 3. 完成検査を受け一部が不合格になったので、検査に合格した部分のみ市町村長等の承認を受けて使用した。
× 4. 完成検査前に市町村長等に届け出て、完成した部分から使用した。
○ 5. 完成検査前に変更の工事に係わる部分以外の部分の全部を、市町村長等の承認を受けて使用した。

得点力UPのツボ　点線の部分が誤っているのでよく理解しておこう！

問題 8　法令違反に対する措置
（設置許可の取り消し・使用停止命令他）

☑ 1．義務違反と措置命令等
① 危険物の貯蔵・取扱基準遵守命令
・製造所等においてする危険物の貯蔵又は取扱いが、技術上の基準に違反しているとき。
② **危険物施設の基準適合命令**（修理、改造又は移転の命令）
製造所等の位置、構造、設備が技術上の基準に違反しているとき。→所有者等権限がある者に対して、命令が出る。
③ 危険物保安統括管理者又は危険物保安監督者の解任命令
消防法に基づく命令の規定に違反したとき、又はその責務を怠っているとき。
④ 危険物施設の応急措置命令
危険物の流出その他の事故が発生したときに、応急の措置を講じていないとき。

☑ 2．許可の取り消し、又は使用停止命令
① 製造所等の位置、構造、設備を**無許可で変更**したとき。
② **完成検査済証の交付前に使用**したとき、又は仮使用の承認を受けないで使用したとき。
③ 位置、構造、設備に係わる**措置命令に違反**したとき。
④ 政令で定める屋外タンク貯蔵所又は移送取扱所の保安の検査を受けないとき。
⑤ 定期点検の実施、記録の作成、保存がされてないとき。

☑ 3．使用停止命令
① 危険物の貯蔵、取扱い基準の**遵守命令に違反**したとき。
② **危険物保安統括管理者を定めていない**、又は危険物の**保安に関する業務を統括管理させていない**。
③ **危険物保安監督者を定めていない**、又は保安の監督をさせていないとき。
④ 危険物保安統括管理者、危険物保安監督者の**解任命令に違反**したとき。

☑ 4．許可の取り消し又は使用停止命令の対象外（最近の出題傾向より）
① 危険物取扱者が**免状の返納命令**を受けた場合。
② 危険物取扱者が**保安講習**を受けていない場合。
③ 危険物取扱者が**免状の書換え**をしていない場合。
④ 危険物保安監督者を定めていたが、市町村長等への**届出を怠った**場合。
⑤ 危険施設の**譲渡等の届出**を怠っていた場合。

⑥ 危険物の貯蔵及び取扱いを休止し、その届出を怠っていた場合。
⑦ 予防規程を定めていないとき。
⑧ 危険物施設保安員を定めなければならない製造所等で、それを定めていないとき。

5. 走行中の移動タンク貯蔵所の停止

消防吏員又は警察官は、走行中の移動タンク貯蔵所を停止させることができる。

6. 事故時の措置

① 所有者、管理者又は占有者は、危険物の流出等の事故が発生したときは、応急の措置をすること。
② 引き続き危険物の流出、拡散の防止と流出した危険物の除去。
③ 市町村長等は、所有者等に対し応急措置をするように命令することができる。

よく出題される問題

問1 法令上、市町村長等が製造所等の許可の取り消し又は使用停止を命ずることができる事由として、次のうち正しいものはどれか。

1. 製造所等を譲り受け、その届出を怠っているとき。
2. 製造所等の位置、構造又は設備を無許可で変更したとき。
3. 危険物施設保安員を定めなければならない施設において、それを定めていないとき。
4. 製造所等において危険物の取扱作業に従事している危険物取扱者が、氏名を変更したにもかかわらず、免状の書換えをしていないとき。
5. 製造所等において危険物の取扱作業に従事している危険物取扱者が、危険物の取扱作業の保安に関する講習を受講していないとき。

問2 法令上、市町村長等が製造所等の許可の取り消しを命ずることができる事由に該当しないものは、次のうちどれか。

1. 完成検査又は仮使用の承認を受けないで製造所等を使用したとき。
2. 製造所等の位置、構造又は設備に係わる修理、改造の命令に違反したとき。
3. 変更の許可を受けないで、製造所の位置、構造又は設備を変更したとき。
4. 製造所等の定期点検に関する規定に違反したとき。
5. 危険物保安監督者を定めなければならない製造所等で、危険物保安監督者を定めていないとき。

問題 8　法令違反に対する措置（設置許可の取り消し・使用停止命令他）

問3 法令上、危険物保安監督者を定めなければならない製造所等で、所有者等に使用停止を命ずることができる事由として、次のうち正しい組合せはどれか。

A. 危険物保安監督者を定めていないとき。
B. 危険物保安監督者が、危険物の取扱作業の保安に関する講習を受けていないとき。
C. 危険物保安監督者が、解任の規定に違反したとき。
D. 危険物保安監督者を定めたときの届出を怠ったとき。

1. A、B　　2. A、C　　3. B、C　　4. B、D　　5. C、D

問4 法令上、製造所等に対して出される市町村長等の命令として、次のうち誤っているものはどれか。

1. 定期点検の不履行……………………………製造所等の使用停止命令
2. 亡失した免状の再交付申請の未提出………免状の返納命令
3. 危険物保安監督者の業務不履行……………危険物保安監督者の解任命令
4. 危険物の無許可貯蔵、取扱い………………危険物の除去等の措置命令
5. 事故発生時の応急措置不履行………………災害防止等の措置命令

問5 法令上、市町村長等が製造所等の所有者等に対する使用停止命令の対象となる事由に該当しないものは、次のうちどれか。

1. 製造所において、危険物保安監督者に危険物の取扱作業に関して保安の監督をさせていないとき。
2. 屋外タンク貯蔵所において、危険物保安監督者を定めていないとき。
3. 給油取扱所において、所有者等に対する危険物保安監督者の市町村長等の解任命令に違反したとき。
4. 移送取扱所において、危険物保安監督者が免状の返納命令を受けたとき。
5. 屋内貯蔵所において、危険物の貯蔵及び取扱いの基準に関する市町村長等の遵守命令に違反したとき。

問6 製造所等における法令違反と、それに対して市町村長等から受ける命令等の組合せとして、次のうち誤っているものはどれか。

1. 製造所等の位置、構造及び設備が技術上の基準に適合していないとき。
　　………製造所等の修理、改造又は移転命令
2. 製造所等における危険物の貯蔵又は取扱いの方法が技術上の基準に違反しているとき。………危険物の貯蔵、取扱基準遵守命令
3. 許可を受けないで、製造所等の位置、構造又は設備を変更したとき。

………使用停止命令又は許可の取り消し
4. 公共の安全の維持又は災害発生の防止のため、緊急の必要があるとき。
　　　………製造所等の一時使用停止又は使用制限命令
5. 危険物保安監督者が、その責務を怠っているとき。
　　　………危険物の取扱作業の保安に関する講習の受講命令

問7 法令上、市町村長等の命令として、次のうち誤っているものはどれか。

1. 製造所等を設置したとき、完成検査を受けないで当該製造所等を使用したときは、使用の停止を命ずることができる。
2. 許可を受けないで製造所等の位置、構造又は設備を変更したときは、仮使用承認申請の提出を命ずることができる。
3. 製造所等以外の場所で、仮貯蔵又は仮取扱いの承認を受けないで、指定数量以上の危険物を貯蔵し又は取り扱っているときは、当該危険物の除去、その他危険物による災害防止のために、必要な措置をすることを命ずることができる。
4. 製造所等の位置、構造及び設備が技術上の基準に適合していないときは、これらを修理し、改造し又は移転を命ずることができる。
5. 製造所等における危険物の貯蔵又は取扱いの方法が、技術上の基準に違反しているときは、当該基準に従って危険物を貯蔵し又は取り扱うことを命ずることができる。

レベルアップ問題

問8 法令上、市町村長等が製造所等の許可の取り消し又は使用停止を命じることができる事由に該当しないものは、次のうちどれか。

1. 変更許可を受けないで、製造所等のすべての配管を変更した。
2. 製造所等の設備の一部分の改善命令を受けたが、1年後の改善計画を作成し継続して使用した。
3. 危険物保安監督者を選任しなければならない製造所等において、市町村長等への届出を怠った。
4. 定期点検の実施時期を過ぎたが、継続して使用した。
5. 完成検査を受けないで使用を開始した。

問題 8　法令違反に対する措置（設置許可の取り消し・使用停止命令他）

解答 & パーフェクト講義

問1 解答 2

●p.63 の記述を参照
2. 許可の取り消し又は使用停止命令（重い懲罰）→ 5 項目
3. 使用停止命令（軽い懲罰）→ 4 項目
以上の 9 項目に該当するものはどれかを問うている問題である。

× 1. 製造所等を譲り受け、その届出を怠っているときは、届出義務違反（p.63 の 4. の⑤参照）なので許可の取り消し又は使用停止を命ずることはできない。
○ 2. 製造所等の位置、構造又は設備を無許可で変更したときは、p.63 の 2. の①に該当するので許可の取り消し等の事由になる。
× 3. 危険物施設保安員を定めていないときは、許可の取り消し等の事由にならない。
× 4. 危険物取扱者が免状の書換えをしていないときは、p.63 の 4. の③に該当し許可の取り消し等の対象外である。
× 5. 危険物取扱者が危険物の取扱作業の保安に関する講習を受講していないときは、p.63 の 4. の②に該当し許可の取り消し等の対象外である。

問2 解答 5

●p.63 の 2. の①〜⑤に該当しないものはどれかを問うている問題である。

○ 1. 完成検査又は仮使用の承認を受けないで製造所等を使用したとき。→ p.63 の 2. の②で許可の取り消しに該当する。
○ 2. 製造所等の位置、構造又は設備に係わる修理、改造の命令に違反したとき。→ p.63 の 2. の③で許可の取り消しに該当する。
○ 3. 変更の許可を受けないで、製造所の位置、構造又は設備を変更したとき。→ p.63 の 2. の①の無許可変更で、許可の取り消しに該当する。
○ 4. 製造所等の定期点検に関する規定に違反したとき。→ p.63 の 2. の⑤で許可の取り消しに該当する。
× 5. 危険物保安監督者を定めなければならない製造所等で、危険物保安監督者を定めていないとき。→ p.63 の 3. の③に該当するので、使用停止命令の対象であり許可の取り消しはできない。

問3 解答2

考え方 Point!!

- 1. 危険物保安監督者に関して、<u>使用停止を命ずることができる事由</u>
  → p.63 の 3. の③、④参照
- 2. 危険物保安監督者に関して、<u>使用停止を命ずることができない事由</u>
  → p.63 の 4. の①〜③→保安講習を受けていないとき等免状関連
  　④〜⑥項→危険物保安監督者の届出を怠った等届出関連

○ A. **危険物保安監督者を定めていないとき。**→ p.63 の 3. の③で使用停止命令に該当する。

× B. **危険物保安監督者が、危険物の取扱作業の保安に関する講習を受けていないとき。**→免状関連問題であり使用停止を命じられない。

○ C. **危険物保安監督者が、解任の規定に違反したとき。**→ p.63 の 3. の④で使用停止命令に該当する。

× D. 危険物保安監督者を定めたときの届出を怠ったとき。→届出関連問題である。

× 1. A、B　　○ 2. A、C　　× 3. B、C　　× 4. B、D　　× 5. C、D

問4 解答2

- ○ 1. 定期点検の不履行……………………製造所等の使用停止命令で正しい。
- × 2. 亡失した免状の再交付申請の未提出
  　　　………**この件は消防法に違反している訳ではないので、免状の返納命令は発令できない。**また、定年退職等で免状の再交付を望まない場合は、再交付申請の未提出であってもかまわない。
- ○ 3. 危険物保安監督者の業務不履行……………危険物保安監督者の解任命令で正しい。
- ○ 4. 危険物の無許可貯蔵、取扱い…………危険物の除去等の措置命令で正しい。
- ○ 5. 事故発生時の応急措置不履行…………災害防止等の措置命令で正しい。

問5 解答4

× 4. 移送取扱所において**危険物保安監督者が免状の返納命令を受けたときは、使用停止命令の対象となる事由に該当しない。**→ p.63 の 4. の①に該当する。

問題 8 法令違反に対する措置（設置許可の取り消し・使用停止命令他）

> **得点力UPのツボ**
> 1、2、3、5項は、すべて「使用停止命令」の対象となる。

問6　解答 5

考え方のPoint !!
● p.63 の 1.義務違反と措置命令等から解答しよう。

- ○ 1. 製造所等の位置、構造及び設備が技術上の基準に適合していないとき。
  ………**製造所等の修理、改造又は移転命令が発令される。**
- ○ 2. 製造所等における危険物の貯蔵又は取扱いの方法が技術上の基準に違反しているとき。………危険物の貯蔵、取扱基準遵守命令が発令される。
- ○ 3. 許可を受けないで、製造所等の位置、構造又は設備を変更したとき。
  ………使用停止命令又は許可の取り消しが発令される。
- ○ 4. 公共の安全の維持又は災害発生の防止のため、緊急の必要があるとき。
  ………製造所等の一時使用停止又は使用制限命令が発令される。
- × 5. **危険物保安監督者が、その責務を怠っているとき。**
  ………**危険物保安監督者の解任命令が正しい**。また、保安講習に受講命令はないので誤っている。

> **得点力UPのツボ**
> 答えではないが○印の項も大切なので、きっちりと読んで覚えよう！

問7　解答 2

- ○ 1. 製造所等を設置したとき、完成検査を受けないで当該製造所等を使用したときは、使用の停止又は許可の取り消しを命ずることができると定められている。
- × 2. 無許可で製造所等の位置、構造又は設備を変更したときは、**許可の取り消し又は使用停止命令が出る**。仮使用承認申請の提出という命令はない。
- ○ 3. 製造所等以外の場所で、仮貯蔵又は仮取扱いの承認を受けないで、指定数量以上の危険物を貯蔵又は取り扱っているときは、当該危険物の除去、その他危険物による災害防止のために、必要な措置をすることを命ずることができる。
- ○ 4. 製造所等の位置、構造及び設備が技術上の基準に適合していないときは、これらを修理し、改造又は移転を命ずることができると定められている。
- ○ 5. 製造所等における危険物の貯蔵又は取扱いの方法が、技術上の基準に違反し

ているときは、当該基準に従って危険物を貯蔵又は取り扱うことを命ずることができる。

難 レベルアップ 問題

問8 解答 3

- ◯ 1. 変更許可を受けないで、製造所等のすべての配管を変更した。→<u>無許可変更</u>なので、許可の取り消し等が命じられる。
- ◯ 2. 製造所等の設備の一部分の改善命令（措置命令）を受けたが、1年後の改善計画を作成し継続して使用した。→<u>設備に関わる措置命令に違反しているので、</u>許可の取り消し等が命じられる。
- × 3. 危険物保安監督者を選任しなければならない製造所等において、**市町村長等への届出を怠った**。→<u>届出関連の事項は、使用停止等を命じることができない。</u>
- ◯ 4. 定期点検の実施時期を過ぎたが、継続して使用した。→<u>定期点検が未実施なので、許可の取り消し等が命じられる。</u>
- ◯ 5. 完成検査を受けないで使用を開始した。→<u>完成検査前使用にあたるので、許可の取り消し等が命じられる。</u>

問題9 定期点検 合格のポイント！

製造所等の所有者等は、その位置・構造及び設備が技術上の基準に適合しているか否かを定期的に点検し、その点検記録を作成し、一定の期間保存することが義務づけられている。

☑ 1. 定期点検の実施対象施設・対象外施設

① 製造所　　　　② 屋内貯蔵所　　　③ 屋外タンク貯蔵所　　④ 地下タンク貯蔵所
⑤ 移動タンク貯蔵所　　　　　　⑥ 屋外貯蔵所　　　　　　⑦ 給油取扱所
⑧ 移送取扱所　　　　　　　　　⑨ 一般取扱所

出題分析アドバイス　実施対象施設は以上の9施設であるが、ほとんどの問題が**移動タンク貯蔵所と地下タンクを有する施設**が答えとなる。

得点力UPのツボ
実施対象外施設
① 屋内タンク貯蔵所　　② 簡易タンク貯蔵所　　③ 販売取扱所

☑ 2. 点検実施者

① 危険物取扱者（甲種、乙種、丙種）
② 危険物施設保安員（定期点検の立会いはできない。）
③ 危険物取扱者以外の者は、甲種、乙種、丙種いずれかの危険物取扱者の立会いがあればできる。

得点力UPのツボ　点検に市町村長等の立会いは必要ない。

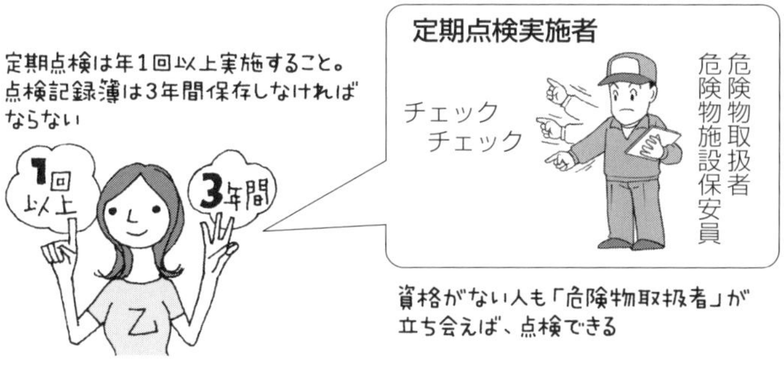

定期点検は年1回以上実施すること。
点検記録簿は3年間保存しなければならない

1回以上　　3年間

定期点検実施者
危険物取扱者
危険物施設保安員
チェックチェック

資格がない人も「危険物取扱者」が立ち会えば、点検できる

3. 点検時期・点検の記録・その他
① 点検時期　　　　　→ **1年に1回以上**
② 点検記録の保存期間→ **3年間保存**
③ 点検記録事項　　　→・点検をした製造所等の名称　・点検の方法及び結果
　　　　　　　　　　　・点検を行った者、立ち会った者の氏名　・点検年月日

得点力UPのツボ　点検結果を所轄消防署長、市町村長等に報告する義務はない。

4. 地下貯蔵タンク・地下埋設配管の漏れの点検
① 点検実施者→**危険物取扱者又は危険物施設保安員で「点検の方法に関する知識及び技能を有する者」＝漏れの点検に関する技術講習修了者**。
② 点検時期　→**設置の完成検査済証の交付を受けた日、又は前回の漏れの点検を行った日から1年を超えない日までの期間内に1回以上**。

5. 移動タンク貯蔵所の漏れ・水圧試験に係わる点検
① 実施対象　　→**すべて実施する**。
② 点検実施者→上記 4. の①と同じ
③ 点検時期　　→**設置の完成検査済証の交付を受けた日、又は前回の漏れの点検を行った日から5年を超えない日までの期間内に1回以上**。
④ 点検記録の保存期間→漏れの点検に係わる点検記録は **10年間保存**。

よく出題される　問題

問1 法令上、製造所等の定期点検について、次のうち誤っているものはどれか。ただし、規則に定める漏れの点検及び固定式の泡消火設備の点検に関するものについては除く。

1. 定期点検は、原則として1年に1回以上行わなければならない。
2. 定期点検は、製造所等の位置、構造及び設備が技術上の基準に適合しているかどうかについて行う。
3. 点検の記録は、一定期間保存しなければならない。
4. 危険物取扱者以外の者は、この点検を行うことはできない。
5. 移動タンク貯蔵所及び危険物を取り扱うタンクで、地下にあるものを有する給油取扱所は、定期点検の実施対象である。

問2 法令上、次のA〜Eの製造所等のうち、定期点検を行わなければならないもののみの組合せはどれか。

　A. 指定数量の倍数が10以上の製造所
　B. 屋内タンク貯蔵所
　C. 移動タンク貯蔵所
　D. 地下タンクを有する給油取扱所
　E. 簡易タンク貯蔵所

1. A、B、E　　2. A、C、D　　3. A、D、E　　4. B、C、D　　5. B、C、E

問3 法令上、移動タンク貯蔵所の定期点検について、次のうち正しいものはどれか。ただし、規則で定める漏れの点検は除く。

1. 指定数量の倍数が10未満の移動タンク貯蔵所は、定期点検を行う必要はない。
2. 重油を貯蔵し、又は取り扱う移動タンク貯蔵所は、定期点検を行わなくてもよい。
3. 丙種危険物取扱者は、定期点検を行うことができる。
4. 所有者等であれば、危険物取扱者でなくても、また危険物取扱者の立会いがなくても定期点検ができる。
5. 定期点検は、3年に1回行わなければならない。

問4 法令上、定期点検を義務づけられていない製造所等は、次のうちどれか。ただし、地下タンクとは、危険物を貯蔵するタンクで、地下にあるものをいう。

1. 移動タンク貯蔵所
2. 地下タンクを有する給油取扱所
3. 地下タンク貯蔵所
4. 地下タンクを有する製造所
5. 屋内タンク貯蔵所

問5 法令上、製造所等の定期点検について、次のうち誤っているものはどれか。ただし、規則で定める漏れの点検及び固定式の泡消火設備に関する点検を除く。

1. 丙種危険物取扱者は、定期点検を行うことができる。
2. 地下タンク貯蔵所は、すべて定期点検を行わなければならない。
3. 危険物施設保安員は、免状の交付を受けていない場合でも、危険物取扱者の立会いなしに、定期点検を行うことができる。

4. 移動タンク貯蔵所は、すべて定期点検を行わなければならない。
5. 製造所等の所有者等は、定期点検の記録を保存するとともに、3年に1回以上、所轄消防署長に報告しなければならない。

問6 法令上、製造所等の定期点検について、次のうち誤っているものはどれか。ただし規則で定める漏れの点検及び固定式泡消火設備の点検に関するものについては除く。

1. 定期点検は、原則として1年に1回以上実施しなければならない。
2. 定期点検は、製造所の位置、構造及び設備が技術上の基準に適合しているかどうかについて行う。
3. 点検記録は、3年間保存しなければならない。
4. 移動タンク貯蔵所は、貯蔵する危険物の類、数量に関係なく定期点検を行わなければならない。
5. 免状の交付を受けていない危険物施設保安員は、点検を行うことができない。

問7 法令上、製造所等の定期点検について、次のうち正しいものはどれか。

1. 原則として、1年に1回以上行わなければならない。
2. すべての製造所等が対象となる。
3. 危険物取扱者でなければ行うことができない。
4. 特定の製造所等に対して、市町村長等が行うものである。
5. 定期点検の記録は、1年間保存しなければならない。

問8 法令上、製造所等の定期点検について、次のうち定められていないものはどれか。ただし、規則に定める漏れの点検及び固定式泡消火設備の点検に関するものについては除く。

1. 点検は原則として1年に1回以上行わなければならない。
2. 定期点検を実施した場合は、その結果を市町村長等に報告しなければならない。
3. 危険物施設保安員は、定期点検を行うことができる。
4. 危険物取扱者の立会いを受けた場合は、危険物取扱者以外の者でも定期点検を行うことができる。
5. 定期点検は、製造所等の位置、構造及び施設が技術上の基準に適合しているかどうかについて行う。

問題9 定期点検

解答 & パーフェクト講義

問1　解答 4

- ○ 1. 定期点検は、原則として1年に1回以上行わなければならない。
- ○ 2. 定期点検は、製造所等の設備等が技術上の基準に適合しているかどうかについて行う。
- ○ 3. 点検の記録は、一定期間（原則として3年間）保存しなければならない。
- × 4. 危険物取扱者以外の者でも、危険物取扱者（甲種、乙種又は丙種の免状所持者）の立会いを受ければ、点検を行うことができると定められている。
- ○ 5. 移動タンク貯蔵所及び地下にタンクを有する給油取扱所は、定期点検の実施対象である。

得点力UPのツボ
○印の点線部分は、他の問題では答えになる大切な箇所である。必ず全部の項目をきっちりと読んで、正しいものには○印を、誤っているものには×印をして、自然と問題を覚えるようにしよう！

問2　解答 2

解法のtechnique
★定期点検の必要な危険物施設の簡易的な覚え方
移動タンク貯蔵所と地下タンクを有する施設に必要と覚える。この2点で答えが出ない場合は、p.71の1.の定期点検の実施対象施設・対象外施設の確認をして解答すればよい。

- ○ A. 指定数量の倍数が10以上の製造所
- × B. 屋内タンク貯蔵所→定期点検は義務づけられていない。
- ○ C. 移動タンク貯蔵所
- ○ D. 地下タンクを有する給油取扱所
- × E. 簡易タンク貯蔵所→定期点検は義務づけられていない。

× 1. A、B、E　　○ 2. A、C、D　　× 3. A、D、E
× 4. B、C、D　　× 5. B、C、E

問3　解答 3

× 1. 移動タンク貯蔵所は、指定数量に関係なくすべて定期点検を行わなければな

らない。
- × 2. 移動タンク貯蔵所（タンクローリー）は、貯蔵する危険物の種類に関係なく定期点検を行わなければならない。
- ○ 3. **すべての危険物取扱者（甲種、乙種、丙種）は、定期点検を行うことができる。**
- × 4. 所有者等であっても危険物取扱者でない（危険物の免状を所持していない）者は、危険物取扱者の立会いがなければ定期点検を行うことができない。
- × 5. 定期点検は、3年ではなく原則として1年に1回以上行わなければならない。

問4 解答 5

●定期点検は、移動タンク貯蔵所と地下タンクを有する施設に必要と覚えればよい。必要であれば、p.71の1.の定期点検の実施対象施設・対象外施設を確認すればよい。

- × 5. 屋内タンク貯蔵所→定期点検は義務づけられていない。

問5 解答 5

- ○ 1. すべての危険物取扱者は、定期点検を行うことができると定められている。
- ○ 2. 地下タンク貯蔵所は、すべて定期点検を行わなければならない。
- ○ 3. 危険物施設保安員は、免状の交付を受けていない場合でも、危険物取扱者の立会いなしに、定期点検を行うことができると定められている。
- ○ 4. 移動タンク貯蔵所は、すべて定期点検を行わなければならない。
- × 5. 製造所等の所有者等は、定期点検の記録を原則として3年間保存しなければならないと定められているが、**3年に1回以上、所轄消防署長に報告しなければならないという定めはない。**

問6 解答 5

- × 5. **危険物施設保安員は、免状の交付を受けていなくても点検することができる**と定められている。

> 1項、3項、4項などの大切な項目は何度も出てくるので、いまの段階で覚えておくとあとが楽になる。

問7 解答1

- ◯ 1. 定期点検は、原則として1年に1回以上行わなければならない。
- × 2. 製造所等は12施設あり、そのうち9施設が対象である。
- × 3. 危険物取扱者だけでなく、危険物施設保安員も点検ができると定められている。また、危険物取扱者でなくても、立会いを受ければ点検ができる。
- × 4. 特定の製造所等の所有者等に対して、定期に点検し、その点検記録を作成する等が義務づけられている。市町村長等が行うものではない。
- × 5. 定期点検の記録は、1年間ではなく原則として3年間保存しなければならない。

問8 解答2

- ◯ 1. 点検は原則として1年に1回以上行わなければならないと定められている。
- × 2. 定期点検を実施した場合は、その結果を市町村長等に報告する必要はない。
- ◯ 3. 危険物施設保安員は、定期点検を行うことができる。
- ◯ 4. 危険物取扱者の立会いを受けた場合は、危険物取扱者以外の者でも定期点検を行うことができると定められている。
- ◯ 5. 定期点検は、製造所等の位置、構造及び施設が技術上の基準に適合しているかどうかについて行う。

出題分析 アドバイス

1項→問7、3項→問6、4項→問1は、それぞれ関連した内容が答えとなっている。危険物試験の問題では、「物理・化学」(本書2学期)「性質」(本書3学期)を含めてこのような例が多々ある。

問題⑩ 危険物取扱者、危険物取扱者免状の交付・書換え・再交付他

1 危険物取扱者

☑ 1．危険物取扱者とは

① 危険物取扱者とは、**危険物取扱者試験に合格し、都道府県知事から免状の交付を受けた者**をいう。
② 危険物取扱者の免状には甲種、乙種、丙種の3種類があり、**全国で有効である**。
③ 危険物の取扱いは、危険物取扱者が行う。危険物取扱者以外の者が危険物を取り扱う場合は危険物取扱者が立ち会って行うが、**丙種は立会いができない**。

〈免状の種類と取扱作業の内容等〉

免状の種類	取扱作業	立会い	危険物保安監督者に選任される資格	定期点検
甲種	○ 全類（1～6類）	○ 全類（1～6類）	○ 実務経験6か月以上	○ 点検の実施と立会い
乙種	○ 指定された類（注1）	○ 指定された類（注1）	○ 実務経験6か月以上	○ 点検の実施と立会い
丙種	○ 指定された危険物（注2）	×	×	○ 点検の実施と立会い

注1：「指定された類」とは、免状に記載されている類をいう。
注2：「指定された危険物」とは、ガソリン、灯油、軽油、第3石油類（重油、潤滑油及び引火点が130℃以上のもの）、第4石油類及び動植物油類をいう。

☑ 2．危険物取扱者の責務

① 危険物の貯蔵、取扱いの技術上の基準を遵守し、安全の確保について細心の注意を払うこと。
② 危険物取扱者（甲種、乙種）が危険物の取扱作業の立会いをする場合は、取扱作業に従事する者が貯蔵又は取扱いの基準を遵守するように監督するとともに、必要に応じてこれらの者に指示を与えなければならない。

最近の試験問題で実力アップ！

① 丙種危険物取扱者は、危険物施設保安員になることができない。　答（×）
→**危険物施設保安員の資格については、特に定められていない**ので誤っている。
② 製造所等において丙種は、固形アルコールの取扱いができる。　答（×）
→**丙種危険物取扱者は、固形アルコールの取扱いができない**ので誤っている。

③ 一般取扱所（灯油の店等）で、丙種危険物取扱者が灯油を容器に詰め替えた。

答（○）

→丙種危険物取扱者は、灯油の取扱いができるので正しい。

② 危険物取扱者免状の交付・書換え・再交付他

〈危険物取扱者免状の交付等に関する概要〉

手続き	内　容	申請先
交付	危険物取扱者試験に合格した者	都道府県知事
書換え	免状の記載事項に変更が生じたとき ・氏名（結婚等による） ・本籍地（都道府県名に変更が生じたとき） ・免状の写真が10年経過したとき　等	交付地、居住地又は勤務地の都道府県知事
再交付	免状を亡失・滅失・汚損・破損等	交付又は書換えをした都道府県知事
	再交付後亡失した免状を発見したとき→10日以内に再交付を受けた都道府県知事に発見した免状を提出	

✓ 1. 免状の交付・書換え・返納等

① 免状に関係する事項は、**すべて都道府県知事が行う**。
② 免状に貼付された**写真が10年を経過したとき**は、免状の**書換え**をするように定められている。
③ 危険物取扱者が消防法令に違反しているときは、**都道府県知事は免状の返納**を命じることができる。
④ **免状の返納を命じられた者**は、その日から起算して**1年を経過しない**と、新たに危険物取扱者試験に合格しても免状の交付を受けることができない。
⑤ 消防法に違反して**罰金以上の刑に処せられた者**は、その執行を終わり、又は執行を受けることがなくなった日から起算して**2年を経過しない**と、免状を受けることができない。

最近の試験問題で 実力アップ！

① 危険物取扱者免状の更新時期（3年 or 5年に1回等）についての出題があるが、**危険物は運転免許証のように3年 or 5年に1回更新するという規定はない**。
② 免状の再交付は、勤務地又は居住地を管轄する都道府県知事に申請することが

できる。　　　　　　　　　　　　　　　　　　　　　　　　　　　　答（×）
→免状の再交付は、交付又は書換えをした都道府県知事と定められている。

③ 免状を亡失して再交付を受けた者が亡失した免状を発見した場合は、これを10日以内に免状の再交付を受けた都道府県知事に提出しなければならない。

答（○）

よく出題される　問題

問1 法令上、製造所等において危険物取扱者以外の者が危険物を取り扱う場合について、次のうち正しいものはどれか。

1. 危険物保安監督者をおく製造所等においては、危険物取扱者の立会いがなくても取り扱うことができる。
2. 甲種危険物取扱者が立ち会えば、取り扱うことができる。
3. 製造所等の所有者が立ち会えば、取り扱うことができる。
4. 危険物保安監督者をおく製造所等では、丙種危険物取扱者が立ち会えば取り扱うことができる。
5. 危険物施設保安員が立ち会えば、取り扱うことができる。

問2 法令上、危険物取扱者又は危険物保安監督者に関する説明として、次のうち誤っているものはどれか。

1. 危険物保安監督者は、危険物の取扱作業に関して保安の監督をする場合は、誠実にその職務を行わなければならない。
2. 危険物保安監督者は、危険物施設保安員を置かない製造所等にあっては、危険物施設保安員が行う保安業務を行わなければならない。
3. 製造所等において指定数量未満の数量であれば、甲種又は乙種危険物取扱者の立会いがなくても、危険物取扱者以外の者が危険物を取り扱うことができる。
4. 製造所等で丙種危険物取扱者が立ち会えば、危険物取扱者以外の者でも定期点検（規則に定める漏れの点検及び固定式の泡消火設備の点検に関するものは除く）を行うことができる。
5. 危険物取扱者が法又は法に基づく命令の規定に違反しているときは、免状の返納を命じられることがある。

問3 法令上、危険物取扱者について、次のうち誤っているものはどれか。

1. 危険物取扱者でなければ、危険物保安統括管理者になることはできない。

2. 危険物取扱者でなくても、危険物施設保安員になることができる。
3. 丙種危険物取扱者は、危険物取扱者以外の者による危険物取扱作業の立会いはできない。
4. 移動タンク貯蔵所で危険物の移送をする場合、移送者として危険物取扱者が乗車していれば、運転者は危険物取扱者でなくてもよい。
5. 甲種危険物取扱者は、すべての危険物を取り扱うことができる。

問4 法令上、危険物取扱者免状について、次のうち正しいものはどれか。

1. 免状を亡失した場合は再交付、汚損した場合は書換えの申請を行う。
2. 免状を亡失した場合は、亡失した日から1年以内に再交付申請を行わないと、自動的に資格が取り消される。
3. 免状の書換えは、居住地又は勤務地の市町村長等に申請する。
4. 免状は危険物取扱者試験に合格した者に対して、都道府県知事が交付する。
5. 免状の再交付は、当該免状を交付した都道府県知事のみに申請できる。

問5 法令上、危険物取扱者免状に関する説明として、次のうち誤っているものはどれか。

1. 免状の記載事項に変更を生じたときは、居住地又は勤務地を管轄する市町村長等にその書換えの申請をしなければならない。
2. 免状を亡失した場合は、免状の交付又は書換えをした都道府県知事に再交付を申請することができる。
3. 免状を亡失して再交付を受けた者が亡失した免状を発見したときは、これを10日以内に免状の再交付を受けた都道府県知事に提出しなければならない。
4. 危険物取扱者免状には、甲種、乙種及び丙種の3種類がある。
5. 乙種危険物取扱者は、免状に指定された類の危険物の取扱いと立会いができる。

問6 法令上、免状の書換えが必要な事項について、次のうち正しいものはどれか。

1. 住所が変わったとき。
2. 本籍地に属する都道府県を変えないで、市町村を変えたとき。
3. 免状の写真が撮影から10年を経過したとき。
4. 勤務地が変わったとき。
5. 危険物の取扱作業の保安に関する講習を受講したとき。

問7 法令上、次の文の（ ）内のA～Cに該当する語句の組合せで、正しいものはどれか。

「(A) は、危険物取扱者が消防法令に違反して免状の (B) その日から起算して (C) を経過しない者には、危険物取扱者免状の交付を行わないことができる。」

	〈A〉	〈B〉	〈C〉
1.	都道府県知事	返納をした	1年
2.	市町村長	返納を命じられた	2年
3.	市町村長	返納をした	2年
4.	都道府県知事	返納をした	2年
5.	都道府県知事	返納を命じられた	1年

問8 法令上、免状の交付を受けている者が、免状を亡失し、滅失し、汚損し、又は破損した場合の再交付の申請について、次のうち誤っているものはどれか。

1. 当該免状を交付した都道府県知事に申請することができる。
2. 当該免状の書換えをした都道府県知事に申請することができる。
3. 居住地を管轄する都道府県知事に申請することができる。
4. 免状を亡失してその再交付を受けた者は、亡失した免状を発見した場合は、これを10日以内に免状の再交付を受けた都道府県知事に提出しなければならない。
5. 破損により免状の再交付を申請する場合は、当該免状を添えて申請しなければならない。

問9 法令上、次の文の（ ）内のA～Cに当てはまる語句の組合せで、正しいものはどれか。

「免状の再交付は、当該免状の (A) をした都道府県知事に申請することができる。免状を亡失し再交付を受けた者は、亡失した免状を発見した場合は、これを (B) 以内に免状の (C) を受けた都道府県知事に提出しなければならない。」

	〈A〉	〈B〉	〈C〉
1.	交　付	20日	再交付
2.	交付又は書換え	7日	交　付
3.	交　付	14日	再交付
4.	交付又は書換え	10日	再交付
5.	交付又は書換え	10日	交　付

問題10　危険物取扱者、危険物取扱者免状の交付・書換え・再交付他

解答 & パーフェクト講義

問1　解答2

●危険物の取扱いは、危険物取扱者が行う。危険物取扱者以外の者（無資格者が）が危険物を取り扱うときは、危険物取扱者が立ち会って行うが、丙種は立会いができない。

× 1. 危険物保安監督者をおく製造所等であっても、危険物取扱者以外の者は、危険物取扱者の立会いがなければ危険物を取り扱うことができない。
○ 2. 甲種危険物取扱者が立ち会えば、1類～6類まですべての類の取扱いができる。
× 3. 立会いは甲種及び乙種危険物取扱者に与えられた権限であり、所有者であってもそのような権限がないので誤っている。
× 4. 危険物保安監督者をおく製造所等であっても、丙種危険物取扱者は立会いができない。
× 5. 法令上、危険物施設保安員は、立会いができない。

出題分析アドバイス
5つの項目（記述）から正しいかあるいは誤っているかの答えを選択する危険物試験では、重要で覚えてほしい事項は何度も問題に出てくる。正しいときには○印を、誤っているときには×印を確実に付けて問題に取り組めば、理解度が必ず上がって合格できるのだ！

問2　解答3

●危険物の取扱い（給油）と運搬は、たとえ1ℓであっても法令に従わなければならないと定められている。

○ 1. 危険物保安監督者が保安の監督をする場合は、誠実にその職務を行わなければならないのは当然である。
○ 2. 危険物保安監督者は、危険物施設保安員を置かない製造所等にあっては、危険物施設保安員が行う保安業務を行わなければならないと定められている。
× 3. 給油取扱所（ガソリンスタンド）では、ミニバイクへの1ℓの給油であっても、危険物取扱者以外の者が給油を行うときは、甲種又は乙種危険物取扱者の立会いが必要である。
○ 4. 定期点検の立会いは、丙種危険物取扱者にもできると定められている。
○ 5. 危険物取扱者が法又は法に基づく命令の規定に違反しているときは、免状の

返納を命じられることがあると定められている。

問3　解答 1

- × 1. 危険物保安統括管理者に選任される資格は、特に定められていない。
- ○ 2. 危険物施設保安員になる資格は、特に定められていない。
- ○ 3. 丙種危険物取扱者は、危険物取扱作業の立会いはできない。
- ○ 4. 移動タンク貯蔵所で危険物の移送をする場合、移送者として危険物取扱者が乗車（同乗）していれば、運転者は危険物取扱者でなくてもよい。
- ○ 5. 甲種危険物取扱者は、1類～6類まですべての危険物を取り扱うことができる。

出題分析アドバイス
4項関連の問題が、新傾向の問題として出題されている。危険物取扱者が乗車（同乗）していれば、運転者は危険物取扱者でなくてもよいと覚えておこう！

問4　解答 4

考え方のPoint!!
●免状の交付、書換え、再交付の申請先は、すべて都道府県知事である。

- × 1. 免状を亡失した場合は再交付、汚損した場合も書換えではなく再交付の申請を行う。
- × 2. 再交付の申請に期限は定められていないので、いつでも再交付の申請ができる。
- × 3. 免状の書換えは、交付地、居住地又は勤務地の都道府県知事に申請する。
- ○ 4. 免状は危険物取扱者試験に合格した者に対して、都道府県知事が交付する。
- × 5. 免状の再交付は、書換えをした都道府県知事にも申請できるので誤っている。

得点力UPのツボ
運転免許証の更新や再交付の申請は、試験に合格した原簿を国が管理しているのでどこの都道府県であってもできる。しかし、危険物の合格原簿は、国ではなく危険物に合格した各都道府県で管理しているので、書換えや再交付の申請先に種々の制約が生じる。

申請先の覚え方のポイント

「交付地」　原簿があるので、制約がなくすべての申請ができる。
「書換え」　本物の危険物取扱者免状を持参して行うので、交付地と異なる県に居住していても申請できる。書換えした都道府県にも原簿が備わる。

「**再交付**」 原簿がある都道府県（交付地、書換え地）でないとできない。他県への転勤があった場合に、居住地、勤務地に原簿があるとは限らない。

問5 解答 1

●免状に関する事項は、すべて都道府県知事の管轄である。

× 1. 免状の記載事項に変更が生じたときは、**交付地、居住地又は勤務地を管轄する市町村長等ではなく都道府県知事に書換えの申請をしなければならない。**
○ 2. 免状を亡失した場合は、免状の交付又は書換えをした都道府県知事に再交付を申請することができると定められている。
○ 3. 免状を亡失して再交付を受けた者が亡失した免状を発見したときは、これを10日以内に免状の再交付を受けた都道府県知事に提出しなければならない。
○ 4. 危険物取扱者免状には、甲種、乙種及び丙種の3種類がある。
○ 5. 乙種危険物取扱者は、免状に指定された類の危険物の取扱いと立会いができる。

問6 解答 3

× 1. 住所が変わっても都道府県名が変わらなければ、書換えの必要はない。
× 2. 本籍地に属する都道府県を変えないで市町村が変わっても、書換えの必要はない。
○ 3. **免状の写真が撮影から10年を経過したときは、免状を交付した都道府県知事、居住地又は勤務地の都道府県知事に書換えの申請をしなければならない。**
× 4. 勤務地が変わっても書換えの必要はない。
× 5. 危険物の取扱作業の保安に関する講習を受講しても、書換えの必要はない。

問7 解答 5　A：都道府県知事　　B：返納を命じられた　　C：1年

●消防法に違反して危険物取扱者免状の返納を命じられた者は、その日から起算して、1年を経過しないと新たに試験に合格しても免状の交付を受けることができないと定められている。

「（A：**都道府県知事**）は、危険物取扱者が 消防法令に違反 して免状の（B：**返納を命じられた**）その日から起算して（C：**1年**）を経過しない者には、危険物取扱者免状の交付を行わないことができる。」

問8 解答 3

- ◯ 1. 免状の再交付は、当該免状を交付した都道府県知事に申請することができる。
- ◯ 2. 再交付は、当該免状の書換えをした都道府県知事に申請することができる。
- × 3. **免状の再交付は、交付又は書換えをした都道府県知事に申請できると定められている。**居住地には、危険物の合格原簿がない場合もあるのでできるとは限らない。
- ◯ 4. 免状を亡失してその再交付を受けた者は、亡失した免状を発見した場合は、これを 10 日以内に免状の再交付を受けた都道府県知事に提出しなければならない。
- ◯ 5. 破損により免状の再交付を申請する場合は、当該免状を添えて申請しなければならないと定められている。

問9 解答 4　A：交付又は書換え　B：10 日　C：再交付

「免状の再交付は、当該免状の（A：**交付又は書換え**）をした都道府県知事に申請することができる。免状を亡失し再交付を受けた者は、亡失した免状を発見した場合は、これを（B：**10 日**）以内に免状の（C：**再交付**）を受けた都道府県知事に提出しなければならない。」

問題 11 保安講習

☑ 1. 保安講習を受講する義務がある者
① 危険物の取扱作業に従事している危険物取扱者（危険物免状の所持者）。
② **継続して従事している者は、前回の講習を受講した日以後における最初の4月1日から3年以内に受講すること**（甲種、乙種、丙種ともに同じ）。
③ 危険物の取扱作業に従事していなかった者が、その後、従事した場合は、**従事した日から1年以内に受講する**こと。
④ 従事することとなった日から起算して過去2年以内に（i）免状の交付を受けている又は（ii）講習を受けている場合には、**免状交付日又はその受講日以後における最初の4月1日から3年以内に受講すること**。
⑤ 全国どこの都道府県で行う保安講習であっても受講できる。

☑ 2. 保安講習を受講する義務のない者
① 危険物の**取扱作業に従事していない危険物取扱者**（免状を所持していても、危険物の取扱作業に従事していなければ受講の義務はない）。
② 危険物の取扱作業に従事している無資格者。

最近の試験問題で 実力アップ！

① ここ数年で多い問題は、**保安講習は3年に1回受講するのが基本**であるが、誤っている問題として「5年以内に講習を受ける」、「**甲種、乙種は3年に1回、丙種は5年に1回受講する**」、「2年に1回受講する」等がある。
② 保安講習を受ける時期を過ぎているかどうか問われる。
4年前に講習を受けその後危険物の取扱作業に従事していなかったが、1年6か月前から製造所等において危険物の取扱作業に従事している者。　　答（×）
→**取扱作業に従事した日から1年に以内に受講**しなければならないので受講日を過ぎている。
③ 法令改正後の新問題→（　）内の語句の組合せを覚えておこう！
「製造所等において危険物の取扱作業に従事する危険物取扱者は、講習を受講した日以後における最初の（4月1日）から（3年）以内に受講しなければならない。」

よく出題される！問題

問1 法令上、危険物の取扱作業の保安に関する講習（以下「講習」という。）の受講義務について、次のうち正しいものはどれか。

1. 危険物施設保安員は、講習を受けなければならない。
2. 製造所等で危険物の取扱作業に従事しているすべての者は、講習を受けなければならない。
3. 丙種危険物取扱者は、講習を受けなくてもよい。
4. 危険物取扱者のうち、製造所等で危険物の取扱作業に従事している者は、講習を受けなければならない。
5. すべての危険物取扱者は、講習を受けなければならない。

問2 法令上、危険物の取扱作業の保安に関する講習（以下「講習」という。）について、次のうち正しいものはどれか。

1. 危険物取扱者は、すべて3年に1回この講習を受けなければならない。
2. 現に危険物の取扱作業に従事していない危険物取扱者は、この講習の受講義務はない。
3. 危険物取扱者で法令に違反した者に受講が義務づけられている。
4. 危険物施設保安員は、講習を受けなければならない。
5. 危険物保安監督者に選任された者のみに受講が義務づけられている。

問3 法令上、危険物の取扱作業の保安に関する講習について、次のうち誤っているものはどれか。

1. 製造所等で危険物の取扱作業に従事している危険物取扱者は、受講の対象である。
2. 受講義務のある危険物取扱者が受講しなかったときは、免状返納命令の対象となる。
3. 危険物保安監督者に選任されているものは、受講の対象者である。
4. 受講義務のある危険物取扱者は、必ず2年に1回受講しなければならない。
5. この講習は、免状の交付を受けた都道府県だけでなく、どこの都道府県で行われている講習であっても受講することが可能である。

問4 法令上、危険物の取扱作業の保安講習（以下「講習」という。）を受けなければならない期間を過ぎている危険物取扱者は、次のうちどれか。

1. 2年前に免状の交付を受け、その後危険物の取扱作業に従事していなかったが、1年前から製造所等において危険物の取扱作業に従事している者。
2. 4年前に免状の交付を受け、2年前から製造所等において危険物の取扱作業に従事している者。
3. 6年前から製造所等において危険物の取扱作業をしていたが、2年前に免状の交付を受けた者。
4. 4年前に免状の交付を受けたが、製造所において危険物の取扱作業に従事していない者。
5. 2年6か月前に講習を受け、継続して製造所等において危険物の取扱作業に従事している者。

問5 法令上、危険物の取扱作業の保安に関する講習について、次のうち正しいものはどれか。

1. 製造所等で危険物保安監督者に選任された危険物取扱者のみが、受講しなければならない。
2. 免状の交付、書換え又は再交付を受けた都道府県でなければ、受講することはできない。
3. 現に危険物の取扱作業に従事している危険物取扱者は、3年に1回、それ以外の危険物取扱者は10年に1回の免状の書換えの際にそれぞれ受講しなければならない。
4. 受講の義務がある危険物取扱者が受講しなかった場合は、免状の返納を命じられることがある。
5. 製造所等で危険物の取扱作業に従事しているすべての危険物取扱者及び危険物施設保安員に受講義務がある。

問6 法令上、危険物取扱作業の保安に関する講習について、次のA〜Eのうち誤っている組合せはどれか。

A. 受講する場所は、免状の交付を受けた都道府県に限定されず、どこの都道府県でもよい。
B. 受講義務者には、危険物保安統括管理者に定められている者で、免状を有しない者は含まれない。
C. 受講者は受講した日から5年以内ごとに、次回の講習を受けなければならない。
D. 受講義務者には、危険物保安監督者に定められた者は含まれない。
E. 受講義務者が受講を怠ったときは、免状の交付を受けた都道府県知事から免状の返納を命ぜられることがある。

1. AとB　　2. BとC　　3. CとD　　4. DとE　　5. AとE

難 レベルアップ問題

問7 法令上、危険物の取扱作業の保安に関する講習（以下「講習」という。）について、次の文の（　）内のA、Bに入る語句の組合せで、正しいものはどれか。

「製造所等において危険物の取扱作業に従事する危険物取扱者は、講習を受講した日以後における最初の（A）から（B）以内に受講しなければならない。」

　　　　〈A〉　　　〈B〉
1. 1月1日　　1年
2. 1月1日　　3年
3. 1月1日　　5年
4. 4月1日　　3年
5. 4月1日　　5年

解答 & パーフェクト講義

問1 解答 4

●保安講習は、製造所等において危険物の取扱作業に従事する危険物取扱者（甲種、乙種及び丙種）に受講義務があると定められている。

× 1. 危険物施設保安員の選任資格は特にないので、危険物取扱者でない者は受講する必要はない。

× 2. 危険物の取扱作業に従事しているすべての者には、受講しなくてもよい無資格者も入るので誤っている。

× 3. 危険物取扱者であれば、丙種も講習を受けなければならない。

○ 4. 危険物取扱者のうち、製造所等で危険物の取扱作業に従事している者は、講習を受けなければならないと定められている。

× 5. 危険物の取扱作業に従事していない危険物取扱者は、受講義務がないので誤っている。

問2 解答 2

× 1. 危険物の取扱作業に従事していない危険物取扱者は、受講する義務がないので、「すべて」が誤っている。講習は3年を基本（得点力UPのツボ参照）と

して受講しなければならない。
- ◯ 2. 保安講習は、製造所等において危険物の取扱作業に従事する危険物取扱者に受講義務があると定められている。**退職等で現に危険物の取扱作業に従事していない者は、当然この講習の受講義務はない。**
- × 3. 危険物取扱者で法令に違反した者には、受講ではなく免状の返納命令が発令される。
- × 4. 危険物施設保安員であっても危険物取扱者でない者は、受講する必要はない。
- × 5. 危険物保安監督者に選任された者だけではなく、危険物取扱者（甲種、乙種及び丙種）で危険物の取扱作業に従事していれば、受講が義務づけられている。

> **得点力UPのツボ**
> 講習は「3年を基本として受講しなければならない。」とは、法令の改正により、「講習は3年以内に受講する」から「**受講した以後における最初の4月1日から3年以内に受講しなければならない**」と変更になったので、次回の受講日は長い人で4年弱、短い人で約3年となる。この解説はわかりづらいので、本書ではすべてまとめて**3年を基本として受講しなければならない**とした（以後同じ）。

問3 解答 4

- ◯ 1. 製造所等で危険物の取扱作業に従事している危険物取扱者は、受講の対象である。
- ◯ 2. 受講義務のある危険物取扱者が受講しなかったときは、免状返納命令の対象となる。
- ◯ 3. 危険物保安監督者に選任されているものは、受講の対象者である。
- × 4. **受講義務のある危険物取扱者は、3年を基本として受講しなければならない。**
- ◯ 5. この講習は、免状の交付や書換えをした都道府県だけでなく、どこの都道府県で行われている講習であっても受講することが可能である。

問4 解答 2

- ◯ 1. 2年前に免状の交付を受け、その後危険物の取扱作業に従事していなかったが、1年前から製造所等において危険物の取扱作業に従事している者は、あと約1年の余裕がある。→ p.87の1. 保安講習を受講する義務がある者④（ⅰ）参照。
- × 2. 4年前に免状の交付を受け、2年前から製造所等において危険物の取扱作業に従事している者は、**取扱作業に従事した日から1年以内に受講しなければな**

らないので、違反している。→ p.87 の 1. ③参照。
- ○ 3. 2年前に免状の交付を受けているので、あと約1年の余裕がある。→ p.87 の 1. ④（i）参照。
- ○ 4. 製造所において危険物の取扱作業に従事していない者は、受講の義務がない。
- ○ 5. あと約6か月の余裕がある。→ p.87 の 1. ②参照。

問 5 解答 4

- × 1. 製造所等で危険物保安監督者に選任された危険物取扱者だけでなく、危険物取扱作業に従事している危険物取扱者も受講しなければならない。
- × 2. 受講は免状の交付、書換え等に関係なく、全国どこの都道府県でも受講できる。
- × 3. 現に危険物の取扱作業に従事している危険物取扱者は、3年を基本として講習を受けなければならないが、それ以外の危険物取扱者は10年に1回ではなく受講の義務がない。
- ○ 4. 受講の義務がある危険物取扱者が受講しなかった場合は、免状の返納を命じられることがあると定められている。
- × 5. 製造所等で危険物の取扱作業に従事しているすべての危険物取扱者は、受講義務があるが、危険物施設保安員に受講義務はない。

問 6 解答 3

- ○ A. 受講する場所は、全国どこの都道府県でもよい。
- ○ B. 危険物保安統括管理者であっても、免状を有していなければ受講義務はない。
- × C. 受講者は5年ではなく3年を基本として、次回の講習を受ければよい。
- × D. 危険物保安監督者は、選任の資格条件等から必ず受講しなければならない。
- ○ E. 受講義務者が受講を怠ったときは、免状の交付を受けた都道府県知事から免状の返納を命ぜられることがあると定められている。

× 1. AとB　× 2. BとC　○ 3. CとD　× 4. DとE　× 5. AとE

問題11 保安講習

難 レベルアップ 問題

問7 解答 4

Point!! ● p.87 の 1. 保安講習を受講する義務がある者②を参照。

「製造所等において危険物の取扱作業に従事する危険物取扱者は、講習を受講した日以後における最初の（**4月1日**）から（**3年**）以内に受講しなければならない。」

	〈A〉	〈B〉
×	1. 1月1日 ×	1年 ×
×	2. 1月1日 ×	3年 ○
×	3. 1月1日 ×	5年 ×
○	4. 4月1日 ○	3年 ○
×	5. 4月1日 ○	5年 ×

問題⑫ 危険物保安監督者、危険物施設保安員、危険物保安統括管理者、所有者等の責務他

1 危険物保安監督者

政令に定める製造所等の**所有者等**は、危険物取扱者の中から**危険物保安監督者**を選任して、保安の監督をさせ、遅滞なくその旨を**市町村長等に届け出る**ように定められている。

☑ 1. 危険物保安監督者の資格
① <u>甲種又は乙種危険物取扱者で、6か月以上の実務経験を有する者</u>。乙種については、取り扱うことができる類（免状に指定された類）。<u>丙種は、資格がない</u>。

☑ 2. 危険物保安監督者の業務（抜粋）
① 危険物の取扱作業が、貯蔵又は取扱いに関する技術上の基準、予防規程等に定める保安基準等に適合するように、**作業者に対し必要な指示を行う**こと。
② 危険物施設保安員を置く製造所等にあっては、**危険物施設保安員に必要な指示をする**こと。
③ 火災等の災害防止のため、隣接の関係者との間に連絡を保つ。火災等の災害発生時に作業者を指揮して応急措置を講ずるとともに直ちに消防機関に連絡する等。

☑ 3. 危険物保安監督者の選任が必要な施設（参考：危険物施設保安員も記載）
① 政令で定める施設（危険物の品名、指定数量の倍数等の規定がある。）
移動タンク貯蔵所は、危険物保安監督者の選任の必要がない

〈危険物保安監督者・危険物施設保安員の必要な施設〉

	製造所等の名称	一般的な名称	危険物保安監督者	危険物施設保安員
1	製造所	原油を精製する製油所	○	○
2	屋内貯蔵所	危険物の貯蔵倉庫	○	×
3	屋外タンク貯蔵所	工業地帯の屋外のタンク	○	×
4	屋内タンク貯蔵所	雨を防ぐための屋内のタンク	○	×
5	地下タンク貯蔵所	暖房用重油の地下タンク	○	×
6	簡易タンク貯蔵所	昭和30年代のSSの計量機	○	×
7	移動タンク貯蔵所	タンクローリー	×	×
8	屋外貯蔵所	ドラム缶貯蔵の屋外の貯蔵所	○	×
9	給油取扱所	SS（ガソリンスタンド）	○	×
10	販売取扱所	塗料店等	○	×
11	移送取扱所	パイプライン施設	○	○
12	一般取扱所	灯油の店等	○	○

○：選任が必要な施設　×：選任が必要でない施設

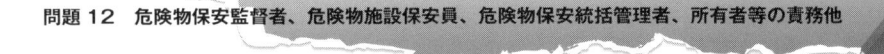

② 危険物保安監督者を**必ず選任する必要がある施設**の覚え方

品名や指定数量等に関係なく選任が必要な施設は次の5施設であり、大切なので覚えよう！（注意：一般取扱所には、一部選任の必要がない施設がある）

『**製造・一般・給油・移送で・外タンク**』と覚える。

給油とは給油取扱所、外タンクとは屋外タンク貯蔵所である。

- ・製造所
- ・一般取扱所
- ・給油取扱所
- ・移送取扱所
- ・屋外タンク貯蔵所

☑ 4. 危険物保安監督者への解任命令

市町村長等は、製造所等の所有者等に対し、危険物保安監督者の解任を命じることができる。

最近の試験問題で 実力アップ！

危険物保安監督者の業務として定められていないもの（最近の出題傾向より）

① 危険物施設保安員の指示に従って保安の監督をする。　　　　　答（×）
　→保安の維持のため、危険物施設保安員に指示をするのが危険物保安監督者に定められた業務であるので誤っている。

② 危険物保安監督者が立ち会わない限り、危険物取扱者以外の者は危険物を取り扱うことはできない。　　　　　　　　　　　　　　　　　　　答（×）
　→甲種か乙種危険物取扱者が立ち会えば取り扱うことができるので誤っている。

2 危険物施設保安員

危険物施設保安員とは、一定の規模の製造所等において**危険物保安監督者の下で、その構造及び設備に係わる保安業務の手伝いを行う者**をいう。製造所等の所有者等に定める義務がある。

☑ 1. 資格・必要施設他

① **資格は必要としない**（危険物取扱者免状がなくてもよい）。

② 選任の必要な危険物施設（3施設）
- ・**製造所**　　　：指定数量の倍数が100以上のもの。
- ・一般取扱所：指定数量の倍数が100以上のもの。
- ・移送取扱所：全て定める。

③ **選任、解任にあたっては、届出の必要はない**。

☑ 2. 危険物施設保安員の業務（抜粋）

① 施設の維持のための点検の実施、記録及び記録の保存。
② 施設の異常を発見した場合の危険物保安監督者等への連絡と適切な措置。
③ その他、施設の保安に関し必要な業務。

③ 危険物保安統括管理者

　　危険物保安統括管理者とは、**大量の第4類の危険物を取り扱う事業所**で、危険物の保安に関する業務を全般に統括管理する者をいう。

☑ 資格・必要施設他

① **資格は必要としない**。
② 選任の必要な危険物施設（3施設）
　・**製造所**　　：指定数量の倍数が3 000以上のもの
　・**一般取扱所**：指定数量の倍数が3 000以上のもの
　・**移送取扱所**：指定数量以上
③ 選任、解任にあたっては、遅滞なく市町村長等に届け出る。

〈危険物保安統括管理者等の権限等〉

	権限・役職は	資格は	給油取扱所に必要か
危険物保安統括管理者	部　長	×	×
危険物保安監督者	所　長	甲種、乙種	○
危険物取扱者	中堅社員	甲、乙、丙	○
危険物施設保安員	新入社員	×	×

※権限・役職は、給油取扱所（ガソリンスタンド）を想定したものです。

④ 所有者、管理者等の責務

☑ 所有者等の責務

① 製造所等は、常に安全な状態が維持され、災害の防止が図られなければならない。そのために、**すべての製造所等の所有者、管理者等は、製造所等の位置、構造及び設備を技術上の基準に適合するように維持管理する義務がある**。
② 市町村長等は、製造所等の位置、構造及び設備が技術上の基準に適合していないときには、修理、改造、移転を命じることができる。
③ 製造所等において危険物の流出、その他の事故が発生したときは、危険物の拡散防止及び除去、その他災害発生防止のための応急措置を講じなければならない。

問題12　危険物保安監督者、危険物施設保安員、危険物保安統括管理者、所有者等の責務他

最近の試験問題で実力アップ！

① 所有者等は、事故現場付近に在る者を消防活動に従事させる。　　答（×）
→事故現場付近に在る者には、製造所等に関係のない一般の市民等も含まれるので誤っている。

よく出題される問題

✓ 1. 危険物保安監督者

問1　法令上、危険物保安監督者について、次のうち正しいものはどれか。

1. 製造所又は屋外タンク貯蔵所には、貯蔵し、又は取り扱う危険物の類及び引火点、又は指定数量の倍数などに関係なく、危険物保安監督者を定めなければならない。
2. 危険物保安監督者を定めなければならない製造所等には、危険物施設保安員も定めなければならない。
3. 危険物保安監督者は、甲種、乙種又は丙種危険物取扱者の中から選任しなければならない。
4. 危険物保安監督者は、危険物施設保安員の指示に従って保安の監督をしなければならない。
5. 危険物保安監督者を定める場合は、市町村長等の承認が必要である。

問2　法令上、次の記述で誤っているものはどれか。

1. 指定数量未満の危険物の貯蔵、取扱いの技術上の基準は、市町村条例で定められている。
2. 移動タンク貯蔵所は、貯蔵し又は取り扱う危険物の種類、数量に関係なく、危険物保安監督者を定めなければならない。
3. 製造所等を譲り受けたものは、遅滞なく市町村長等に届け出なければならない。
4. 製造所等に消防職員が立ち入り、検査や質問をすることがある。
5. 製造所等の所有者等は、危険物保安監督者を定めたとき又はこれを解任したときは、遅滞なく市町村長等に届け出なければならない。

問3 法令上、危険物取扱者及び危険物保安監督者に関する次のA～Dの記述について、正しい組合せはどれか。

A. 製造所等において危険物取扱者以外の者は、甲種又は乙種危険物取扱者の立会いがなければ、危険物を取り扱うことができない。
B. 丙種危険物取扱者は、危険物保安監督者に選任されることはない。
C. 危険物保安監督者を選任又は解任したときは、その旨を遅滞なく市町村長等に届け出なければならない。
D. 危険物保安監督者の選任の要件である実務経験は、製造所等の経験でなくてもよい。

1. A、B　　2. A、B、C　　3. A、B、D　　4. B、C、D　　5. C、D

問4 製造所等における危険物保安監督者の業務として規則に定められていないものは、次のうちどれか。

1. 危険物施設保安員を置く製造所等にあっては、危険物施設保安員に必要な指示を与えること。
2. 火災及び危険物の流出等の事故が発生した場合は、作業者を指揮して応急の措置を講じるとともに、直ちに消防機関等に連絡すること。
3. 危険物の取扱作業の実施に際し、当該作業が貯蔵又は取扱いの技術上の基準等に適合するように、作業者に対し必要な指示を与えること。
4. 火災等の災害の防止に関し、当該製造所等に隣接する製造所等その他関連する施設の関係者との間に連絡を保つこと。
5. 製造所等の位置、構造又は設備の変更その他法に定める諸手続きに関する業務を行うこと。

問5 法令上、危険物保安監督者の業務について、次のA～Dのうち、誤っているものの組合せはどれか。

A. 危険物の取扱作業を実施する際、危険物取扱いの技術上の基準に適合するように、作業者に必要な指示を与えなければならない。
B. 危険物施設保安員を置く必要がない製造所等の危険物保安監督者は、規則で定める危険物施設保安員の業務を行わなければならない。
C. 火災等の災害が発生した場合は、作業者を指揮して応急の措置を講ずるとともに、所有者等に報告した後で、消防機関に連絡しなければならない。
D. 危険物施設保安員を置く必要がある製造所等の危険物保安監督者は、危険物施設保安員から必要な指示を受け保安の監督をしなければならない。

1. AとB　　2. AとC　　3. BとC　　4. BとD　　5. CとD

問題 12　危険物保安監督者、危険物施設保安員、危険物保安統括管理者、所有者等の責務他

☑ 2. 危険物施設保安員

問6 法令上、製造所等の所有者等が危険物施設保安員に行わせなければならない業務として、次のうち誤っているものはどれか。

1. 製造所等の構造及び設備が技術上の基準に適合するように維持するため、定期点検を行わせること。
2. 製造所等の構造及び設備に異常を発見した場合は、危険物保安監督者その他関係ある者に連絡するとともに、状況を判断し適切な措置を講じさせること。
3. 製造所等の計測装置、制御装置、安全装置等の機能を適正に保持するための保安管理を行わせること。
4. 火災が発生したとき又は火災発生の危険性が著しい場合は、危険物保安監督者と協力して、応急の措置を講じさせること。
5. 危険物保安監督者が事故等で職務を行うことができない場合は、危険物の取扱いの保安に関し、監督業務を行わせること。

問7 法令上、危険物施設保安員の業務として規定されていないものは、次のうちどれか。

1. 製造所等の計測装置、制御装置、安全装置等の機能を適正に保持するように保安の管理をすること。
2. 製造所等において危険物取扱者が行う危険物取扱作業に関して、保安上必要な指示を与えること。
3. 製造所等の構造及び設備に異常を発見した場合は、危険物保安監督者その他関係ある者に連絡するとともに、状況を判断して適当な措置を講じること。
4. 製造所等の構造及び設備が、技術上の基準に適合するように維持するための定期点検及び臨時点検を行うこと。
5. 火災が発生したとき又は火災発生の危険が著しい場合には、応急の措置を講じること。

☑ 3. 危険物保安統括管理者

問8 法令上、一定量以上の第4類の危険物を貯蔵し又は取り扱う製造所等で、危険物保安統括管理者を選任しなければならない旨の規定が設けられているものは、次のうちどれか。

1. 製造所
2. 給油取扱所
3. 屋外タンク貯蔵所
4. 第2種販売取扱所
5. 屋内貯蔵所

☑ 4. 所有者等の責務

問9 法令上、製造所等の区分及び貯蔵し、又は取り扱う危険物の品名、数量等に関係なく、すべての製造所等の所有者等に共通して義務づけられているものは、次のうちどれか。

1. 製造所等に、危険物保安監督者を定めなければならない。
2. 製造所等に、自衛消防組織を設置しなければならない。
3. 製造所等の位置、構造及び設備を技術上の基準に適合するように、維持しなければならない。
4. 製造所等の火災を予防するため、予防規程を定めなければならない。
5. 製造所等に、危険物施設保安員を定めなければならない。

解答 & パーフェクト講義

☑ 1. 危険物保安監督者

問1 解答1

解法のTechnique
★危険物保安監督者を必ず選任する必要がある施設の覚え方
品名や指定数量等に関係なく選任が必要な施設は次の5施設である。
『製造・一般・給油・移送で・外タンク』と覚える。
製造とは製造所、外タンクとは屋外タンク貯蔵所である。

○ 1. **製造所又は屋外タンク貯蔵所には、貯蔵する危険物の類、引火点、指定数量の倍数などに関係なく、危険物保安監督者を定めなければならない。**

× 2. 危険物保安監督者の選任は、12ある危険物施設のうち11施設に必要であり、危険物施設保安員は3施設なので誤っている。p.94の表参照。

× 3. 丙種危険物取扱者は、危険物保安監督者にはなれない。**危険物保安監督者の資格は、甲種又は乙種危険物取扱者で6か月以上の実務経験が必要である。**

× 4. 危険物施設保安員は、危険物保安監督者の指示に従って保安の業務をしなければならないと定められている。**設問は立場が逆であり誤っている。**

× 5. 危険物保安監督者を定める資格を満たしていれば、**所有者等が選任して市町村長等に届け出ればよい。**市町村長等の承認は必要ない。

問2 解答2

○ 1. 指定数量未満の危険物の貯蔵、取扱いの技術上の基準は、市町村条例で定められている。

問題12　危険物保安監督者、危険物施設保安員、危険物保安統括管理者、所有者等の責務他

× 2. 12ある危険物施設のうち、移動タンク貯蔵所のみ危険物保安監督者を定める必要がない。
○ 3. 製造所等を譲り受けたものは、遅滞なく市町村長等に届け出なければならない。
○ 4. 製造所等に消防職員が立ち入り、検査や質問をすることがある。
○ 5. 製造所等の所有者等は、危険物保安監督者を定めたとき又はこれを解任したときは、遅滞なく市町村長等に届け出なければならないと定められている。

問3 解答2

○ A. 製造所等において**危険物取扱者以外の者は、甲種又は乙種危険物取扱者の立会いがなければ、危険物を取り扱うことができない**と定められている。
○ B. 丙種危険物取扱者は、危険物保安監督者に選任される資格がない。
○ C. 危険物保安監督者を選任又は解任したときは、その旨を遅滞なく市町村長等に届け出なければならないと定められている。
× D. 危険物保安監督者の**選任の要件である実務経験は、製造所等の経験でなくてはならない**と定められているので誤っている。

× 1. A、B　　○ 2. A、B、C　　× 3. A、B、D　　× 4. B、C、D　　× 5. C、D

問4 解答5

○ 1. 危険物施設保安員を置く製造所等にあっては、必要な指示を与えること。
○ 2. 事故が発生した場合は、作業者を指揮して応急の措置を講じるとともに、直ちに消防機関等に連絡すること。
○ 3. 危険物の取扱作業の実施に際し、作業者に対し必要な指示を与えること。
○ 4. 火災等の災害の防止に関し、関連する施設の関係者との間に連絡を保つこと。
× 5. 危険物保安監督者の業務に、**製造所等の位置、構造又は設備の変更、その他法に定める諸手続きに関する業務（保安の監督等には関係がない）は、定められていない**ので誤っている。

問5 解答5

○ A. 危険物の取扱作業を実施する際、危険物取扱いの技術上の基準に適合するように、作業者に必要な指示を与えなければならないと定められている。
○ B. 危険物施設保安員を置く必要がない製造所等の危険物保安監督者は、規則

で定める危険物施設保安員の業務を行わなければならないと定められている。

× C. 火災等の災害が発生した場合は、応急の措置を講ずるとともに、<u>直ちに消防機関に連絡しなければならない</u>。「所有者等に報告した後で」が誤っている。

× D. 危険物保安監督者は、危険物施設における保安の責任者であり、<u>危険物施設保安員に指示をして保安の監督をするのが業務である</u>。

× 1. AとB　× 2. AとC　× 3. BとC　× 4. BとD　○ 5. CとD

☑ 2. 危険物施設保安員

問6 解答 5

○ 1. 製造所等の設備等が技術上の基準に適合するように、<u>定期点検を行わせること</u>。

○ 2. 製造所等の構造及び設備に異常を発見した場合、<u>危険物保安監督者等に連絡し、状況を判断して適切な措置を講じさせる</u>ように定められている。

○ 3. 製造所等の計測装置、制御装置、安全装置等の機能を適正に保持するための<u>保安管理を行わせる</u>ように定められている。

○ 4. 火災が発生したとき又は火災発生の危険性が著しい場合は、危険物保安監督者と協力して、応急の措置を講じさせること。

× 5. いかなる場合であっても、<u>危険物施設保安員に危険物取扱いのための保安の監督業務をさせることはできない</u>。

問7 解答 2

× 2. 危険物取扱者の免状がなくても定めることができる危険物施設保安員の業務に、<u>危険物取扱者（甲種、乙種、丙種等の免状を有している）が行う危険物取扱作業に関して、保安上必要な指示を与えること等は定められていない</u>。

☑ 3. 危険物保安統括管理者

問8 解答 1

○ 1. **製造所**　× 2. 給油取扱所　× 3. 屋外タンク貯蔵所
× 4. 第2種販売取扱所　× 5. 屋内貯蔵所

問題 12　危険物保安監督者、危険物施設保安員、危険物保安統括管理者、所有者等の責務他

☑ 4．所有者等の責務

問9 解答 3

考え方の **Point!!**　●製造所等は 12 施設に区分（p.8 の ①製造所等の区分参照）されており「すべての製造所等の所有者等に共通して義務づけられている」とは、この 12 施設すべてに義務づけられているということである。

×1. 危険物保安監督者は、移動タンク貯蔵所を除いた 11 施設に必要なので誤っている。

×2. 自衛消防組織を設置する必要があるのは、3 施設である。

○3. **製造所等の位置、構造及び設備を技術上の基準に適合するように維持することは、12 箇所ある危険物施設のすべての所有者等の責務である。**

×4. 製造所等の火災を予防するための**予防規程**は、給油取扱所をはじめ 7 施設に定める必要がある。

×5. 危険物施設保安員は、3 施設に定める必要がある。

問題13 移動タンク貯蔵所、移送の基準

1 移動タンク貯蔵所（タンクローリー）

☑ **1．位置・構造・設備**
① 車両の常置場所（常置場所を変更するときは、変更の許可が必要になる。）
　屋外……防火上安全な場所
　屋内……耐火構造又は不燃材料で造った建築物の1階（**地階や2階に設けることはできない。**）
② **タンクの容量　30 000 l 以下**　4 000 l 以下ごとに間仕切り板を設けること。
③ タンクの下部に排出口を設ける場合には、手動閉鎖装置及び自動閉鎖装置を設けること。
④ ガソリン、ベンゼン等の移動貯蔵タンクには、静電気を除去する接地導線（アース線）を設けること。

☑ **2．取扱いの基準**
① 危険物を注入する際は、注入ホースを注入口に緊結する。
② **詰替えできる危険物→引火点40℃以上の第4類の危険物**（灯油、軽油、重油等）。
③ 静電気除去のためにタンクを接地し、**注入管の先端をタンク底部につけること**。
④ **引火点40℃未満の危険物を注入する場合は、エンジンを停止して行うこと**（ガソリン－40℃以下、ベンゼン－11℃等）。

☑ **3．移送の基準**
移送とは、移動タンク貯蔵所（タンクローリー）で危険物を運ぶことをいう。

問題 13 移動タンク貯蔵所、移送の基準

① 移送する危険物を取り扱える資格を持った危険物取扱者が乗車し、危険物取扱者免状を携帯すること。
② 移送の開始前に、移動タンクの底弁、消火器等の点検を十分に行うこと。
③ 長距離、長時間（連続 4 時間、1 日 9 時間を超える場合）移送は、2 人以上で行うこと。
④ 休憩のため一時停止させるときは、安全な場所を選ぶこと。
⑤ 移送中災害等が発生するおそれのある場合は、応急措置をして、消防機関等に通報すること。
⑥ 移動タンク貯蔵所には次の書類を備え付けておくこと。
　1. 完成検査済証　　2. 定期点検記録　　3. 譲渡、引渡しの届出書
　4. 品名、数量又は指定数量の倍数の変更の届出書

出題分析アドバイス
備え付けておく必要のない書類
1. 危険物保安監督者の選任、解任の届出書
2. 許可証（設置許可証）
3. 始業時、終業時の点検記録（定期点検記録とは異なる）
4. 予防規程
5. 危険物施設保安員の選任・解任の届出書

最近の試験問題で実力アップ！

① 定期的に危険物を移送する場合は、移送経路その他必要な事項を出発地の消防署（消防署長）に届け出なければならない。　　　　　　答（×）
→届け出る必要はない。

よく出題される問題

☑ 1. 移動タンク貯蔵所

問 1 法令上、移動タンク貯蔵所の位置、構造及び設備の技術上の基準として、次のうち誤っているものはどれか。ただし、特例基準が適用されるものを除く。

1. 屋外の防火上安全な場所又は壁、床、はり及び屋根を耐火構造とし、若しくは、不燃材料で造った建築物の 1 階に常置しなければならない。
2. 移動貯蔵タンクの配管は、先端部に弁等を設けなければならない。
3. 静電気による災害が発生するおそれのある液体の危険物の移動貯蔵タンクには、接地導線を設けなければならない。

4. 移動貯蔵タンクの底弁手動閉鎖装置のレバーは、手前に引き倒すことにより閉鎖装置を作動させるものでなければならない。
5. 移動貯蔵タンクの容量は 10 000 l 以下としなければならない。

問2 法令上、移動タンク貯蔵所の位置、構造、設備の技術上の基準で、次のうち誤っているものはどれか。

1. 移動タンク貯蔵所は屋外の防火上安全な場所又は、難燃材料で内装した建築物の地階に常置すること。
2. 移動貯蔵タンクの容量は 30 000 l 以下とし、かつ、その内部に 4 000 l 以下ごとに完全な間仕切を厚さ 3.2 mm 以上の鋼板等で設けること。
3. 移動貯蔵タンクのマンホール及び注入口のふたは、厚さ 3.2 mm 以上の鋼板等で造ること。
4. 移動貯蔵タンクの下部に排出口を設ける場合は、当該タンクの排出口に底弁を設けるとともに、非常の場合に直ちに当該底弁を閉鎖することができる手動閉鎖装置及び自動閉鎖装置を設けること。
5. ガソリン、ベンゼンその他静電気による災害が発生するおそれのある液体の危険物の移動貯蔵タンクには、接地導線を設けること。

問3 法令上、危険物の取扱いの技術上の基準にかかわる、次の文章の（　）内に当てはまる語句で正しいものはどれか。

「移動タンク貯蔵所から、危険物を貯蔵し又は取り扱うタンクに引火点が（　）の危険物を注入するときは、移動タンク貯蔵所の原動機を停止させること。」

1. 0℃以下
2. 常温（20℃）未満
3. 常温（20℃）以下
4. 40℃未満
5. 60℃以下

問4 法令上、危険物の移送の基準について、次のうち正しいものはどれか。

1. 危険物を移送するために、移動タンク貯蔵所に乗車している危険物取扱者の免状は、当該移動タンク貯蔵所の常置場所の事務所に保管しておくこと。
2. 移動タンク貯蔵所で危険物を移送する者は、移動貯蔵タンクの底弁その他の弁、マンホール及び注入口のふた、消火器等の点検を1か月に1回以上行うこと。
3. 移動タンク貯蔵所のガソリンの移送は、丙種危険物取扱者を乗車させてこれを行うことができる。
4. 移動タンク貯蔵所を休憩等のため一時停止させるときは、最寄りの消防署に通報しなければならない。

5. 移動タンク貯蔵所で危険物を移送する者は、10日前までにその計画を所轄消防署に届け出なければならない。

問5 法令上、危険物取扱者が免状の携帯を義務づけられているものは、次のうちどれか。
1. 地下タンク貯蔵所の定期点検を行っているとき、又は立会いをしているとき。
2. 指定数量以上の危険物を車両で運搬しているとき。
3. 移動タンク貯蔵所で危険物を移送しているとき。
4. 製造所等で、危険物を引火点以上で取り扱っているとき。
5. 指定数量以上の危険物を製造所等以外の場所で、所轄消防長又は消防署長の承認を受けて取り扱っているとき。

難 レベルアップ問題

問6 法令上、次のA～Dのうち、危険物取扱者へ免状の携帯を義務づけられるものすべてを掲げているのはどれか。
A. 免状を有しない者が運転する移動タンク貯蔵所に乗車し、危険物を移送するとき。
B. 指定数量以上の危険物を車両で運搬するとき。
C. 製造所等で定期点検に立ち会うとき。
D. 製造所等で免状を有しない者に、危険物の取扱いの立会いをするとき。

1. A　　2. A、B　　3. B、C　　4. C、D　　5. D

難 レベルアップ問題

問7 法令上、移動タンク貯蔵所に備え付けておく書類について、次のA～Eのうち正しいものはいくつあるか。
A. 完成検査済証
B. 予防規程
C. 譲渡又は引渡しの届出書
D. 危険物施設保安員の選任・解任届出書
E. 危険物の品名、数量又は指定数量の倍数の変更届出書

1. 1つ　　2. 2つ　　3. 3つ　　4. 4つ　　5. 5つ

解答 & パーフェクト講義

☑ 1. 移動タンク貯蔵所

問1 解答 5

- ○ 1. 移動タンク貯蔵所の常置（駐車）場所は、屋外の場合は防火上安全な場所、屋内の場合は不燃材料で造った**建築物の1階**と定められている。
- ○ 2. 移動貯蔵タンクの配管は、先端部に弁等を設けなければならない。
- ○ 3. 静電気による災害が発生するおそれのあるガソリンやベンゼン等を移送する移動貯蔵タンクには、接地導線（アース線）を設けなければならない。
- ○ 4. 移動貯蔵タンクの底弁手動閉鎖装置のレバーは、手前に引き倒すことにより閉鎖装置を作動させるものでなければならない。
- × 5. 移動貯蔵タンクの容量は、**30 000 l** 以下と定められているので誤っている。

問2 解答 1

- × 1. **移動タンク貯蔵所は、屋外の防火上安全な場所又は、耐火構造若しくは不燃材料で造った建築物の1階に常置（駐車）することと定められている**。危険物の蒸気は空気より重いことから、危険性を考慮して地階への常置は定められていない。
- ○ 2. 移動貯蔵タンクの容量は 30 000 l 以下とし、かつ、その内部に 4 000 l 以下ごとに完全な間仕切を厚さ 3.2 mm 以上の鋼板等で設けること。
- ○ 3. 移動貯蔵タンクのマンホール及び注入口のふたは、厚さ 3.2 mm 以上の鋼板等で造ることと定められている。
- ○ 4. 移動貯蔵タンクの下部に排出口を設ける場合は、底弁を設けるとともに、手動閉鎖装置及び自動閉鎖装置を設けることと定められている。
- ○ 5. ガソリン、ベンゼンその他静電気による災害が発生するおそれのある液体の危険物の移動貯蔵タンクには、接地導線を設けることと定められている。

問3 解答 4

「移動タンク貯蔵所から、危険物を貯蔵し又は取り扱うタンクに引火点が（**40℃未満**）の危険物を注入するときは、移動タンク貯蔵所の原動機を停止させること。」

× 1. 0℃以下　　× 2. 常温（20℃）未満　　× 3. 常温（20℃）以下

○ 4. 40℃未満　　×5. 60℃以下

問4 解答3

- ×1. 移動タンク貯蔵所に乗車している**危険物取扱者の免状は、携帯することと定められている**。
- ×2. 危険物を移送する者は、底弁、消火器等の<u>点検を1か月に1回以上ではなく移送の開始前に行う</u>と定められている。
- ○3. 移動タンク貯蔵所の**ガソリンの移送は、丙種危険物取扱者（法令上、ガソリンの取扱いができる）を乗車させてこれを行うことができる**。
- ×4. 休憩等のため一時停止させるときは、最寄りの消防署に<u>通報する必要はない</u>。
- ×5. **移送の計画を所轄消防署に届け出る必要はない**。

問5 解答3

- ×1. いかなる危険物施設であっても、定期点検を行っているとき、又は点検の立会いをしているときに免状の携帯は義務づけられていない。
- ×2. 指定数量以上の危険物を車両で運搬しているとき。→指定数量以上のガソリンであってもトラック等で<u>運搬しているときは、免状の携帯は義務づけられていない</u>。
- ○3. **移動タンク貯蔵所で危険物を移送しているときのみ、危険物取扱者は免状の携帯を義務づけられている**。
- ×4. 製造所等で危険物を引火点以上で取り扱っているときは大きな危険を伴うが、免状の携帯は義務づけられていない。
- ×5. 指定数量以上の危険物を製造所等以外の場所で、所轄消防長又は消防署長の承認を受けて取り扱っているとき。→この状態は仮使用、仮取扱いであるが、この場合も免状の携帯は義務づけられていない。

難 レベルアップ 問題

問6 解答1

★危険物取扱者免状の携帯が義務づけられているのは、危険物の移送時（移動タンク貯蔵所で運ぶこと）のみで、運搬（トラックでドラム等を運ぶこと）は法令上免状のない者でもできる。

- ○ A. 免状を有しない者が運転する移動タンク貯蔵所に乗車し、危険物を移送するとき。→**この場合は、同乗者に携帯が義務づけられている。**
- × B. 指定数量以上の危険物を車両で運搬するとき。→運搬は携帯の必要なし。
- × C. 製造所等で定期点検に立ち会うとき。→立会いであっても携帯の必要なし。
- × D. 製造所等で免状を有しない者に、危険物の取扱いの立会いをするとき。

○ 1. A   × 2. A、B   × 3. B、C   × 4. C、D   × 5. D

レベルアップ問題

問7　解答 3

● p.104〜105 の 3. 移送の基準を参照。

- ○ A. 完成検査済証
- × B. **予防規程→移動タンク貯蔵所に定める必要がないので、書類も必要ない。**
- ○ C. 譲渡又は引渡しの届出書
- × D. **危険物施設保安員の選任・解任届出書→B項同様に選任する必要がない。また、届出についての規定がないので、届出書もない。**
- ○ E. 危険物の品名、数量又は指定数量の倍数の変更届出書

× 1. 1つ   × 2. 2つ   ○ 3. 3つ   × 4. 4つ   × 5. 5つ

問題 14 危険物運搬の基準

危険物の運搬とは、車両等（トラック等）によって危険物を運ぶことをいい、指定数量未満の危険物についても適用される。

☑ 1. 運搬容器
① 容器の材質は、鋼板、ガラス、プラスチック等が定められている→陶器は使用できない。
② 危険物は、危険性の程度に応じて、危険等級Ⅰなどの表示をすること。

〈危険等級〉（第4類のみを抜粋）

危険等級Ⅰ	第4類	特殊引火物（ジエチルエーテル、二硫化炭素等）
危険等級Ⅱ	第4類	第1石油類（ガソリン等）、アルコール類
危険等級Ⅲ	第4類	上記以外の危険物（灯油、軽油、重油等）

☑ 2. 積載方法
① 原則として危険物は、運搬容器に収納して運搬すること。
② 液体の危険物は98％以下の収納率（固体は95％以下）であって、かつ、55℃で漏れないこと。
③ 運搬容器の外部に危険物の品名等を表示して積載すること。
　・記入しなくてよいもの：消火方法、容器の材質（プラスチック、ポリエチレン製）等

〈メチルアルコールの表示〉

危険物の品名	第4類アルコール類
危険等級	危険等級Ⅱ
化学名	メチルアルコール、水溶性
危険物の数量	18 l
収納する危険物に応じた注意事項	火気厳禁

④ 収納する危険物に応じた注意事項のポイント
　・第2類の引火性固体………火気厳禁
　・第4類すべて……………火気厳禁
　・第5類すべて……………火気厳禁、衝撃注意

出題分析アドバイス　最近の出題傾向では、前記④の3点を覚えておけばほぼ正解できる。

⑤ 運搬容器等が転落、落下、転倒、破損しないように積載すること。
⑥ 運搬容器は、**収納口を上方に向けて積載すること**。
⑦ 特殊引火物（ジエチルエーテル等）は、遮光性の被覆で覆うこと。
⑧ 危険物を収納した**容器の積重ね高さは、3m以下**。
⑨ 同一車両で異なった類の危険物を運搬する場合に、**混載禁止のものがある**。

	第1類	第2類	第3類	第4類	第5類	第6類
第1類		×	×	×	×	○
第2類	×		×	○	○	×
第3類	×	×		○	×	×
第4類	×	○	○		○	×
第5類	×	○	×	○		×
第6類	○	×	×	×	×	

○：混載OK　×：混載禁止

1. この表は、指定数量の1/10以下の危険物については、適用しない
2. 高圧ガスとは混載を禁止されているが、**内容量120ℓ未満の容器で告示で定めるもの**（プロパンガス等）については混載が認められている。

☑ 3. 運搬方法

① 運搬容器に著しい摩擦、動揺が起きないように運搬すること。
② **指定数量以上の危険物を運搬する場合は、「危」の標識を掲げ「消火器」を備えること**。
③ 運搬中災害が発生するおそれのある場合は、応急の措置をして、最寄りの消防機関等に通報すること。
④ **危険物の運搬は、危険物取扱者でなくてもよい**。

最近の試験問題で実力アップ！

① 危険物運搬の技術上の基準は、**運搬する数量に関係なく適用される**。　答（○）
② 指定数量以上の危険物を車両で運搬する場合は、所轄消防長又は消防署長に届け出なければならない。　答（×）
→**届け出る必要はない**。

問題 14 危険物運搬の基準

よく出題される問題

問1 法令上、危険物の運搬に関する技術上の基準について、次のうち正しいものはどれか

1. 貨物自動車で運搬する場合に限り適用される。
2. 指定数量以上を運搬する場合に限り適用される。
3. 夜間に運搬する場合に限り適用される。
4. 密閉容器に入れて運搬する場合は、適用されない。
5. 運搬する数量に関係なく適用される。

問2 法令上、危険物の運搬について、次のうち正しいものはどれか。

1. 危険物を運搬する場合は、容器、積載方法及び運搬方法について技術上の基準に従わなければならない。
2. 車両で運搬する危険物が指定数量未満であっても、必ずその車両に消火設備を備え付けなければならない。
3. 類を異にする危険物の混載は、すべて禁止されている。
4. 指定数量以上の危険物を車両で運搬する場合は、危険物施設保安員が乗車しなければならない。
5. 車両で運搬する危険物が指定数量未満であっても、必ず当該車両に「危」の標識を掲げなければならない。

問3 危険物を運搬する場合、運搬容器の外部に行う表示の項目として規則に定められていないものは、次のうちどれか。ただし、最大容量2.2l以下のものを除く。

1. 品名　　2. 危険等級　　3. 消火方法　　4. 化学名　　5. 数量

問4 法令上、危険物の運搬基準について、次のうち誤っているものはどれか。

1. 危険物を混載して運搬することは、一切禁じられている。
2. 運搬車両については、市町村長等による許可を必要としない。
3. 運搬される危険物の量に関係なく運搬基準に従わなければならない。
4. 指定数量以上の危険物を車両で運搬する場合には、当該車両に「危」の標識を掲げなければならない。

5. 指定数量以上の危険物を車両で運搬する場合には、当該危険物に適応する消火設備を備え付けなければならない。

問5 法令上、危険物を自動車等で運搬する場合、混載が禁止されている組合せは、次のうちどれか。ただし、各類の危険物は、それぞれ指定数量の1/10を超えるものとする。

1. 第1類の危険物と第4類の危険物
2. 第2類の危険物と第4類の危険物
3. 第2類の危険物と第5類の危険物
4. 第3類の危険物と第4類の危険物
5. 第4類の危険物と第5類の危険物

問6 法令上、危険物の運搬に関する技術上の基準で、危険物を積載する場合、運搬する危険物の積重ね高さの制限として、定めたものは次のうちどれか。

1. 1m以下　　2. 2m以下　　3. 3m以下　　4. 4m以下
5. 5m以下

問7 法令上、危険物の運搬について、次のうち誤っているものはどれか。

1. 運搬容器は収納口を上方に向けて積載しなければならない。
2. 運搬容器及び包装の外部に危険物の品名、数量等を表示して積載しなければならない。
3. 危険物を運搬する容器は、摩擦や動揺を起こさぬよう運搬しなければならない。
4. 特殊引火物を運搬する場合は、運搬容器を日光の直射から避けるため、遮光性のもので被覆しなければならない。
5. 指定数量の10倍以上の危険物を車両で運搬する場合は、所轄消防署長に届け出なければならない。

問8 法令上、危険物を車両で運搬する場合について、次のうち正しいものはどれか。

1. 危険物の運搬は、危険物取扱者が行わなければならない。
2. 危険物を混載して運搬することは、一切禁止されている。
3. 指定数量以上の危険物を運搬する場合は、当該危険物に適応する消火設備を備え付けなければならない。
4. 運搬する容器の構造等には基準があるが、積載方法に基準はない。

5. 指定数量以上の危険物を運搬する場合は、市町村長等の許可を受けなければならない。

解答 & パーフェクト講義

問1 解答 5

- × 1. 貨物自動車だけでなく、乗用車等を含めて車両で運搬すれば適用される。
- × 2. 指定数量に関係なく適用される。
- × 3. 昼夜を問わず、危険物を運搬する場合に適用される。
- × 4. 密閉容器に入れて運搬する場合も適用される。
- ○ 5. 運搬する数量に関係なく適用される。1 l の運搬にも適用される。

問2 解答 1

- ○ 1. **危険物を運搬する場合は、容器、積載方法及び運搬方法について技術上の基準に従わなければならないと定められている。**
- × 2. 危険物が指定数量未満であれば、車両に消火設備を備え付ける必要はない。
- × 3. 4類と2類、4類と3類、4類と5類等は、混載して運搬することができる。
- × 4. 指定数量以上の運搬に、危険物施設保安員が乗車しなければならないという規定はない。
- × 5. 指定数量以上の運搬であれば「危」の標識を掲げる必要があるが、指定数量未満であれば掲げる必要はない。

問3 解答 3

●運搬容器の外部に表示しなくてよいもの（灯油のポリ容器を思い浮かべる）
　1. 消火方法
　2. 容器の材質（プラスチック、ポリエチレン等）

- ○ 1. 品名→第4類第2石油類は、ポリ容器に記載されている。
- ○ 2. 危険等級→危険等級Ⅲは、ポリ容器に記載されている。
- × 3. **消火方法→表示する必要がない。ポリ容器に記載されていない。**
- ○ 4. 化学名→灯油は、ポリ容器に記載されている。
- ○ 5. 数量→18 l は、ポリ容器に記載されている。

| 問4 | 解答1 |

× 1. 1類（酸化剤）と4類（可燃性液体）等混載を禁止されているものもあるが、4類と2類、4類と3類等は、**混載して運搬することができる**。

○ 2. トラック等の運搬車両については、移動タンク貯蔵所のように<u>危険物施設として市町村長等による許可を必要としない</u>。

○ 3. たとえ<u>灯油1ℓの運搬であっても、運搬基準に従わなければならない</u>。

○ 4. 指定数量以上の危険物を車両で運搬する場合には、「危」の標識を掲げなければならないと定められている。

○ 5. 指定数量以上を運搬する場合には、<u>当該危険物に適応する消火設備を備え付</u>けなければならないと定められている。

| 問5 | 解答1 |

覚え方のPoint!! ●混載（2種類以上の危険物をトラック等で運搬すること）関連の問題は、p.111の2.積載方法の⑨の表にあるように、**第4類は両端の1類、6類はダメで、中にある2類、3類、5類はOKと覚えると、答えが比較的簡単にでる**（最近の出題傾向より）。

× 1. **第1類の危険物と第4類の危険物**→第1類は酸化性固体なので、混載すると事故等により発火・爆発するおそれがある。

○ 2. 第2類の危険物と第4類の危険物→表より混載が認められている。

○ 3. 第2類の危険物と第5類の危険物→第4類に関する設問ではないが、表より混載が認められている。

○ 4. 第3類の危険物と第4類の危険物→表より混載が認められている。

○ 5. 第4類の危険物と第5類の危険物→表より混載が認められている。

| 問6 | 解答3 |

× 1. 1m以下　　× 2. 2m以下　　○ 3. **3m以下**　　× 4. 4m以下
× 5. 5m以下

| 問7 | 解答5 |

○ 1. 運搬容器は、万が一のふたの緩み等を考えて、<u>収納口を上方に向けて積載し</u>なければならないと定められている。

○ 2. 運搬容器及び包装の外部に危険物の品名、数量等を表示して積載しなければならないと定められている。
○ 3. 危険物を運搬する容器は、静電気の発生や蓄積を少なくするため、摩擦や動揺を起こさぬよう運搬しなければならない。
○ 4. 特殊引火物（ジエチルエーテル等）を運搬する場合は、運搬容器を日光の直射から避けるため、遮光性のもので被覆しなければならないと定められている。
× 5. 指定数量に関係なく危険物を車両で運搬する場合に、所轄消防署長に届け出る必要はない。また、市町村長等の許可を受ける等の必要もない。

問8 解答 3

× 1. 危険物の**運搬**は、法令上、**危険物取扱者でなくともできる**。
× 2. 4類と2類、4類と3類、4類と5類等は、**混載して運搬することができる**。
○ 3. 指定数量以上の危険物を車両で運搬する場合は、当該危険物に適応する消火設備を備え付けなければならないと定められている。
× 4. **運搬する容器、積載方法及び運搬方法等のすべてについて技術上の基準があり、基準に従って運搬しなければならないと定められている**。
× 5. 危険物を運搬する場合は、**指定数量の多少に関わらず市町村長等の許可を受ける必要はない**。

> **得点力UPのツボ**
> この問題では1項、2項、5項は誤っており答えではないが、他の問題ではよく答えになっている内容である。同じ文章でも、答えとなる選択肢になったりならなかったりする。このため問題をきっちりと読んで、正しければ○印を、誤っていれば×印を付ける繰返しが、合格の秘訣となる。

問題 15 貯蔵・取扱いの基準 合格のポイント！

☑ 1. 共通基準（第1類～第6類に共通）
① 許可もしくは届出された数量等を超える危険物、又は届出された品名以外の危険物を貯蔵し又は取り扱わないこと。
② みだりに火気を使用したり、係員以外の者を出入りさせないこと。
③ ためます又は油分離装置にたまった**危険物は、あふれないように随時くみ上げること**。
④ 危険物のくず、かす等は**1日に1回以上廃棄**等の処置をすること。
⑤ 建築物等は、当該危険物の性質に応じた有効な遮光（光をさえぎること）又は換気を行うこと。
⑥ 危険物が残存している設備、機械器具、容器等を修理する場合は、**安全な場所で危険物を完全に除去**した後に行うこと。
⑦ 可燃性の液体、蒸気等が漏れたり滞留するおそれのある場所で、**火花を発する機械器具等を使用しない**こと。
⑧ 危険物を保護液中に保存する場合は、保護液から露出しないようにすること。
⑨ 第1類から第6類のすべての類で、「**過熱**」を行ってはならない。

☑ 2. 貯蔵の基準（抜粋）
① 貯蔵所においては、原則として危険物以外の物品を貯蔵しないこと。
② 類を異にする危険物は、原則として**同一の貯蔵所で貯蔵しない**こと。
③ 屋内貯蔵所においては、**危険物の温度が55℃を超えない**ようにすること。
④ 各タンクの**計量口**は、**使用時以外は閉鎖**しておくこと。
⑤ 防油堤の**水抜口**は、水抜きするとき以外は閉鎖しておくこと。

☑ 3. 廃棄の技術上の基準
① **焼却する場合は安全な場所で安全な方法で行い、必ず見張人をつけること**。
② 危険物は、海中や水中に流出又は投下しないこと。

最近の試験問題で 実力アップ！
① 簡易貯蔵タンクの通気管は、危険物を入れ又は出すとき以外は閉鎖しておくこと。　　　　　　　　　　　　　　　　　　　　　　　　　答（×）
→通気管は、特別な構造のものでない限り、**危険物の出入れに関係なく常に開放**しておかなければならない。

② 油分離装置にたまった危険物は、希釈してから排出しなければならない。

答（×）

→あふれないように随時くみ上げるのが正しい処置である。

よく出題される　問題

問1 法令上、製造所等における危険物の貯蔵及び取扱いの技術上の基準について、次のうち正しいものはどれか。

1. 危険物が残存しているおそれのある機械器具等を修理する場合は、危険物を完全に除去しなければならない。
2. 製造所等では火災予防のため、必要な場合も火気を使用してはならない。
3. 危険物のくず、かす等は、1週間に1回以上当該危険物に応じた安全な場所で適当な処置をすること。
4. 位置、構造及び設備の技術上の基準に適合する範囲内ならば、許可又は届出に係わる数量以上の危険物を、随時貯蔵し取り扱うことができる。
5. 廃油等を廃棄する場合は、焼却以外の方法で行うこと。

問2 法令上、製造所等における危険物の貯蔵及び取扱いのすべてに共通する技術上の基準について、次のうち誤っているものはどれか。

1. 危険物を保護液中に保存する場合は、当該危険物が保護液から露出しないようにしなければならない。
2. 可燃性蒸気が滞留するおそれのある場所で、火花を発する機械器具、工具等を使用する場合は、注意して行わなければならない。
3. 屋外貯蔵タンク、地下貯蔵タンク又は屋内貯蔵タンクの元弁は、危険物を出入れするとき以外は閉鎖しておかなければならない。
4. 危険物のくず、かす等は、1日に1回以上安全な場所で廃棄等の処置をしなければならない。
5. 法別表第1に掲げる類を異にする危険物は、原則として同一の貯蔵所（耐火の隔壁で完全に区分された室が2以上ある貯蔵所においては、同一の室）で貯蔵してはならない。

問3 法令上、製造所等においてする危険物の貯蔵及び取扱いのすべてに共通する技術上の基準として、次のうち誤っているものはどれか。

1. 製造所等においては、みだりに火気を使用してはならない。
2. 油分離装置にたまった危険物は、希釈してから排出しなければならない。

3. 製造所等においては、常に整理及び清掃を行うとともに、みだりに空箱等その他不必要な物件を置かないこと。
4. 製造所等は、許可若しくは届出に係わる品名以外の危険物を貯蔵し、又は取り扱わないこと。
5. 危険物を貯蔵し、又は取り扱っている建築物等においては、当該危険物の性質に応じた有効な遮光又は換気を行わなければならない。

問4 法令上、危険物の消費及び廃棄の技術上の基準として、次のうち誤っているものはどれか。

1. 焼入れ作業は、危険物が危険な温度に達しないようにして行うこと。
2. 焼却による危険物の廃棄は、燃焼又は爆発によって他に危害又は損害を及ぼすおそれが大きいので一切行ってはならない。
3. 埋没する場合は、危険物の性質に応じて安全な場所で行うこと。
4. 染色又は洗浄の作業は、可燃性の蒸気が発生するので換気に注意するとともに、廃液をみだりに放置しないで安全に処置すること。
5. バーナーを使用する場合は、バーナーの逆火を防ぎ、かつ、危険物があふれないようにすること。

問5 法令上、危険物を収納した容器の貯蔵及び取扱いについて、基準に定められていないものはどれか。

1. 危険物を容器に収納して貯蔵し、又は取り扱うときは、その容器は当該危険物の性質に適応し、かつ、破損、腐食、さけめ等がないものでなければならない。
2. 屋内貯蔵所においては、容器に収納して貯蔵する危険物の温度が55℃を超えないように必要な措置を講じなければならない。
3. 屋内貯蔵所及び屋外貯蔵所においては、原則として危険物は法令基準に適合した容器に収納して貯蔵しなければならない。
4. 屋内貯蔵所及び屋外貯蔵所においては、危険物を収納した容器は絶対に積み重ねてはならない。
5. 危険物を収納した容器を貯蔵し、又は取り扱う場合は、みだりに転倒させ、落下させ、衝撃を加え、又は引きずる等粗暴な行為をしてはならない。

問6 法令上、危険物の貯蔵・取扱いの技術上の基準として、次のうち誤っているものはどれか。

1. 貯蔵所においては、原則として危険物以外の物品を貯蔵しないこと。
2. 屋内貯蔵所においては、容器に収納して貯蔵する危険物の温度が60℃を超えな

いように必要な措置を講ずること。
3. 移動貯蔵タンクには、当該タンクが貯蔵し、又は取り扱う危険物の類、品名及び最大数量を表示すること。
4. 屋外貯蔵タンクの周囲に防油堤がある場合は、その水抜口を通常閉鎖しておくとともに、当該防油堤の内部に滞油し、又は滞水した場合は、遅滞なくこれを排出すること。
5. 移動タンク貯蔵所には、「完成検査済証」、定期点検の「点検記録」及び変更した場合には、「危険物貯蔵所譲渡引渡届出書」、「危険物貯蔵品名、数量又は指定数量の倍数変更届出書」を備え付けること。

問7 法令上、製造所等における危険物の貯蔵及び取扱いの技術上の基準について、次のうち誤っているものはどれか。
1. 屋外貯蔵タンクの周囲に防油堤がある場合は、その水抜口は普段は閉めておくこと。
2. 屋内貯蔵タンクの元弁は、危険物を入れ又は出すとき以外は閉鎖しておくこと。
3. 地下貯蔵タンクの計量口は、計量するとき以外は閉鎖しておくこと。
4. 圧力タンク以外の簡易貯蔵タンクの通気管の先端は、危険物を注入するとき以外は完全に閉鎖しておくこと。
5. 移動タンク貯蔵所の底弁は、使用するとき以外は完全に閉鎖しておくこと。

問8 法令上、製造所等における危険物の貯蔵及び取扱いの技術上の基準について、次のうち正しいものはどれか。
1. 製造所等では、許可された危険物と同じ類、同じ数量であれば、品名については随時変更することができる。
2. 危険物のくず、かす等は、1週間に1回以上当該危険物の性質に応じて、安全な場所及び方法で廃棄すること。
3. 屋外貯蔵所においては危険物の容器は、類別ごとに 0.2 m 以上、品名別ごとに 0.2 m 以上、それぞれ間隔を置くこと。
4. 屋外貯蔵タンク、屋内貯蔵タンク、地下貯蔵タンク又は簡易貯蔵タンクの計量口は、計量するとき以外は閉鎖しておくこと。
5. 廃油等を廃棄する場合は焼却以外の方法で行うこと。

解答 & パーフェクト講義

問1 解答1

- ○ 1. **危険物が残存しているおそれのある機械器具等を修理する場合は、危険物を完全に除去しなければならない**と定められている。
- × 2. 製造所等ではみだりに火気を使用してはならないが、**必要な場合は使ってよい**。
- × 3. 危険物のくず、かす等は、**1週間ではなく1日に1回以上**当該危険物に応じた安全な場所で適当な処置をすることと定められている。
- × 4. 技術上の基準に適合する範囲内であっても、**許可又は届出に係わる数量以上の危険物を、貯蔵又は取り扱わないこと**と定められている。
- × 5. 廃油等を廃棄する場合は、**安全な場所で見張人をつければ焼却ができる**。

> 得点力 **UP**の **ツボ**
> この問題の1～5項のすべてが別な問題では答えになりうる大切な問題である。法令の問題は正しい事例、文言を覚えれば、幅広く得点できるので、頑張ってほしい。

問2 解答2

- ○ 1. 保護液は、**危険物（二硫化炭素の場合）から可燃性蒸気や有毒な蒸気が発生しないように用いている**。このため危険物は、**常に保護液から露出しないよう**にしなければならない。
- × 2. 可燃性蒸気が滞留するおそれのある場所で、**火花を発する工具等を使用してはならない**と定められている。注意して使用しても危険なことに変わりはない。
- ○ 3. トラブル等防止のため、屋外貯蔵タンク、地下貯蔵タンク又は屋内貯蔵タンクの元弁は、危険物を出入れするとき以外は閉鎖しておかなければならない。
- ○ 4. 危険物のくず、かす等は、**1日に1回以上**安全な場所で廃棄等の処置をしなければならないと定められている。
- ○ 5. 法別表第1に掲げる類を異にする危険物は、危険性や消火の方法等が異なるため、原則として同一の貯蔵所で貯蔵してはならない。

問3 解答 2

- ○ 1. 製造所等ではみだりに火気を使用してはならないが、**必要な場合は使ってよい**。給油取扱所（ガソリンスタンド）には、給湯のためのガスコンロ等がある。
- × 2. **油分離装置にたまった危険物は、あふれないように随時くみ上げると定められている**。希釈して排出すれば、火災や河川汚濁等の被害が出るおそれがある。
- ○ 3. 製造所等においては、常に整理及び清掃を行うとともに、みだりに空箱等その他不必要な物件を置かないことと定められている。
- ○ 4. 製造所等は、許可若しくは届出に係わる品名以外の危険物を貯蔵し、又は取り扱わないことと定められている。
- ○ 5. 危険物を貯蔵し、又は取り扱っている建築物等においては、当該危険物の性質に応じた有効な遮光（光をさえぎること）又は換気を行わなければならない。

問4 解答 2

- × 2. 焼却による危険物の廃棄は、**安全な場所で安全な方法で行い、必ず見張人を付ければよい**と定められている。一切行ってはならないという規定はない。

問5 解答 4

- ○ 1. 危険物を収納した容器は、当該危険物の性質に適応し、かつ、破損、腐食、さけめ等がないものでなければならないと定められている。
- ○ 2. 屋内貯蔵所においては、容器に収納して貯蔵する**危険物の温度が55℃を超えない**ように必要な措置を講じなければならないと定められている。
- ○ 3. 屋内貯蔵所及び屋外貯蔵所においては、原則として危険物は法令基準に適合した容器に収納して貯蔵しなければならないと定められている。
- × 4. 屋内貯蔵所及び屋外貯蔵所においては、**危険物を収納した容器の積重ね高さは3m以下（他に特例がある）と定められている。積重ねはOKである。**
- ○ 5. 危険物を収納した容器は、みだりに転倒させ、落下させ、衝撃を加え、又は引きずる等粗暴な行為をしてはならないと定められている。

> **得点力UPのツボ**
> 2項の屋内貯蔵所においては、容器に収納して貯蔵する**危険物の温度が55℃を超えない**ように必要な措置を講じなければならない。
> →大切な規定であり、55℃という数値は必ず覚えておこう！（最近の出題傾向より）

問6 解答2

○ 1. 貯蔵所においては、危険物以外の物品を貯蔵した場合の発火危険や延焼拡大危険があることから、原則として同時貯蔵しないことと定められている。
× 2. 屋内貯蔵所においては、容器に収納して**貯蔵する危険物の温度が60℃ではなく55℃を超えない**ように必要な措置を講ずることと定められている。
○ 3. 移動貯蔵タンクには、貯蔵し、又は取り扱う危険物の類、品名及び最大数量を表示することと定められている。
○ 4. 屋外貯蔵タンクの防油堤は、その水抜口を通常閉鎖しておくとともに、内部に滞油し、又は滞水した場合は、遅滞なくこれを排出すること。
○ 5. 移動タンク貯蔵所には、「完成検査済証」、「定期点検記録」、「譲渡・引渡届出書」及び「品名、数量又は指定数量の倍数変更届出書」を備え付けること。

出題分析アドバイス
2項の危険物の温度が60℃を超えないようにという問題は、問5の2項では55℃として答えになっている。問5では2項は答えには該当しないが、答えに該当しない項も大切であることが理解できるだろう。危険物試験では、このような問題が非常に多く出題されている。

問7 解答4

○ 1. 屋外貯蔵タンクの周囲に防油堤がある場合は、その水抜口は事故等でタンクから漏れた危険物が堤外に流れ出ないように普段は閉めておかなければならない。
○ 2. 屋内貯蔵タンクの元弁は、危険物を入れ又は出すとき以外は閉鎖しておくこと。
○ 3. 地下貯蔵タンクの計量口は、使用時（計量するとき）以外は閉鎖しておくこと。
× 4. 簡易貯蔵タンクの通気管は、特別な構造のものでない限り、**危険物の出し入れに関係なく常に開放**しておかなければならない。
○ 5. 移動タンク貯蔵所の底弁は、使用するとき以外は完全に閉鎖しておくこと。

得点力UPのツボ
1、3項は、別の問題では答えになることがあるので確実に覚えておこう！特に3項の地下貯蔵タンクの計量口の問題は、p.248「問題29 事故事例」で一番多く出題されている問題の1つである（最近の出題傾向より）。

問8　解答 4

- ×1. 製造所等では許可された危険物と同じ類、同じ数量であっても、品名の変更については、変更しようとする日の 10 日前までに市町村長等に届け出る必要がある。
- ×2. 危険物のくず、かす等は、1週間に1回ではなく1日に1回以上当該危険物の性質に応じて、安全な場所及び方法で廃棄することと定められている。
- ×3. 類を異にする危険物は、**原則として同時貯蔵はできない**と定められている。屋外貯蔵所には例外が認められているが、類別ごとにそれぞれとりまとめて貯蔵し、相互に1m以上の間隔を置くことと定められている。
- ○4. 屋外貯蔵タンク、屋内貯蔵タンク又は地下貯蔵タンク等の**計量口は、漏えい事故防止等のため、計量するとき以外は閉鎖**しておかなければならない。
- ×5. 廃油等を廃棄する場合は、安全な場所で他に危害を及ぼさない方法で行い、必ず見張人をつければ**焼却してもよい**と定められている。

基礎的な物理学・基礎的な化学

もうひとふんばりだ！！

2学期

問題 16　燃焼の基礎知識、完全燃焼と不完全燃焼

合格のポイント！

1 燃焼の基礎知識

☑ 1. 燃焼の定義

燃焼とは、熱 と 光 の発生を伴う 酸化反応 である。

☑ 2. 燃焼の三要素

燃焼の三要素は①可燃物、②酸素供給源、③点火源（熱源）で、どれか1つでも欠けると燃焼しない。

① 可燃物　　　→ガソリン、エタノール（エチルアルコール）等
② 酸素供給源　→必ずしも空気とは限らない。1類や6類（硝酸）の危険物は酸素を放出する（支燃物という）し、5類は物質自身が酸素を含有している。
③ 点火源　　　→静電気の火花、電気火花、衝撃火花、酸化熱等
　※気化熱、融解熱は点火源にならない。

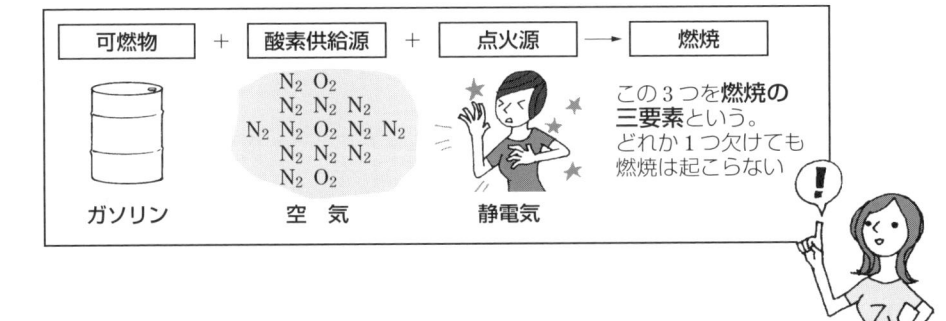

| 可燃物 | + | 酸素供給源 | + | 点火源 | → | 燃焼 |

ガソリン　　　空気　　　静電気

この3つを**燃焼の三要素**という。
どれか1つ欠けても燃焼は起こらない

☑ 3. 酸素の性質

① 通常は無味、無臭であり、空気中に約 21 vol％含まれる。
② 酸素濃度が高くなると、可燃物（固体、液体、気体）の燃焼は激しくなる。
③ 酸素は燃えない。物質の燃焼を助ける支燃物である。
〈参考〉空気中に約 21 vol％含まれている酸素濃度が一般的には 14〜15 vol％以下になれば、火は自然に消える。

☑ 4. 水素、窒素、二酸化炭素の性質

① 水素：可燃物
　・気体のなかでは、最も軽い。
　・可燃性で、無色無臭の気体である。
② 窒素：不燃物
　・空気中に約 78 vol％含まれているが、窒素は可燃物でも酸素供給源（支燃物）でもない。また、水に溶けて消火の際に有効な作用をすることもない。
　・タンク等の置換ガス（可燃性蒸気を追い出すために使う。）として使われる。
③ 二酸化炭素：不燃物
　・気体は無色無臭で、空気の約 1.5 倍重い。また、水にかなり溶ける。
　・不燃性で、圧縮により容易に液化する。ヒートポンプ給湯器の冷媒として使われている。

最近の試験問題で実力アップ！

可燃物と不燃物に関する問題は、下記を整理して覚えておけば対応できる！！
可燃物：一酸化炭素、硫化水素、二硫化炭素、硫黄、炭素
不燃物：窒素、二酸化炭素、ヘリウム、三酸化硫黄、五酸化二りん

② 完全燃焼と不完全燃焼

☑ 1. 炭素（木炭）の燃焼

C	炭素、木炭 ダイヤモンド	燃える （酸化反応）	① $C + O_2 = CO_2 + 394.3$ kJ…完全燃焼 ② $C + 1/2 O_2 = CO + 110.6$ kJ…不完全燃焼
CO	一酸化炭素 （有毒）	燃える （酸化反応）	③ $CO + 1/2 O_2 = CO_2 + 283.7$ kJ
CO_2	二酸化炭素 ドライアイス	燃えない	④ $CO_2 + 1/2 O_2 →$ 反応しない…燃えないので ⑤ $CO_2 + O_2 →$ 反応しない　消火器に使う

2. 完全燃焼・不完全燃焼の特徴

	発熱量	すす、煙等の発生	その他（炭素の燃焼の場合）
完全燃焼	大	なし	二酸化炭素（CO_2）を発生する
不完全燃焼	小	多い	炭素の不完全燃焼では、有毒な一酸化炭素（CO）が発生する

よく出題される問題

1. 燃焼の基礎知識（燃焼の三要素他）

問1 次の文章の（ ）内の項目のA～Eに入れる用語として、誤っているものはどれか。

「物質が酸素と化合することを（A）といい、その結果できた化合物を（B）という。物質によっては、この酸化反応が急激に進行し、著しく（C）し、しかも（D）を伴う。このことを（E）という。」

1. A………酸化
2. B………酸化剤
3. C………発熱
4. D………発光
5. E………燃焼

問2 燃焼等に関する一般的な説明として、次のうち誤っているものはどれか。

1. 酸素供給源は、必ずしも空気とは限らない。
2. 可燃物、酸素供給源及び点火源を燃焼の三要素という。
3. 二酸化炭素は可燃物ではない。
4. 気化熱や融解熱は、点火源になる。
5. 金属の衝撃火花や静電気の火花放電は、点火源になることがある。

問3 酸素について、次のうち誤っているものはどれか。

1. 常温（20℃）常圧では、無色無臭の気体である。
2. 空気中に約21 vol％含まれている。
3. 非常に燃えやすい物質である。
4. 酸素濃度が高くなると可燃物の燃焼は激しくなる。
5. 過酸化水素等の分解によっても得られる。

問4 燃焼について、次のうち誤っているものはどれか。

1. 物質が酸素と化合して安定な酸化物に変化する反応のうち、熱と光の発生を伴うものを燃焼という。
2. 燃焼には、反応物質としての可燃物と酸素供給源及び反応を開始させるための着火エネルギーが必要である。
3. 可燃物は燃焼により、安定な酸化物に変化する。
4. 有機化合物の燃焼において、酸素が不足すると一酸化炭素やすすなどが生成され、不完全燃焼となる。
5. 物質の燃焼に必要な酸素の供給源は、一般に空気であり、物質自身に含まれる酸素は酸素供給源にはならない。

問5 燃焼に関する説明として、次のうち誤っているものはどれか。

1. 酸化反応のすべてが燃焼に相当するわけではない。
2. 可燃物は、どんな場合であっても、空気がないと燃焼しない。
3. 空気は酸素の供給源である。
4. 分解して多量の酸素を発生しやすい可燃物は、内部（自己）燃焼を起こしやすい。
5. 可燃物、酸素供給源及び点火源を燃焼の三要素という。

問6 燃焼の三要素で、可燃物または酸素供給源に該当しないものは、次のうちどれか。

1. 過酸化水素
2. 窒　素
3. 酸　素
4. メタン
5. 一酸化炭素

問7 次のA～Eのうち、燃焼が起こるのに必要な要素を満たしているものはいくつあるか。

A. 水………………酸素………直射日光
B. 亜鉛粉…………水素………湿気
C. 二硫化炭素……空気………電気火花
D. 二酸化炭素……酸素………磁気

E. 硫化水素…………窒素………放射線
1. 1つ　　2. 2つ　　3. 3つ　　4. 4つ　　5. 5つ

2. 完全燃焼・不完全燃焼

問8 有機物の燃焼に関する一般的な説明として、次のうち誤っているものはどれか。

1. 蒸発又は分解して生成する気体が、炎をあげて燃えるものが多い。
2. 燃焼に伴う明るい炎は、高温の炭素粒子が光っているものである。
3. 空気の量が不足すると、すすの出る量が多くなる。
4. 分子中の炭素数が多い物質ほど、すすの出る量が多くなる。
5. 不完全燃焼すると、二酸化炭素の発生量が多くなる。

問9 次の文の（　）のA～Cに当てはまる語句の組合せで、正しいものはどれか。

「木炭が完全燃焼すると（A）が発生し、不完全燃焼だと（B）も発生する。又、炭素と水素の化合物である炭化水素が燃焼すると（A）と（C）も発生する。」

	〈A〉	〈B〉	〈C〉
1.	炭　素	二酸化炭素	一酸化炭素
2.	一酸化炭素	炭　素	二酸化炭素
3.	二酸化炭素	水	炭　素
4.	二酸化炭素	一酸化炭素	水
5.	水	二酸化炭素	一酸化炭素

レベルアップ問題

問10 次の燃焼に関する文の（　）内のA～Cに当てはまる語句の組合せとして、正しいものはどれか。

「物質が酸素と反応して（A）を生成する反応のうち、（B）の発生を伴うものを燃焼という。有機物が完全燃焼する場合は、反応によって安定な（A）に変わるが、酸素の供給が不足すると生成物に（C）、アルデヒド、すすなどが多く発生する。」

	〈A〉	〈B〉	〈C〉
1.	酸化物	熱と光	二酸化炭素
2.	還元物	熱と光	一酸化炭素
3.	酸化物	煙と炎	二酸化炭素
4.	酸化物	熱と光	一酸化炭素

5. 還元物　　煙と炎　　二酸化炭素

解答 & パーフェクト講義

☑ 1. 燃焼の基礎知識（燃焼の三要素他）

問1　解答 2

●燃焼の定義とは、「**燃焼とは、熱と光の発生を伴う酸化反応**」をいう。
また、この反応の結果できた物質を酸化物という。

＊炭素の燃焼（酸化反応）

炭素　　酸素→酸化剤という。
$$C + O_2 \rightarrow CO_2$$
　　　　　　二酸化炭素→酸化剤ではなく、酸化物という。

「物質が酸素と化合することを（A：**酸化**）といい、その結果できた化合物を（B：**酸化剤→酸化物**）という。物質によっては、この酸化反応が急激に進行し、著しく（C：**発熱**）し、しかも（D：**発光**）を伴う。このことを（E：**燃焼**）という。」

- ○1. A………酸化　　×2. B………酸化剤→酸化物　　○3. C………発熱
- ○4. D………発光　　○5. E………燃焼

得点力UPのツボ
物理・化学は覚えるのに（慣れるのに）時間がかかる。**設問のAの（　）内には「酸化」、Bの（　）内には「×酸化剤→○酸化物」等と記入して努力して覚えることが合格への近道となる。物理・化学に強くなって合格しよう！**
問題集に記入すると2回目を行うときに答えがわかってしまって効果が薄れるので、「**メモ用紙 or 消えるボールペン**」等を活用しよう！

問2　解答 4

- ○1. 燃焼に必要な酸素供給源は、**空気や酸素供給源となる1類（酸化性固体）、6類（酸化性液体）の危険物とがある**ので必ずしも空気とは限らない。
- ○2. ガソリン車の場合、可燃物（ガソリン）、酸素供給源（空気）及び点火源（プラグ）を燃焼の三要素という。
- ○3. 二酸化炭素は酸素と反応しないので、可燃物ではない。
- ×4. 夏に庭や道路に散水すると、蒸発するときに周りの熱を奪うため涼しく感じる現象が気化熱によるものである。この**気化熱はマッチのような点火源には**

ならない。また、氷を溶かす際の融解熱も点火源にはならない。
○ 5. 金属の衝撃火花やガソリンの流動等による静電気の火花放電は、点火源になることがある。

問3 解答3

○ 1. 酸素は常温（20℃）常圧では、無色無臭の気体である。
○ 2. 空気中に約 21 vol% 含まれている。
× 3. **酸素は燃えない。燃焼に必要な支燃物である。**
○ 4. 酸素濃度が高くなると可燃物（固体、液体、気体すべて）の燃焼は激しくなる。
? 5. 酸素は過酸化水素等の分解によっても得られる。

> **得点力UPのツボ**
> 5項は本書で解説されていないので?マークとした。3項が明らかに誤っているので、5項は○印となるが**無理をして○印を入れる必要はない。**

問4 解答5

○ 1. 物質（炭素：C）が酸素（O_2）と化合して安定な酸化物（二酸化炭素：CO_2）に変化する反応のうち、**熱と光の発生を伴うものを燃焼という。**
○ 2. 燃焼には、反応物質としての可燃物（ガソリン）と酸素供給源（空気）及び反応を開始させるための着火エネルギー（プラグ）が必要である。
○ 3. 可燃物は燃焼により、安定な酸化物に変化する（p.132 の問 1 の解答参照）。
○ 4. 有機化合物の燃焼において、酸素が不足すると一酸化炭素やすすなどが生成され、不完全燃焼となる（p.128 の 2. 完全燃焼と不完全燃焼の項参照）。
× 5. **第 5 類の危険物であるニトログリセリン（ダイナマイトの原料）は、自らに含まれる酸素によって、空気のない水の中でも燃焼して爆発する。**

問5 解答2

○ 1. 炭素の燃焼は酸化反応であるが、鉄の構築物が錆びるのも酸化反応である。
× 2. **第 5 類の危険物は、空気がなくても物質自身に含まれる酸素によって燃焼する。**
○ 3. 空気は酸素の供給源である。
○ 4. 分解して多量の酸素を発生しやすい可燃物（第 5 類の危険物）は、内部（自

己）燃焼を起こしやすい。
○ 5. 可燃物、酸素供給源及び点火源を燃焼の三要素という。

問6　解答2

○ 1. 過酸化水素→第6類の危険物で、酸素供給源である。
× 2. 窒素→空気中に約78 ％含まれているが、可燃物でも酸素供給源でもない。
○ 3. 酸素→酸素供給源である。
○ 4. メタン→可燃物である。
○ 5. 一酸化炭素→燃焼すると二酸化炭素になるので、可燃物である。

問7　解答1

★A〜Eの3つの要素の上に燃焼の三要素である**可燃物、酸素供給源及び点火源**をタイトルとして記入しておくことが、確実に正解する大切なポイントである。手順は次の通り。

① まず、酸素供給源の酸素と空気に○印をする。A、C、D項が○印となる。
② ○印のA、C、D項の可燃物、点火源を確認して、○×の印をつける。
③ A項の水は可燃物ではないので×印をする。同じようにC、D項について行う。
④ 三要素の全項目に○印のついたC項のみが答えである。

　　〈可燃物〉　〈酸素供給源〉〈点火源〉←参考にタイトルを付けるとこのようになる。
　× A. 水×……………酸素○……直射日光×
　× B. 亜鉛粉…………水素………湿気
　○ C. **二硫化炭素**○……**空気**○……**電気火花**○
　× D. 二酸化炭素×……酸素○……磁気×
　× E. 硫化水素…………窒素………放射線
※この形式の問題では、酸素供給源に酸素か空気のある項が必ず答えになる。
　○ 1. 1つ　　　× 2. 2つ　　　× 3. 3つ　　　× 4. 4つ　　　× 5. 5つ

☑ 2. 完全燃焼・不完全燃焼

問8　解答5

○ 1. 有機物の燃焼は蒸発又は分解して生成する気体が、炎をあげて燃えるものが多い。
○ 2. 燃焼に伴う明るい炎は、高温の炭素粒子が光っているものである。

- ○ 3. ガソリン車で空気の量が不足（エアーフィルターが詰まる等）すると、不完全燃焼を起こしてすすの出る量が多く（マフラーから黒い煙が出る）なる。
- ○ 4. 分子中の炭素数が多い物質ほど、一般に不完全燃焼を起こしやすくすすの出る量が多くなる。
- × 5. **不完全燃焼すると、二酸化炭素ではなく一酸化炭素の発生量が多くなる。**

問9 解答4　A：二酸化炭素　　B：一酸化炭素　　C：水

「木炭が完全燃焼すると（A：**二酸化炭素**）が発生し、不完全燃焼だと（B：**一酸化炭素**）も発生する。また、炭素と水素の化合物である炭化水素が燃焼すると（A：**二酸化炭素**）と（C：**水**）が発生する。」

難 レベルアップ 問題

問10 解答4

●p.132の問1の考え方のポイントの内容を参照する。本問は酸素の供給が不足する不完全燃焼の問題なので注意する。

「物質が酸素と反応して（A：**酸化物**）を生成する反応のうち、（B：**熱と光**）の発生を伴うものを燃焼という。有機物が完全燃焼する場合は、反応によって安定な（A：**酸化物**）に変わるが、酸素の供給が不足すると生成物に（C：**一酸化炭素**）、アルデヒド、すすなどが多く発生する。」

	〈A〉	〈B〉	〈C〉
× 1.	酸化物○	熱と光○	二酸化炭素×
× 2.	還元物×	熱と光○	一酸化炭素○
× 3.	酸化物○	煙と炎×	二酸化炭素×
○ 4.	**酸化物**○	**熱と光**○	**一酸化炭素**○
× 5.	還元物×	煙と炎×	二酸化炭素×

問題 17　燃焼の仕方、燃焼の難易

1 燃焼の仕方

☑ 1. 気体の燃焼
① **拡散燃焼**：可燃性ガスが連続的に供給され、空気と混合しながら燃焼すること。
　例：都市ガス、プロパンガス等
② **予混合燃焼**：可燃性ガスと空気あるいは酸素とが、燃焼開始に先立ってあらかじめ混合され燃焼すること。

☑ 2. 液体の燃焼
① 蒸発燃焼
- ガソリン等の可燃性の液体は、液面から蒸発する可燃性蒸気が空気と混合し燃えている。これを蒸発燃焼という。
- 液体の燃焼は、内部から燃える内部燃焼や液体の表面で燃える表面燃焼ではない。
　例：アルコール類、ガソリン、灯油等の第4類危険物すべて

☑ 3. 固体の燃焼
① **分解燃焼**：可燃物が加熱されて熱分解し、その際発生する可燃性ガスが燃焼する。
　例：**木材**、石炭、**プラスチック**等
② **表面燃焼**：固体のまま表面で熱分解を起こさず、空気と接触した部分が燃焼する。
　例：木炭、コークス等

③ **内部燃焼**：分解燃焼のうち、その物質に含有する酸素によって燃焼する（自己燃焼ともいう）。
　　例：ニトロセルロース、セルロイド等
④ **蒸発燃焼**：固体を熱した場合、熱分解を起こすことがなくそのまま蒸発してその蒸気が燃焼する。
　　例：**硫黄**、ナフタリン等

2 燃焼の難易

☑ 1. 燃焼しやすい条件

① 酸化されやすいものほど燃えやすい。
　・マグネシウム、アルミニウム→酸化されやすく燃えやすい。
　・金、白金　　　　　　　　　→酸化されにくく燃えない。
② 空気との接触面積が大きいものほど燃えやすい。
丸太に比べて細かく割った薪や霧状の液体は、空気との接触面積が大きくなり燃えやすい。
③ 熱伝導率が小さいものほど燃えやすい。
　・**熱伝導率が小さい**→熱が伝わりにくいので、加熱された部分の温度が上がり燃えやすくなる。
　・**熱伝導率が大きい**→熱が伝わりやすいので、加熱部分の熱が逃げて温度が上がりにくく燃えない。
④ 発熱量（燃焼熱）が大きいものや、周囲の温度が高いものほど燃えやすい。
⑤ 乾燥している（水分の含有量が少ない）ものほど燃えやすい。
乾燥度が高い冬は、湿度が低く火災が起こりやすい。
⑥ **沸点が低い（蒸発しやすい＝揮発しやすい）ものほど危険である**。
灯油より沸点の低いガソリンは、蒸発しやすく危険である。
⑦ **固体の可燃物は細かく砕くと燃えやすくなる**。
細かく砕いた金属（アルミニウム粉等第2類の危険物）は、空気との接触面積が大きくなるのと見かけ上の熱伝導率が小さくなり燃えやすい。
⑧ **可燃性液体は、噴霧状（霧状）にすると燃えやすくなる**。
液体も霧状にすると、空気との接触面積が大きくなり燃えやすくなる。

> **得点力UPのツボ**　ガソリン等を噴霧状にしても、摩擦熱により液温が上昇することはない。

⑨ 酸素濃度が高くなれば、固体、液体、気体すべて燃焼は激しくなる。
約21％ある空気中の酸素濃度を一般に14～15％に薄くすると、燃焼は継続しな

くなり消火できる。逆に高く（濃く）すると燃焼は激しくなり、危険性が増す。

✅ 2．燃焼しにくい条件

ハロゲン元素のうちフッ素や臭素は、消火器の薬剤として使われており、空気に混合されれば燃焼しにくくなる。

✅ 3．燃焼の難易に関係しない事項

① **気化熱**：液体では水の気化熱（蒸発熱）が大きいが、燃焼の難易に関係がない。
② **体膨張率**：体膨張率の大小は、燃焼の難易に関係ない。

よく出題される問題

✅ 1．燃焼の仕方

問1 燃焼についての説明で、次のうち誤っているものはどれか。

1. メタンが燃焼して完全に二酸化炭素と水になることを完全燃焼という。
2. ニトロセルロースのように内部に多量の酸素を含有し、その酸素が燃焼に使われることを内部（自己）燃焼という。
3. ガソリンのように、液体がその液表面で燃焼することを表面燃焼という。
4. 木材のように、熱分解生成ガスがまず燃焼することを分解燃焼という。
5. 灯油は発生した蒸気が燃焼するので蒸発燃焼という。

問2 燃焼についての説明で、次のうち誤っているものはどれか。

1. ニトロセルロースの燃焼は、多量の酸素を含有し、その酸素が使われる。これを内部（自己）燃焼という。
2. 木炭の燃焼は、熱分解や気化することなく、そのまま高温状態となって燃焼する。これを表面燃焼という。
3. 硫黄は融点が発火点（着火温度）より低いため、融解しさらに蒸発して燃焼する。これを分解燃焼という。
4. 石炭は、熱分解によって生じた可燃性ガスがまず燃焼する。これを分解燃焼という。
5. エタノールは、液面から発生した蒸気と空気との混合気体が燃焼する。これを蒸発燃焼という。

問題17 燃焼の仕方、燃焼の難易

問3 燃焼に関する説明として、次のうち正しいものはどれか。

1. ガソリンのように、発生した蒸気がその液面上で燃焼することを表面燃焼という。
2. セルロイドのように、分子内に含有する酸素によって燃焼することを蒸発燃焼という。
3. 水素のように、気体がそのまま燃焼することを内部（自己）燃焼という。
4. コークスのように、蒸発することなく固体が直接燃焼することを分解燃焼という。
5. メタノールのように、発生した蒸気が燃焼することを蒸発燃焼という。

問4 次の物質のうち、常温（20℃）、常圧（1気圧）で燃焼の形態が蒸発燃焼の組合せはどれか。

A. 灯油
B. 木炭
C. プロパン
D. 硫黄
E. 石炭

1. A、C   2. B、D   3. C、E   4. A、D   5. B、E

問5 燃焼の形式について、次の文に該当するものはどれか。

「可燃性ガスと空気あるいは酸素とが、燃焼開始に先立ってあらかじめ混ざりあって燃焼することをいう。」

1. 表面燃焼
2. 分解燃焼
3. 予混合燃焼
4. 拡散燃焼
5. 蒸発燃焼

2. 燃焼の難易

問6 可燃物の一般的な燃焼の難易として、次のうち誤っているものはどれか。

1. 水分の含水量が少ないほど燃焼しやすい。
2. 空気との接触面積が大きいほど燃焼しやすい。

3. 周囲の温度が高いほど燃焼しやすい。
4. 熱伝導率が大きい物質ほど燃焼しやすい。
5. 蒸発しやすいものほど燃焼しやすい。

問7 金属を粉体にすると燃えやすくなる理由として、次のうち正しいものはどれか。

1. 熱伝導率が大きくなるから。
2. 空気が供給されにくくなるから。
3. 単位重量当たりの表面積が、大きくなるから。
4. 単位重量当たりの発熱量が、小さくなるから。
5. 熱を放散しやすくなるから。

問8 危険物の性質について、燃焼のしやすさに直接関係のないものは、次のうちどれか。

1. 引火点が低いこと。
2. 発火点が低いこと。
3. 酸素と結合しやすいこと。
4. 燃焼範囲が広いこと。
5. 気化熱が大きいこと。

問9 燃焼及び発火等に関する一般的な説明として、次のうち正しいものはどれか。

1. 拡散燃焼では、酸素の供給が多いと燃焼は激しくなる。
2. ハロゲン元素を空気中に混合しても、炭化水素の燃焼には影響を与えない。
3. 比熱の大きい物質は、発火又は着火しやすい。
4. 静電気の発生しやすい物質ほど燃焼が激しい。
5. 水溶性の可燃性液体は、非水溶性のそれより燃焼点は低い。

問10 次の燃焼、発火についての記述で、誤っているものはどれか。

1. 酸素濃度が高くなると燃焼は激しくなる。
2. 高引火点の可燃性液体でも、綿糸に染み込ませると容易に着火する。
3. 分解、または蒸発して可燃性蒸気を発生しやすい物質は、着火しやすい。
4. ハロゲン元素を混合した空気は、炭化水素の燃焼に影響を与えない。
5. 固体の可燃物に固体の酸化剤が混在すると、可燃物単独より燃焼は激しくなる。

問11 次の場合において、一般に可燃物の燃えやすい条件はどれか。

	〈発熱量〉	〈酸化されやすさ〉	〈空気との接触面積〉	〈熱伝導率〉
1.	大きい	されやすい	大きい	小さい
2.	小さい	されやすい	大きい	大きい
3.	大きい	されにくい	小さい	小さい
4.	小さい	されやすい	大きい	小さい
5.	大きい	されにくい	小さい	大きい

解答 & パーフェクト講義

☑ 1. 燃焼の仕方

問1 解答 3

● 第4類の可燃性液体の燃焼は、液面から蒸発する可燃性蒸気が空気と混合して燃えている。これを蒸発燃焼という。蒸発燃焼するものは、このほかに固体の硫黄とナフタリンがある。

○ 1. メタンは炭素と水素の化合物なので、完全燃焼すると二酸化炭素と水になる。
   C（炭素）+ O_2（酸素）→ CO_2（二酸化炭素）
   H_2（水素）+ $1/2 O_2$（酸素）→ H_2O（水）

○ 2. ニトロセルロース（第5類の危険物）のように内部に多量の酸素を含有し、その酸素が燃焼に使われることを内部（自己）燃焼という。

× 3. ガソリンは液体の表面から発生する蒸気が空気と混合して燃焼するので表面燃焼ではなく蒸発燃焼という。

○ 4. 木材のように、熱分解生成ガスがまず燃焼することを分解燃焼という。

○ 5. 灯油はガソリンと同様に、発生した蒸気が燃焼するので蒸発燃焼という。

出題分析アドバイス 燃焼の仕方の問題では、液体と固体で蒸発燃焼するものをきっちりと覚えれば、80％の確率で答えがだせる。

問2 解答 3

? 1. ニトロセルロースの燃焼を内部（自己）燃焼という。○
? 2. 木炭の燃焼を表面燃焼という。○
× 3. 硫黄は融点が発火点（着火温度）より低いため、融解しさらに蒸発して燃焼

する。これを**分解燃焼ではなく蒸発燃焼**という。
? 4. 石炭の燃焼を分解燃焼という。◯
◯ 5. **エタノール**は、液面から発生した蒸気と空気との混合気体が燃焼する。これを**蒸発燃焼**という。第4類はすべて液体で、蒸発燃焼する。

> 得点力UPのツボ
> 1、2、4項の固体の燃焼の仕方がわからなくても、蒸発燃焼するのは第4類の液体と固体の硫黄、ナフタリンを覚えておけば答えは必ず出る。結果として、?マークをつけた1、2、4項は正しく、◯印となる。

問3 解答 5

× 1. ガソリンの燃焼を**蒸発燃焼**という。
× 2. セルロイドの燃焼を**内部（自己）燃焼**という。
× 3. 水素の燃焼を**拡散燃焼**という。
× 4. コークスの燃焼を**表面燃焼**という。
◯ 5. メタノールのように、発生した蒸気が燃焼することを蒸発燃焼という。

> 得点力UPのツボ
> ガソリン、メタノールは、ともに第4類の可燃性液体である。→**蒸発燃焼**する。

問4 解答 4

●第4類の**可燃性液体**の**燃焼**は、液面から蒸発する可燃性蒸気が空気と混合して燃えている。これを蒸発燃焼という。**蒸発燃焼**するものは、このほかに**固体の硫黄とナフタリン**がある。

◯ A. **灯油→液体で蒸発燃焼**
× B. 木炭→固体で表面燃焼
× C. プロパン→気体で拡散燃焼
◯ D. **硫黄→固体で蒸発燃焼**
× E. 石炭→固体で分解燃焼

× 1. A、C   × 2. B、D   × 3. C、E   ◯ 4. A、D   × 5. B、E

問5 解答 3

●下記に示した設問の点線部分を抜粋すると次のようになる。
燃焼開始に先立って ① あらかじめ ② 混ざりあって 燃焼することをいう。

① **あらかじめ**→「予め」と書く
② **混ざりあって**→「混合」と同じ意味である

よって、①、②から「予め混合」→「**予混合**」となる。

「可燃性ガスと空気あるいは酸素とが、燃焼開始に先立ってあらかじめ混ざりあって燃焼することをいう。」

- × 1. 表面燃焼　　× 2. 分解燃焼　　○ 3. **予混合燃焼**　　× 4. 拡散燃焼
- × 5. 蒸発燃焼

2. 燃焼の難易

問6 解答 4

- ○ 1. 水分の含水量が多く湿った物は燃焼しにくいが、少ないほど燃焼しやすい。
- ○ 2. 空気との接触面積が大きいほど、酸素が十分に供給されるので燃焼しやすい。
- ○ 3. 周囲の温度が高いほど可燃物の温度も上がり、可燃性蒸気の蒸発量が多くなるので燃焼しやすくなる。
- × 4. **熱伝導率が大きいではなく小さい物質は、熱が伝わりにくいので加熱された部分の温度が上がりやすく燃焼しやすい。**
- ○ 5. 沸点の低い特殊引火物や第1石油類は、蒸発（揮発）しやすく引火点も低いので燃焼しやすい（後見返しの「第4類危険物の特性」の一覧表参照）。

問7 解答 3

●アルミニウムのような**金属も粉体（微粉化）にすれば、見かけ上の熱伝導率が小さくなるのと、空気との接触面積が大きくなるので燃えやすくなる**。

- × 1. 金属の粉体は、熱伝導率が大きくなるからではなく見かけ上の熱伝導率が小さくなるので、燃えやすくなる。
- × 2. 空気が供給されにくくなるからではなく**されやすくなる**ので燃えやすい。
- ○ 3. 単位重量当たりの**表面積が、大きくなり燃えやすくなる**。丸太よりも細く割った薪の方が、表面積が大きくなり燃えやすくなるのと同じである。
- × 4. 単位重量当たりの発熱量が、小さくなると燃えにくくなる。
- × 5. 熱を放散すると冷えてしまうので、燃えにくくなる。

問8　解答5

●気化熱や比熱の大きい水は、冷却効果が大きいため消火に利用される。したがって、**気化熱や比熱は、燃焼の難易に関係しない**。

○ 1. 引火点が低いガソリン（－40℃以下）は、重油（60～150℃）に比べて引火しやすく危険である。
○ 2. 発火点が低い二硫化炭素は（90℃）は、軽油（220℃）に比べて発火しやすく危険である。
○ 3. 酸素と結合しやすい第4類の危険物は、燃焼しやすく危険である。
○ 4. 燃焼範囲が広い特殊引火物のジエチルエーテルや二硫化炭素は、狭いガソリンや灯油に比べて危険性が大きい。
× 5. **気化熱が大きい水は、燃焼しないので燃焼のしやすさに関係がない**。

問9　解答1

●酸素濃度が高くなれば、固体、液体、気体すべて燃焼は激しくなる。
約21％ある空気中の酸素濃度を一般に14～15％まで薄くすると、燃焼は継続しなくなり消火できる。逆に高く（濃く）すると燃焼は激しくなり、危険性が増す。

○ 1. **拡散燃焼（気体の燃焼の仕方）**では、**酸素の供給が多いと燃焼は激しくなる**。
× 2. ハロゲン元素は消火剤に使われており、空気中に混合すると負触媒作用により<u>炭化水素（ガソリン等）の燃焼に影響を与える</u>。
× 3. <u>比熱の大きい水は、燃焼しないので誤っている</u>。<u>比熱や気化熱（蒸発熱）は、消火に大いに関係する</u>が燃焼や発火には関係がない。
× 4. 水溶性の危険物であるアセトアルデヒドは、静電気は発生しにくいが燃焼は激しい。静電気の発生しやすい危険物と燃焼の激しさには関係がない。
× 5. 水溶性の可燃性液体の燃焼点は、非水溶性のそれより高いものもあれば低いものもある。

問10　解答4

○ 1. 酸素濃度が高くなると燃焼は激しくなる。
○ 2. 高引火点のナタネ油等は、綿糸に染み込ませて「あんどん」等に使われていた。
○ 3. 蒸発しやすいガソリンは燃焼しやすい。また、重油を分解すると軽いガソリン

等ができるので当然燃焼しやすくなる。
× 4. ハロゲン元素は消火剤に使われており、空気中に混合すると負触媒作用により**炭化水素（ガソリン等）の燃焼に影響を与える。**
○ 5. 固体の可燃物に固体の酸化剤（第1類の危険物）が混在すると、可燃物単独より燃焼は激しくなる。→花火の火薬は、これと同じ状態である。

問11　解答 1

● p.137 の 2 項「燃焼の難易」の 1. 燃焼しやすい条件を参照

	〈発熱量〉	〈酸化されやすさ〉	〈空気との接触面積〉	〈熱伝導率〉
○ 1.	**大きい**○	**されやすい**○	**大きい**○	**小さい**○
× 2.	小さい×	されやすい○	大きい○	大きい×
× 3.	大きい○	されにくい×	小さい×	小さい○
× 4.	小さい×	されやすい○	大きい○	小さい○
× 5.	大きい○	されにくい×	小さい×	大きい×

★このようなタイプの問題は、すべての項目に○印や×印を付けると間違える可能性を小さくできる。

問題18 引火点、燃焼範囲、発火点
合格のポイント！

1 引 火 点

☑ **1. 引火点の定義**

① 定義-1：引火点とは、可燃性液体が空気中で引火するのに十分な濃度の蒸気を液面上に発生するときの最低の液温（最低の濃度の蒸気と同じ意味）をいう。

② 定義-2：液面付近の蒸気濃度が、燃焼範囲の下限値（下限界）に達したときの液温が引火点である。

　ガソリンの場合は引火点の－40℃（以下）で、燃焼範囲1.4〜7.6 vol%の下限値である1.4 vol%の蒸気を発生している。このとき点火源があれば引火する。

☑ **2. 引火点のポイント**

① 引火点の温度は、気温ではなく危険物の液温である。

　ガソリンは液温が－40℃（以下）で引火するが、灯油は40℃以上でないと引火しない。

② 引火点が低いほど危険性は大きい
・ガソリン－40℃以下→危険性が大
・灯油40℃以上→ガソリンに比べて危険性小

☑ **3. 引火点と発火点の違い**

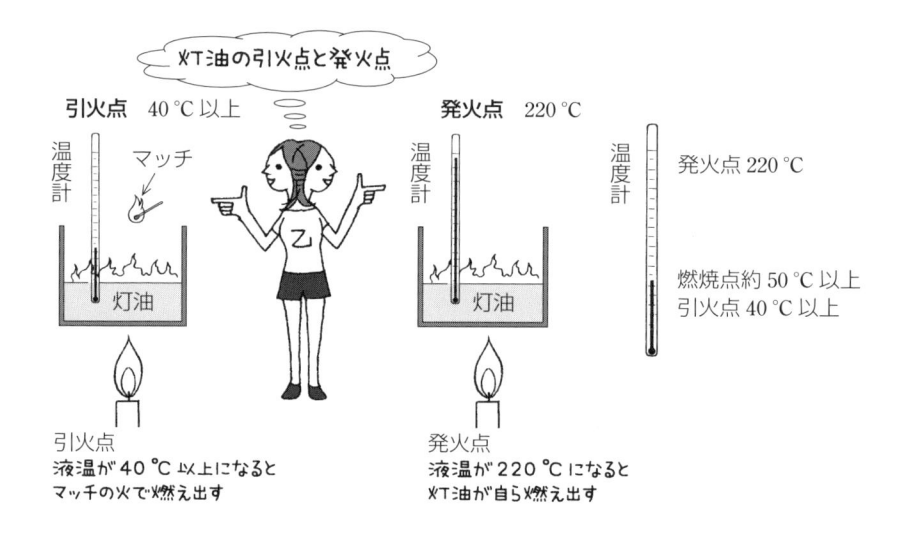

灯油の引火点と発火点

引火点　40℃以上　　　発火点　220℃

発火点 220℃

燃焼点約50℃以上
引火点40℃以上

引火点
液温が40℃以上になると
マッチの火で燃え出す

発火点
液温が220℃になると
灯油が自ら燃え出す

問題 18　引火点、燃焼範囲、発火点

〈試験によくでる危険物の引火点〔℃〕〉

ジエチルエーテル	－45	アセトン	－20	軽油	45 以上
ガソリン	－40 以下	メタノール	11	重油	60～150
ベンゼン	－11	エタノール	13	ギヤー油	220
トルエン	4	灯油	40 以上	シリンダー油	250

2 燃焼範囲（爆発範囲）

☑ 1. 燃焼範囲の定義
燃焼範囲とは、空気中において燃焼することができる可燃性蒸気の濃度範囲のこと。

☑ 2. 燃焼範囲の考え方

《ガソリンの燃焼範囲⇨1.4～7.6 vol%》

	ガソリンの蒸気		ガソリンの蒸気	
	⇩1.3 l	⇩1.4 l	⇩7.6 l	⇩7.7 l
100 l の容器	空気 98.7 l	空気 98.6 l	空気 92.4 l	空気 92.3 l
ガソリンの蒸気濃度	1.3 vol%	1.4 vol%	7.6 vol%	7.7 vol%

← 下限値（下限界）を引火点という．ガソリンの場合 －40℃以下（引火点の定義－2）

← 上限値（上限界）

← ガソリンの蒸気が薄すぎて燃焼しない
ガソリンの蒸気が 1.4～7.6 vol%の間は燃焼する
→ ガソリンの蒸気が濃すぎて燃焼しない

① 可燃性蒸気と空気が一定の混合割合にあるときは燃焼するが、**薄すぎても濃すぎても燃焼しない**。ガソリンの場合は、1.4～7.6 vol%の間で燃焼する。
② 燃焼範囲が**広いほど危険性が大きい**。→下図の A と B では、B のほうが危険。
③ 燃焼範囲の**下限界が低いほど危険性が大きい**。→下図の A と C では、A のほうが危険。

燃焼範囲の比較

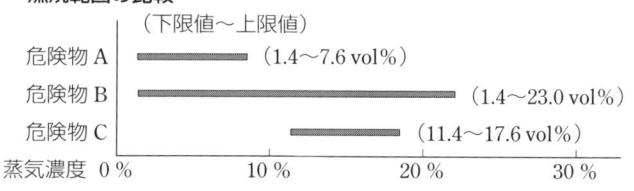

（下限値～上限値）
- 危険物 A　（1.4～7.6 vol%）
- 危険物 B　（1.4～23.0 vol%）
- 危険物 C　（11.4～17.6 vol%）

蒸気濃度　0 %　　10 %　　20 %　　30 %

④ 燃焼範囲の下限値の濃度の蒸気を発生するときの温度が引火点である。
ガソリンの場合は、1.4vol% → − 40℃以下である。

〈燃焼範囲〉

特殊引火物〔vol%〕		その他の危険物〔vol%〕	
ジエチルエーテル	1.9 ～ 36	メタノール	6.0 ～ 36
二硫化炭素	1.3 ～ 50	エタノール	3.3 ～ 19
アセトアルデヒド	4.0 ～ 60	**ガソリン**	**1.4 ～ 7.6**
酸化プロピレン	2.3 ～ 36	軽油	1.0 ～ 6.0

※特殊引火物とアルコール類は、燃焼範囲が広くて危険である。

3. 燃焼範囲の計算

$$可燃性蒸気の濃度〔vol\%〕 = \frac{可燃性蒸気の量〔l〕}{可燃性蒸気の量〔l〕+空気の量〔l〕} \times 100$$

③ 発火点

1. 発火点の定義
発火点とは、空気中で可燃物を加熱した場合、炎、火花等を近づけなくとも自ずから燃え出すときの最低温度をいう。

2. 発火点のポイント
① 発火点が低いほど危険性が高い（二硫化炭素 90℃）。
② 発火点は、どのような危険物であっても必ず引火点より高い。
　・ガソリン：発火点　約300℃　　　引火点　− 40℃以下
③ 引火点が低いものが、発火点も低いとは限らない。

3. 発火点判定のポイント
・空気中で　　・自ら燃え出す　　・自ら発火する　　・発火する

よく出題される問題

1. 引火点

問1 引火点の説明として、次のうち正しいものはどれか。

1. 発火点と同じものであるが、その可燃物が気体又は固体の場合は発火点といい、液体の場合は引火点という。

2. 可燃性液体が空気中で引火するのに最低の濃度の蒸気を液面上に発生する液温をいう。
3. 可燃物を空気中で加熱した場合、火源がなくても自ら燃え出すときの最低の温度をいう。
4. 可燃性液体が、蒸気を発生し始めるときの液温をいう。
5. 可燃性液体を空気中で燃焼させるのに必要な熱源の温度をいう。

問2 燃焼について、次のうち正しいものはどれか。

1. 可燃性液体は、燃焼範囲の上限値が高く、またその範囲が狭いものほど危険性が大きい。
2. 可燃性液体が、燃焼範囲の下限値の濃度の蒸気を発生するときの液温を引火点という。
3. 可燃性液体が、燃焼範囲の上限値の濃度の蒸気を発生するときの液温を発火点という。
4. ガソリンや灯油が完全燃焼すると、一酸化炭素と水素が発生する。
5. 一般に、酸化反応のすべてを燃焼という。

問3 次の文について、記述として正しいものはどれか。

「ある可燃性液体の引火点は、50℃である。」
1. 気温が50℃になると、燃焼可能な濃度の蒸気を発生する。
2. 液温が50℃になると、液面に点火源を近づければ火が着く。
3. 液温が50℃になると、発火する。
4. 気温が50℃になると、自然に発火する。
5. 液温が50℃になると、蒸気を発生し始める。

☑ 2. 燃焼範囲

問4 可燃性蒸気の燃焼範囲の説明として、次のうち正しいものはどれか。

1. 燃焼するのに必要な酸素量の範囲のことである。
2. 燃焼によって被害を受ける範囲のことである。
3. 空気中において、燃焼することができる可燃性蒸気の濃度範囲のことである。
4. 可燃性蒸気が燃焼を開始するのに必要な熱源の温度範囲のことである。
5. 燃焼によって発生するガスの濃度範囲のことである。

問5 「ガソリンの燃焼範囲の下限値は、1.4 vol%である。」このことについて、正しく説明しているものはどれか。

1. 空気100 l にガソリン蒸気1.4 l 混合した場合は、点火すると燃焼する。
2. 空気100 l にガソリン蒸気1.4 l 混合した場合は、長時間放置すれば自然発火する。
3. 内容量100 l の容器中に空気1.4 l とガソリン蒸気98.6 l の混合気体が入っている場合は、点火すると燃焼する。
4. 内容量100 l の容器中にガソリン蒸気1.4 l と空気98.6 l の混合気体が入っている場合は、点火すると燃焼する。
5. ガソリン蒸気100 l に空気1.4 l 混合した場合は、点火すると燃焼する。

レベルアップ問題

問6 次の燃焼範囲のガソリンを100 l の空気と混合させ、その均一な混合気体に電気火花を発したとき、燃焼可能なガソリンの蒸気量として正しい組合せはどれか。

下限値………1.3 vol%
上限値………7.1 vol%

A. 1 l
B. 3 l
C. 5 l
D. 10 l
E. 20 l

1. A、B 2. A、D 3. B、C 4. C、E 5. D、E

3. 引火点と燃焼範囲

問7 次の液体について、引火点及び燃焼範囲の下限界の数値として考えられる組合せはどれか。

「ある引火性液体は、40℃で液面付近に濃度8 vol%の可燃性蒸気を発生した。この状態でマッチの火を近づけたところ引火した。」

	〈引火点〉	〈燃焼範囲の下限界〉
1.	25℃	10 vol%
2.	30℃	6 vol%
3.	35℃	12 vol%
4.	40℃	15 vol%

5. 45℃　　　　　　　4 vol%

☑ 4. 発火点他

問8 発火点についての説明で、次のうち正しいものはどれか。

1. 可燃性物質が燃焼範囲の下限界の濃度の蒸気を発生するときの液温をいう。
2. 可燃性物質を加熱した場合、空気がなくとも自ら燃えだすときの最低温度をいう。
3. 可燃物を空気中で加熱した場合、炎、火花などを近づけなくとも自ら燃えだすときの最低温度をいう。
4. 可燃性物質から継続的に可燃性気体を発生させるのに、必要な温度をいう。
5. 可燃性物質を燃焼させるのに必要な点火源の最低温度をいう。

問9 引火点と発火点に関する記述で、次のうち正しい組合せはどれか。

A. 引火点とは、空気中で可燃性液体に小さな炎を近づけたとき、引火するのに最低の濃度の蒸気を液面上に発生する最低の液温をいう。
B. 発火点とは、可燃性物質を加熱した場合、火源がなくても自ら発火する最低の液温をいう。
C. 一般に引火点は、発火点より高い。
D. 発火点は、測定方法、測定機器の形、大きさ、材質、加熱の方法、試料の量などにかかわらず、物質固有の数値である。

1. A、B　　2. A、C　　3. B、C　　4. B、D　　5. C、D

解答 & パーフェクト講義

☑ 1. 引火点

問1 解答 2

● p.146 の 1. 引火点の定義を確認しよう！

× 1. **引火点と発火点は全く異なるもの**であり、液体か固体かによって呼び方が変わるものではない。
○ 2. **可燃性液体が空気中で引火するのに最低の濃度の蒸気を液面上に発生する液温をいう**（引火点の定義-1 である。）。

- × 3. 可燃物を**空気中で加熱**した場合、火源がなくても**自ら燃え出す**ときの最低の温度を**発火点という**（発火点の定義である。）。
- × 4. 引火点に達すると蒸気を発生するのではなく、それよりも相当低い温度で蒸気を発生している。
- × 5. 引火点は熱源の温度ではない。

問2 解答2

- × 1. 可燃性液体は、燃焼範囲の下限値が低く、またその範囲が狭いものではなく広いものほど危険性が大きい。
- ○ 2. **可燃性液体が、燃焼範囲の下限値の濃度の蒸気を発生するときの液温を引火点という**（引火点の定義-2である。）。
- × 3. 可燃性液体が、燃焼範囲の上限値の濃度の蒸気を発生するときの液温を発火点とはいわない。
- × 4. ガソリンや灯油は炭化水素（炭素と水素が主体の物質）の混合物で、完全燃焼すると炭素は一酸化炭素ではなく二酸化炭素に、水素は水となる。
- × 5. 燃焼は酸化反応であるが、鉄などの金属が錆びるのも酸化反応であり誤っている。

問3 解答2

●引火点判定のポイントは主に次の3つである。
① 気温ではなく**液温**である。
② 点火源を近づけると**引火する**。
③ 発火等の記述があれば、発火点か自然発火であり引火点の説明ではない。

「ある可燃性液体の引火点は、50℃である。」
- × 1. **気温ではなく液温**が50℃になると、燃焼可能な濃度の蒸気を発生する。
- ○ 2. 液温が50℃になると、液面に点火源を近づければ火が着く。
- × 3. 液温が50℃になっても、**発火はしない**。
- × 4. 気温と自然に発火が**誤っている**。
- × 5. 引火はしないが濃度の薄い蒸気の発生は、50℃より相当に低い液温ではじまる。

2. 燃焼範囲

問4　解答 3

考え方 Point!!　● p.147 の 1. 燃焼範囲の定義を確認しよう！

× 1. 燃焼するのに必要な可燃性蒸気の濃度範囲のことであり、**酸素量の範囲ではない。**
× 2. 燃焼範囲とは、燃焼によって被害を受ける範囲のことではない。
○ 3. **空気中において、燃焼することができる可燃性蒸気の濃度範囲のことである**（燃焼範囲の定義である。）。
× 4. 燃焼範囲とは、熱源の温度範囲ではない。
× 5. 燃焼範囲とは、燃焼によって発生するガスの濃度範囲のことではない。

問5　解答 4

考え方 Point!!　●ガソリンの蒸気濃度を計算（p.148 の 3. 燃焼範囲の計算参照）するのが基本だが、ガソリン蒸気 1.4 l と空気とガソリン蒸気の合計が 100 l（内容量 100 l と同じ意味）の 2 点が大切な要素となる。

× 1. 空気 100 l にガソリン蒸気 1.4 l 混合した場合のガソリンの蒸気濃度は 1.38 vol% となり、下限値の 1.4 vol% より少し薄いので点火しても燃焼しない。
× 2. ガソリン蒸気の濃度にかかわらず、ガソリン蒸気は自然発火しない（自然発火については p.165 の ① 参照）。
× 3. ガソリン蒸気 98.6 l の蒸気濃度は、98.6 vol% であり、濃すぎて燃焼しない。
○ 4. **内容量 100 l の容器中にガソリン蒸気 1.4 l と空気 98.6 l の混合気体が入っている場合の蒸気濃度は、下限値の 1.4 vol% であり点火すると燃焼する。**
× 5. ガソリン蒸気 100 l であれば、蒸気が濃すぎて燃焼しない。

難 レベルアップ 問題

問6　解答 3

解法の Technique　★ p.148 の 3. 燃焼範囲の計算を参照。

① 正しい計算
p.148 の 3. 燃焼範囲の計算式を使って計算する。

下記のA～Eに「正しい計算値」を記載した。

② 簡易的な計算＝暗算でできる

設問から、A項は空気100 l にガソリン蒸気1 l をプラスして101 l となるが、**簡易的な計算ではこれを100 l として計算する**。すると、全体が100 l の中にガソリン蒸気1 l が混ざっていることになるので、**暗算で答えは1 vol%となる**。

下記のA～Eに「簡易的な計算値」を記載した。

> **得点力UPのツボ**
>
> 正確には①正しい計算で答えを出すが、②簡易的な計算でも答えは出る。まず、計算の易しい「②簡易的な計算＝暗算でできる」でやってみよう！

下限値………1.3 vol%

上限値………7.1 vol%

　　　　〈①正しい計算値〉　〈②簡易的な計算値〉
- ×　A.　1 l → 0.99 vol% ×　　1 vol% ×
- ○　B.　3 l → 2.91 vol% ○　　3 vol% ○　　燃焼範囲は1.3～7.1 vol%なので、
- ○　C.　5 l → 4.76 vol% ○　　5 vol% ○　　B、C項が燃焼する。
- ×　D.　10 l → 9.09 vol% ×　　10 vol% ×
- ×　E.　20 l → 16.67 vol% ×　　20 vol% ×

× 1. A、B　　× 2. A、D　　○ 3. B、C　　× 4. C、E　　× 5. D、E

> **出題分析アドバイス**
>
> 1つの選択肢を選ぶ場合も、本問のように選択肢を複数選び組み合わせて答えを出す場合もやり方は同じである。

☑ 3. 引火点と燃焼範囲

問7 解答 2

> **考え方のPoint!!**
>
> ●可燃性蒸気にマッチの火を近づけたところ引火したということから、設問の引火性液体は燃焼範囲内にあると判断できる。引火した40℃と濃度8 vol%を次の図の▲点と仮定すれば、求める燃焼範囲の下限値と引火点は図にもあるように、必ず▲点の左側にあるはずである。よって、下限値は8%以下に、引火点は40℃以下に○印をすればよい。両方に○印のある2項が答えとなる。

「ある引火性液体は、40℃で液面付近に濃度8 vol%の可燃性蒸気を発生した。この状態でマッチの火を近づけたところ引火した。」

問題 18　引火点、燃焼範囲、発火点

〈引火点〉　〈燃焼範囲の下限界〉
× 1. 25℃　　　10 vol%
○ 2. 30℃○　　6 vol%○
× 3. 35℃○　　12 vol%
× 4. 40℃○　　15 vol%
× 5. 45℃　　　4 vol%○

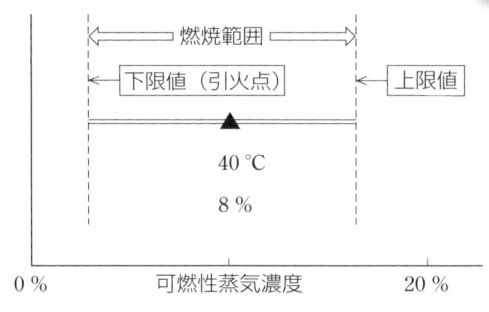

燃焼範囲
下限値（引火点）　　上限値
40℃
8 %
0 %　　可燃性蒸気濃度　　20 %

☑ 4．発火点他

問8　解答 3

●発火点とは、空気中で可燃物を加熱した場合、炎、火花等を近づけなくとも自ずから燃え出すときの最低温度をいう。

× 1. 燃焼範囲の下限界の濃度の蒸気を発生するときの液温は、引火点という。
× 2. 燃焼の三要素である空気がないのに自ら燃えだすことは、起こり得ないので誤っている。
○ 3. 可燃物を空気中で加熱した場合、炎、火花などを近づけなくとも自ら燃えだすときの最低温度を発火点という（発火点の定義である）。
× 4. 可燃性物質から継続的に可燃性気体を発生させる温度に名称はない。
× 5. 点火源の温度は、発火点や引火点には全く関係がない。

問9　解答 1

○ A. 引火点の定義 - 1 であり正しい。
○ B. 発火点の定義であり正しい。
× C. 引火点は、発火点より必ず低い。
× D. 発火点は、測定方法や加熱の方法等が変われば数値が変わる。
○ 1. A、B　× 2. A、C　× 3. B、C　× 4. B、D　× 5. C、D

問題 19 消火の基礎知識

☑ 1. 燃焼と消火の関係

消火するには、① 可燃物、② 酸素供給源、③ 点火源のうち1つを取り除けばよい。

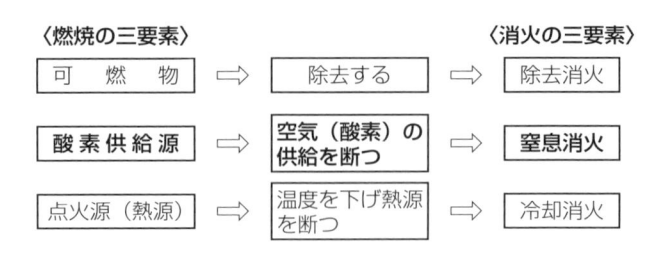

〈燃焼の三要素〉　　　　　　　　　　　　〈消火の三要素〉

可燃物	⇨	除去する	⇨	除去消火
酸素供給源	⇨	空気（酸素）の供給を断つ	⇨	窒息消火
点火源（熱源）	⇨	温度を下げ熱源を断つ	⇨	冷却消火

☑ 2. 消火の三要素

① 除去消火（除去効果）

燃焼の一要素である可燃物を取り去って消火する（点火源や酸素を取るわけではない）。

- ガスの元栓を閉める。
- ローソクの火に息を吹きかけて消す（ローソクから発生する可燃性蒸気が吹き飛ぶ）。

② 窒息消火（窒息効果）

燃焼の一要素である酸素の供給を絶つことによって消火する方法。

- アルコールランプにふたをして消す。
- 不燃性の泡、ハロゲン化物の蒸気、二酸化炭素、砂等で燃焼物を覆う。

得点力UPのツボ　第4類の引火性液体には、最も効果のある方法である。

〈参考〉一般に空気中の酸素濃度が 14 ～ 15 ％以下になれば、燃焼は停止する。

窒息消火

第4類は空気の供給を断てばいいのね！

③ 冷却消火（冷却効果）
水や強化液（棒状）消火剤を用いて、燃焼物を冷却して消火する。

> **得点力UPのツボ** 第4類の引火性液体には効果がないばかりか、水に危険物が浮いて火面が広がり危険性が増すので使えない。

④ 抑制作用（負触媒効果）
上記の三要素のほか、<u>油火災にハロゲン化物消火剤、粉末消火剤を用い、抑制作用で消火する</u>抑制作用がある。

　|抑制作用とは|→車の排ガス中の有害物質は、触媒マフラーで燃焼を促進（触媒作用）して無害化しているが、これとは逆でハロゲン化物消火剤は、負触媒作用により燃焼を化学的に抑制（可燃物と酸素が結び付くのを押さえる作用）して火災を小さくして消火している。

☑ 3. 消火剤（消火器）の種類と効果

(1) 水
① <u>水は気化熱（蒸発熱）及び比熱が大きいので冷却効果が大きい。</u>
② <u>水は油火災・電気火災に使用できない</u>→油火災では油が水に浮き、火面を拡大する危険性がある。電気火災に棒状注水すると、感電する。
③ 水は蒸発すると約1700倍に膨張し、<u>空気中の酸素と可燃性ガスを希釈する作用がある。</u>

(2) 強化液
① 水に炭酸カリウムを加えた濃厚な水溶液で、水の消火力を強化した消火剤である。
② 放射された薬剤の<u>冷却作用により普通火災に適応し、霧状に放射すれば抑制作用（負触媒作用）により油火災、電気火災にも適応する。</u>
③ 再燃防止作用があり、一度消火すると再び燃えだすことがない。
④ 凍結温度が約－30℃なので、寒冷地でも使用できる。

(3) 泡
① <u>燃焼物を泡で覆って、空気を遮断して窒息消火する。非水溶性（ガソリン等）の油火災には最適の消火剤である。</u>
② 一般の泡消火剤
<u>一般の泡消火剤は、水溶性液体（アルコール類、アセトン、酢酸等）に触れると泡が溶けて消え、消火効果がない。</u>
③ 水溶性液体用泡消火剤
水溶性液体の消火には、水溶性液体用泡消火剤（耐アルコール泡消火剤）を使用す

る。水に溶けるアルコール類、アセトン等の消火に適している。
　　④　電気火災には、感電する危険があるので使用できない。
(4)　二酸化炭素
　　①　二酸化炭素（炭酸ガス）は、<u>空気より重い</u>ので燃焼物を覆い窒息消火する。
　　②　<u>室内では、人を退出させて使用する。</u>→酸欠により窒息死のおそれがある。
　　③　<u>消火後の汚損が少ない。</u>→粉末消火剤や泡消火剤のように機器類を汚損しない。
(5)　ハロゲン化物
　　①　放射されると蒸発し不燃性ガスとなって燃焼物を覆い、<u>窒息及び抑制作用（負触媒作用）により油火災及び電気火災に適応する。</u>
　　②　ハロン 1301 等の消火器があり、薬剤としてフッ素や臭素が使われている。<u>よう素は使われていない。</u>
(6)　粉　末
　　①　<u>リン酸塩類の粉末（ABC）消火器</u>
　　　<u>窒息作用、抑制作用（負触媒作用）により、普通火災（A 火災）・油火災（B 火災）・電気火災（C 火災）に使用できる。</u>
　　②　炭酸水素塩類の消火器
　　　窒息作用、抑制作用により油火災・電気火災に使用でき、普通火災には使用できない。

✅ 4. 消火剤と適応火災のまとめ

		普通火災（A 火災）	油火災（B 火災）非水溶	油火災（B 火災）水溶性	電気火災（C 火災）	消火効果	消火薬剤
1. 棒状の水		○	×	×	×	冷却	水
2. 強化液消火剤	棒状	○	×	×	×	冷却・再燃防止	炭酸カリウム
	霧状	○	○	○	○	抑制	
3. 泡消火剤	一般	○	○	×	×	窒息・冷却	炭酸水素ナトリウム 硫酸アルミニウム等
	水溶性液体用	—	—	○	—		
4. 二酸化炭素消火剤		×	○	○	○	窒息	二酸化炭素
5. ハロゲン化物消火剤		×	○	○	○	窒息・抑制	ハロン 1301 等
6. 粉末消火剤（リン酸塩類）		×（○）	○	○	○	窒息・抑制	炭酸水素塩類（リン酸塩類等）

○印は使用できる　×印は使用できない

問題 19 消火の基礎知識

よく出題される 問題

問1 消火について、次のうち誤っているものはどれか。

1. 泡消火剤にはいろいろな種類があるが、いずれも窒息効果と冷却効果とがある。
2. 消火をするには燃焼の三要素のうち、一要素を取り去る必要がある。
3. 一般に、空気中の酸素が一定濃度以下になれば、燃焼は停止する。
4. 除去消火は、酸素と点火源を同時に取り去って消火する方法である。
5. ハロゲン化物消火剤は、負触媒作用による燃焼を抑制する効果がある。

問2 水による消火について、次のうち誤っているものはどれか。

1. 油などの火災に使用すると火面を拡大する。
2. 水は流動性があり木材等には付着しにくいので、内部が燃焼しているときには消火しにくい。
3. 燃焼に必要な熱エネルギーを取り去る冷却効果が小さい。
4. 電気設備の火災に使用すると、感電したり設備を汚損する原因となる。
5. 金属が燃焼しているときの温度は高いので、注水すると酸素と水素に分解して爆発することがある。

問3 消火剤について、次のうち誤っているものはどれか。

1. ハロゲン化物消火剤は、燃焼反応を化学的に抑制する作用によって消火する。
2. 水は比熱と気化熱がともに大きいため、冷却効果が大きい。
3. リン酸塩類を主成分とする消火粉末は、油火災および電気火災には適応するが、木材等の火災には適応しない。
4. 二酸化炭素消火剤は安定な不燃性ガスで、空気より重い性質を利用した消火剤である。
5. 強化液消火剤はアルカリ金属塩の濃厚な水溶液からできていて、冷却効果や再燃防止効果がある。

問4 水による消火作用等について、次の文の（ ）内の A ～ C に当てはまる語句の組合せとして、正しいものはどれか。

「水による消火は、燃焼に必要な熱エネルギーを取り去る（A）効果が大きい。これは

水が大きな（B）熱と比熱を有するからである。また、水が蒸発して多量の蒸気を発生し、空気中の酸素と可燃性ガスを（C）する作用もある。」

	〈A〉	〈B〉	〈C〉
1.	冷却	蒸発	希釈
2.	除去	蒸発	抑制
3.	冷却	凝縮	窒息
4.	冷却	凝縮	除去
5.	除去	蒸発	冷却

問5 消火方法と消火効果の組合せとして、次のうち正しいものはどれか。

1. 石油ストーブが異常燃焼したので、粉末（リン酸塩類）消火器で消した。
    ………冷却効果
2. 天ぷら鍋の油が燃え出したので、強化液消火器で消した。
    ………除去効果
3. 防火訓練でオイルパンの灯油の火災を、泡消火器で消した。
    ………除去効果
4. 少量のガソリンの火災に、二酸化炭素消火器で消した。
    ………窒息効果
5. 油の染み込んだ布が燃えたので、乾燥砂で覆って消した。
    ………冷却効果

問6 泡消火剤の主たる消火効果として、次のA～Dのうち適切な組合せはどれか。

A. 冷却効果　　B. 窒息効果　　C. 抑制効果　　D. 希釈効果
1. AとB　　2. AとC　　3. AとD　　4. BとC　　5. CとD

問7 電気火災に適応する消火剤の組合せで、次のうち正しいものはどれか。

1. 二酸化炭素　　　消火粉末
2. 化学泡　　　　　強化液
3. 二酸化炭素　　　水溶性液体用泡
4. 機械泡　　　　　水
5. 化学泡　　　　　消火粉末

問8 二酸化炭素消火剤について、次のうち誤っているものはどれか。

1. 化学的に安定である……………これ以上酸化することがなく、安定した物質である。
2. 消火後の汚損が少ない……………気体であり、他の消火剤のように対象物に付着することがない。
3. 電気絶縁性がよい…………………泡消火剤よりも電気絶縁性がよい。
4. 長期貯蔵が可能である……………化学的に安定であり、長期的に貯蔵が可能である。
5. 人体にほとんど影響がない………化学的に分解して有害な物質を発生することがなく、また二酸化炭素そのものが無害なため、密閉した場所で使用しても人体にほとんど無害である。

問9 容器内で燃焼している動植物油（以下「油」という）に注水すると危険な理由として、最も適切なものは次のうちどれか。

1. 水が油面の下に沈み、徐々に油面を押し上げるから。
2. 高温の油水混合物は、単独の油より燃焼点が低くなるから。
3. 注水が空気を巻き込み、火炎及び油面に空気を供給するから。
4. 油面をかきまぜ、油の蒸発を容易にするから。
5. 水が激しく沸騰し、燃えている油を飛散させるから。

解答 & パーフェクト講義

問1 解答 4

○ 1. 泡消火剤には一般の泡消火剤、水溶性液体用泡消火剤等といろいろな種類があるが、いずれも空気（酸素）の供給を断つ窒息効果と冷却効果がある。
○ 2. 灯油の火災を泡消火剤で消火すれば、空気の供給を断つ（**一要素を取り去る**）窒息効果で消火できる。
○ 3. 一般に、空気中の酸素濃度が 14～15％以下になれば、燃焼は停止する。
× 4. 除去消火は、**可燃物を取り去って消火する方法**であり誤っている。
○ 5. ハロゲン化物消火剤（ハロン1301等）は、負触媒作用による燃焼を抑制する効果と窒息効果とがある。

得点力UPのツボ　わからない項は、p.156からの合格のポイントをくり返し確認しよう。これが危険物の試験に合格する秘訣である。

問2 解答 3

- ○ 1. 第4類の危険物は水に溶けず（非水溶性）水より軽いものが多いので、消火に水を使用すると、消火できずに油が水に浮いて火面を拡大する。
- ○ 2. 水は流動性があり木材等に付着しにくいので、内部が燃焼しているときには消火しにくい。このため、一度消火してもしばらくすると燃え出すことがある。
- × 3. 水は燃焼に必要な熱エネルギーを取り去る冷却効果が小さいではなく大きい。
- ○ 4. 水は電気伝導性があるので、電気設備の火災に使用すると感電したり設備を汚損する原因となる。
- ○ 5. 金属が燃焼しているときの温度は高いので、注水すると酸素と水素に分解して爆発することがある。

問3 解答 3

- ○ 1. ハロゲン化物消火剤は車の触媒マフラーとは逆で、負触媒効果により燃焼を化学的に抑制して（火災を小さくして）消火することができる。
- ○ 2. 水は比熱と気化熱がともに大きいため、燃焼物から熱を奪い周囲の温度を下げる冷却効果が大きい。
- × 3. リン酸塩類の粉末消火器は別名ABC消火器といい、木材等の一般火災（A火災）、油火災（B火災）及び電気火災（C火災）とすべての火災に適応する。
- ○ 4. 二酸化炭素消火剤は安定な不燃性ガスで、空気より重い性質を利用した消火剤で窒息効果がある。
- ○ 5. 強化液消火剤は、水による冷却効果や消火薬剤による再燃防止効果（一度消火すると再び燃え出すことがない）がある。

問4 解答 1　A：冷却　　B：蒸発　　C：希釈

「水による消火は、燃焼に必要な熱エネルギーを取り去る（A：冷却）効果が大きい。これは水が大きな（B：蒸発）熱と比熱を有するからである。また、水が蒸発して多量の蒸気を発生し、空気中の酸素と可燃性ガスを（C：希釈）する作用もある。」

問題 19 消火の基礎知識

問5 解答 4

× 1. **石油ストーブ**が異常燃焼したので、粉末（リン酸塩類）消火器で消した。
………冷却効果ではなく、窒息効果と抑制効果（負触媒効果）である。

× 2. **天ぷら鍋の油**が燃え出したので、強化液消火器で消した。
………除去効果ではなく、抑制効果（負触媒効果）である。

× 3. 防火訓練でオイルパンの**灯油**の火災を、泡消火器で消した。
………除去効果ではなく、窒息効果である。

○ 4. 少量の**ガソリン**の火災に、二酸化炭素消火器で消した。
………**二酸化炭素により空気中の酸素濃度が薄くなるので、窒息効果は正しい**。

× 5. **油の染み込んだ布**が燃えたので、乾燥砂で覆って消した。
………冷却効果ではなく、窒息効果である。

> 得点力UPのツボ
> 1～5項は点線で示したようにすべて油火災なので、合格のポイントにもあるように、**油火災には窒息効果（窒息消火）が最適**と覚えておけば答えが出る。

問6 解答 1

●一般的な化学泡消火器の泡消火剤は、薬剤（約10%）と水（約90%）で構成されている。

○ A. **冷却効果**　○ B. **窒息効果**　× C. 抑制効果　× D. 希釈効果

○ 1. AとB　× 2. AとC　× 3. AとD　× 4. BとC　× 5. CとD

問7 解答 1

●電気火災には、泡と水は感電するのでダメと覚えよう！

○ 1. 二酸化炭素○　　消火粉末○
× 2. 化学泡×　　　　強化液？
× 3. 二酸化炭素○　　水溶性液体用泡×
× 4. 機械泡×　　　　水×
× 5. 化学泡×　　　　消火粉末○

163

> **得点力UPのツボ**
> 2項の強化液は、電気火災に棒状はダメで霧状はOKであるが、強化液のみの記載なので？としている。

問8 解答 5

考え方のPoint!! ●p.158 の 3. 消火剤（消火器）の種類と効果（4）二酸化炭素を確認して考えよう！

○ 1. 化学的に安定である…………二酸化炭素はこれ以上酸化（燃焼）することがなく、安定した物質である。
○ 2. 消火後の汚損が少ない………二酸化炭素は気体であり、泡や粉末消火剤のように対象物に付着して汚損することがない。
○ 3. 電気絶縁性がよい……………泡消火剤を構成している大半は水なので電気絶縁性が悪く、二酸化炭素は電気絶縁性がよいので電気火災にもOKである。
○ 4. 長期貯蔵が可能である………酸化（燃焼）等することがないので化学的に安定であり、長期的に貯蔵が可能である。
× 5. 人体にほとんど影響がない……二酸化炭素は一酸化炭素ほど毒性はないが、無害ではない。また、密閉した場所で使用すると、酸欠を起こし死に至ることがある。

問9 解答 5

× 1. 動植物油は水より軽いので、水が油面の下に沈み油面を押し上げることがあっても危険性は大きくはない。
× 2. 高温の油水混合物は、単独の油より燃焼点が低くなることはない。
× 3. 注水によって空気が供給されたとしても、危険性は大きくはない。
× 4. 油面をかきまぜ、油の蒸発を容易にすることはない。
○ 5. 燃焼している動植物油の液温は一般に200℃以上あるので、これに注水すると水が激しく沸騰し燃えている油を飛散させて危険である。

問題20 自然発火、粉じん爆発、燃焼の総合問題

1 自然発火

✓ 1. 自然発火の定義

自然発火とは、他から火源を与えないでも、物質が空気中で常温において自然に〈発熱〉し、その熱が長期間蓄積されて、ついに〈発火点〉に達し燃焼を起こすことをいう。原因として〈酸化熱〉、〈分解熱〉、吸着熱、重合熱、発酵熱等が考えられる。一般に〈動植物油類〉のような不飽和成分（二重結合などを持つ物質）を多く含む危険物は自然発火しやすい。〈動植物油類〉の乾性油（ヨウ素価130以上）であるアマニ油やキリ油の自然発火がこれである

> **得点力UPのツボ**　ヨウ素価→油脂100gに吸収するヨウ素のg数で表す。よう素価の大きい油は、乾性油といわれ自然発火しやすい。

✓ 2. 自然発火を起こす要因

① 酸化熱による発熱→乾性油（アマニ油、キリ油）、石炭、ゴム粉末、油を含んだウエス、天ぷらのあげかす、その他
② 分解熱による発熱→セルロイド、ニトロセルロース等
③ 吸着熱による発熱→活性炭、木炭粉末等
④ ヨウ素価
乾性油（ヨウ素価130以上）は自然発火しやすい。
動植物油の ・アマニ油 ・キリ油 のみが自然発火すると覚える。
　半乾性油（ヨウ素価100〜130）は、自然発火しない。
　不乾性油（ヨウ素価100以下）は、自然発火しない。
また、石油製品のガソリンや灯油、軽油は、自然発火しない。

2 粉じん爆発

✓ 1. 有機化合物等の粉じん爆発

① 有機化合物や可燃性物質が粉体となって空気中に浮遊しているとき、これに着火すれば粉じん爆発を起こす。
② 有機化合物の粉じん爆発では、不完全燃焼を起こしやすく生成ガス中に一酸化炭素が多量に含まれることがあるので中毒を起こしやすい。
③ 粉じん爆発にも可燃性蒸気と同じく燃焼範囲がある。
④ 粉じんへの最小着火エネルギーは、ガスに比べて大きい（ガスよりも着火しにくいという意味）。

よく出題される問題

☑ 1. 自然発火

問1 次の自然発火に関する（A）〜（E）に当てはまるものの組合せのうち、正しいものはどれか。

「自然発火とは、他から火源を与えないでも、物質が空気中で常温（20℃）において自然に（A）し、その熱が長期間蓄積されて、ついには（B）に達し燃焼を起こす。自然発火性を有する物質の（A）の原因として（C）、（D）、吸着熱、重合熱、発酵熱等が考えられる。（E）の中には、不飽和性のため、空気中の酸素と結合しやすく、放熱が不十分なとき温度が上がり、自然発火を起こすものがある。」

	〈A〉	〈B〉	〈C〉	〈D〉	〈E〉
1.	発　熱	引火点	分解熱	酸化熱	セルロイド
2.	酸　化	発火点	燃焼熱	生成熱	セルロイド
3.	発　熱	発火点	酸化熱	分解熱	動植物油
4.	酸　化	燃焼点	燃焼熱	生成熱	セルロイド
5.	発　熱	引火点	分解熱	酸化熱	動植物油

問2 動植物油の自然発火について、次の文の（　）内のA〜Cに当てはまる語句の組合せとして正しいものはどれか。

「ヨウ素価とは、油脂（A）が吸収するヨウ素のグラム数で表す。油脂の試料中に、不飽和脂肪酸の含有量が多いものや脂肪酸に二重結合を多く含むものは、ヨウ素価が大きい。ヨウ素価の大きい物質は、空気中の酸素と反応しやすい。動植物油の乾性油は、ヨウ素価が大きく空気中の酸素と（B）しやすい。また、そのときに発生する熱を（C）といい、（C）が蓄積すると自然発火の発火源となる。」

	〈A〉	〈B〉	〈C〉
1.	100 g	分解	分解熱
2.	200 g	重合	酸化熱
3.	100 g	化合	酸化熱
4.	200 g	分解	中和熱
5.	100 g	化合	中和熱

☑ 2. 粉じん爆発

問3 粉じん爆発について、次のうち誤っているものはどれか。

1. 可燃性固体の微粉が空中に浮遊している時に、何らかの火源により爆発する現象をいう。
2. 開放空間では、爆発の危険性は少ない。
3. 粉じんが空気とよく混合している浮遊状態が必要である。
4. 粉じんが大きい粒子の場合は、簡単に浮遊しないので爆発の危険性は少ない。
5. 有機化合物の粉じん爆発では、燃焼が完全になるので一酸化炭素が発生することはない。

問4 粉じん爆発について、次のうち誤っているものはどれか。

1. 有機物の粉じん爆発の場合、不完全燃焼を起こしやすく生成ガス中に一酸化炭素が多量に含まれることがあるので、中毒を起こしやすい。
2. 爆発の際、粒子が燃えながら飛散するので、周囲の可燃物が局部的にひどく炭化したり着火する可能性がある。
3. 一般にガス爆発に比較して、発生するエネルギーは小さい。
4. 最初の部分的な爆発により、たい積している可燃性粉じんが舞い上がり、次々に爆発的に燃焼が持続し、被害が大きくなる。
5. 一般にガス爆発に比較して、最小着火エネルギーが大きい。

3. 燃焼の総合問題

問5 ある危険物の引火点、発火点および燃焼範囲を測定したところ、次のような性状を示した。
　　　　引火点………−40℃　　　発火点………300℃
　　　　燃焼範囲………1.4〜7.6 vol%
次の条件のみで燃焼が起こらないものはどれか。

1. 蒸気 5 l と空気 95 l との混合気体に点火した。
2. 液温が 0℃ のときに炎を近づけた。
3. 400℃ の高温体に接触させた。
4. 100℃ まで加熱した。
5. 蒸気が 8 l 含まれている空気 200 l に点火した。

問6 次の性質を有する可燃性液体について、次のうち正しいものはどれか。
　　　　発火点………538℃　　　　　　引火点………−18℃
　　　　燃焼範囲………2.6〜12.8 vol%　　沸　点………56.5℃
　　　　蒸気比重………2.0

1. 常温（20℃）では、炎、火花を近づけても火は着かない。
2. 538℃以上に熱した鉄板に滴下しても、炎、火花等を近づけないと火は着かない。
3. この液体の蒸気35％と空気65％からなる混合気体が入っている容器内に火を飛ばしても火は着かない。
4. 56.5℃になるまでは、可燃性蒸気は発生しない。
5. この液体の蒸気の重さは、空気の重さの2分の1である。

難 レベルアップ 問題

問7 次の実験結果について、正しいものはどれか。

「空気中で、ある化合物を－50℃から徐々に温めると、－42℃のときに液体になり始めた。そのまま温め続け液温が常温（20℃）まで上がったとき、液面付近の蒸気濃度を測定すると、1.8 vol％であった。さらに加熱を続けたところ液温は115℃ですべて気化してしまった。また、この物質が20℃のとき別の容器に取り、液面付近に火花を飛ばすと激しく燃えた。」

1. この物質の分解温度は、－42℃である。
2. この物質の沸点は、115℃である
3. この物質の発火点は、20℃である。
4. この物質の融点は、－50℃である。
5. この物質の燃焼範囲は、0～1.8 vol％である。

解答 & パーフェクト講義

☑ **1. 自然発火**

問1 解答 3

「自然発火とは、他から火源を与えないでも、物質が空気中で常温（20℃）において自然に（A：**発熱**）し、その熱が長期間蓄積されて、ついには（B：**発火点**）に達し燃焼を起こす。自然発火性を有する物質の（A：**発熱**）の原因として（C：**酸化熱**）、（D：**分解熱**）、吸着熱、重合熱、発酵熱等が考えられる。（E：**動植物油**）の中には、不飽和性のため、空気中の酸素と結合しやすく、放熱が不十分なとき温度が上がり、自然発火を起こすものがある。」

	〈A〉	〈B〉	〈C〉	〈D〉	〈E〉
× 1.	発熱〇	引火点×	分解熱〇	酸化熱〇	セルロイド×
× 2.	酸化×	発火点〇	燃焼熱×	生成熱×	セルロイド×
〇 3.	**発熱〇**	**発火点〇**	**酸化熱〇**	**分解熱〇**	**動植物油〇**
× 4.	酸化×	燃焼点×	燃焼熱×	生成熱×	セルロイド×
× 5.	発熱〇	引火点×	分解熱〇	酸化熱〇	動植物油〇

注意 C、D項は、酸化熱、分解熱のいずれかが入っていれば正解となる。

問2 解答 3

「ヨウ素価とは、油脂（A：**100 g**）が吸収するヨウ素のグラム数で表す。油脂の試料中に、不飽和脂肪酸の含有量が多いものや脂肪酸に二重結合を多く含むものは、ヨウ素価が大きい。ヨウ素価の大きい物質は、空気中の酸素と反応しやすい。動植物油の乾性油は、ヨウ素価が大きく空気中の酸素と（B：**化合**）しやすい。また、そのときに発生する熱を（C：**酸化熱**）といい、（C：**酸化熱**）が蓄積すると自然発火の発火源となる。」

	〈A〉	〈B〉	〈C〉
× 1.	100 g〇	分解×	分解熱×
× 2.	200 g×	重合×	酸化熱〇
〇 3.	**100 g〇**	**化合〇**	**酸化熱〇**
× 4.	200 g×	分解×	中和熱×
× 5.	100 g〇	化合〇	中和熱×

2. 粉じん爆発

問3 解答 5

〇 1. 粉じん爆発とは、可燃性固体（石炭等）の微粉が空中に浮遊しているときに、何らかの火源により爆発する現象をいう。
〇 2. 粉じんは瞬時に燃焼しにくいので、屋外など開放空間では爆発の危険性は少ない。
〇 3. 粉じんが空気とよく混合している浮遊状態が必要である。
〇 4. 粉じんが大きい粒子の場合は、簡単に浮遊しないのと空気との接触面積が小さくなるので爆発の危険性は少なくなる。
× 5. **有機化合物の粉じん爆発では、燃焼が完全ではなく不完全燃焼になりやすいので一酸化炭素が発生しやすくなる。**

問4 解答 3

- ○ 1. 有機物の粉じん爆発の場合、不完全燃焼を起こしやすく生成ガス中に一酸化炭素が多量に含まれることがあるので、中毒を起こしやすい。
- ○ 2. 爆発の際、粒子が燃えながら飛散するので、周囲の可燃物が局部的にひどく炭化したり着火する可能性がある。
- × 3. **一般にガス爆発に比較して、発生するエネルギーは小さいのではなく大きい。**
- ○ 4. 最初の部分的な爆発により、たい積している可燃性粉じんが舞い上がり、次々に爆発的に燃焼が持続（<u>発生するエネルギーが大</u>）し、被害が大きくなる。
- ○ 5. 一般にガスは小さな炎で引火し爆発するが、粉じんはガスに比べて大きな炎でないと引火しにくいので、<u>最小着火エネルギーが大きい</u>。

✓ 3. 燃焼の総合問題

問5 解答 4

引火点………… −40 ℃　　　発火点……… 300 ℃
燃焼範囲……… 1.4 〜 7.6 vol%

次の条件のみで燃焼が起こらないものはどれか。

- ○ 1. 計算すると蒸気濃度は <u>5 vol%</u> となり、燃焼範囲内なので点火すれば燃焼する。
- ○ 2. 引火点が −40 ℃なので、液温が 0 ℃のときに炎を近づければ引火する。
- ○ 3. 発火点が 300 ℃なので、400 ℃の高温体に接触させれば発火する。
- × 4. **発火点が 300 ℃なので、100 ℃ではなく 300 ℃まで加熱しないと発火しない。**
- ○ 5. 計算すると蒸気濃度は 4 vol% となり、燃焼範囲内なので点火すれば燃焼する。

> **得点力UPのツボ**
> 引火点、発火点、燃焼範囲を理解するのに最高の問題である。しっかりと 1 〜 5 項を理解して、○×の印が付けられるようにしよう！

問6 解答 3

発火点………… 538 ℃　　　引火点……… −18 ℃
燃焼範囲……… 2.6 〜 12.8 vol%　　沸　点……… 56.5 ℃
蒸気比重……… 2.0

× 1. 引火点は-18℃なので、常温（20℃）で炎、火花を近づければ火は着く。
× 2. 発火点が538℃なので、538℃以上に熱した鉄板に滴下すれば、炎、火花等を近づけなくとも火は着く（発火する）。
○ 3. 混合気体の蒸気濃度35％は、燃焼範囲2.6～12.8vol％の上限値より相当濃くなるので、容器内に火を飛ばしても濃すぎて火は着かない。
× 4. 引火点の-18℃より低い温度でも、引火はしないが可燃性蒸気は発生している。
× 5. 蒸気比重が2.0なので、この液体の蒸気の重さは空気の重さの2倍である。

得点力UPのツボ 燃焼の総合的な問題である。わからない項目は説明文を読み直して、理解できるように努力しよう！

難 レベルアップ問題

問7 解答2

考え方のPoint!! ●実験結果を図示すると次のようになる。（　）内の温度は水の場合を示すが、実験結果と比較して考えるとわかりやすい。

「空気中で、ある化合物を-50℃から徐々に温めると、-42℃のときに液体になり始めた。そのまま温め続け液温が常温（20℃）まで上がったとき、液面付近の蒸気濃度を測定すると、1.8vol％であった。さらに加熱を続けたところ液温は115℃ですべて気化してしまった。また、この物質が20℃のとき別の容器に取り、液面付近に火花を飛ばすと激しく燃えた。」

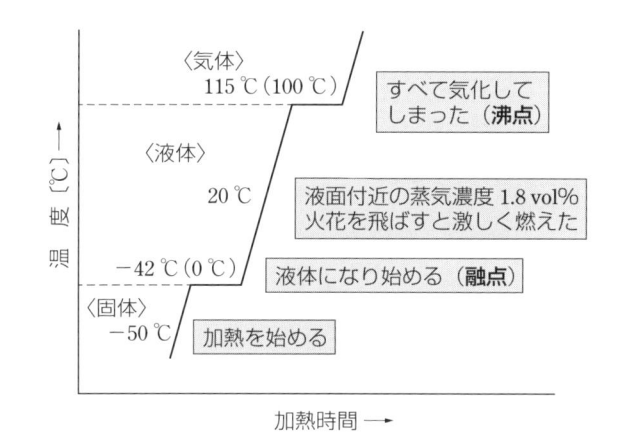

温度〔℃〕

〈気体〉
115℃（100℃） —— すべて気化してしまった（**沸点**）

〈液体〉
20℃ —— 液面付近の蒸気濃度1.8vol％ 火花を飛ばすと激しく燃えた

-42℃（0℃） —— 液体になり始める（**融点**）

〈固体〉
-50℃ —— 加熱を始める

加熱時間 →

× 1. 実験結果の説明からは、この化合物の**分解温度はわからない**。－42℃は固体から液体になり始めた温度なので融点である。－42℃の融点は、固体から完全に液体になるまでの間は変化しない。

○ 2. 化合物の沸点（水は100℃）は一定で変化しないので、「さらに加熱を続けたところ液温は115℃ですべて気化してしまった」とは、図のようにこの液体の沸点を表しているので正しい。

× 3. この実験結果からは**発火点はわからない**。「この物質が20℃のとき別の容器に取り、液面付近に火花を飛ばすと激しく燃えた」とあるが、発火点とは関係がない。

× 4. 固体が液体に変化するときの**融点は、－50℃ではなく－42℃である**。

× 5. この実験結果からは**燃焼範囲はわからない**。また、可燃性蒸気の濃度が0％では、どのような可燃性液体であっても燃焼しない。

問題 21 静電気

電気の不導体（不良導体）や絶縁体（＝電気が流れないもの）を摩擦すると、その物体に静電気が発生し蓄積（帯電）する。
静電気が蓄積すると火花放電を起こし点火源となる。

☑ 1. 静電気の発生と蓄積

① 静電気は、固体、液体、気体、人体等に発生し帯電する。
② **不導体（不良導体）や絶縁体のほうが静電気を発生しやすい。電気の流れない物質に発生し帯電する。**
③ ガソリン等（非水溶性）は発生し、水溶性のアルコール等は発生しない。
④ **湿度が低い（乾燥している冬季等）ほど静電気が発生しやすく、蓄積しやすい。**
⑤ テトロンやポリエステル等の合成繊維や毛糸は、木綿より静電気が発生しやすい。
⑥ 流速が速い場合や流れが乱れると、静電気が発生しやすい。
⑦ 静電気が蓄積すると火花放電して点火源となる。

> **得点力UPのツボ**
> 静電気が蓄積しても分解や電気分解作用は起こらない。また、発熱や蒸発したりしない。ガソリン等の危険物が直射日光に長時間さらされたとしても、静電気は発生しない。

静電気が 発生する 蓄積する	不導体、不良 導体、絶縁体 という	・化繊＝合成繊維（テトロン・ポリエステル等）・毛糸 　ガラス・プラスチック ・ガソリン・灯油・軽油・ベンゼン等の第4類の危険物
静電気は 発生しにくい 蓄積しにくい	導体、良導体 という	・鉄・銅・アルミニウム・銀・金などの金属や水等 ・エチルアルコール・アセトン（水に溶ける）等の 　第4類の危険物

☑ 2. 静電気の防止策

〈正しい防止策〉　　　　　　　　　〈誤っている防止策〉

① ○　流速を遅くして防止する（加圧しない）。　→ ×　流速を早くして防止する（余計に静電気が発生して危険である）。

② ○　接地（アース）して防止する。　→ ×　絶縁して防止する（アース線を外すこと）。

③ ○ 湿度を高くして防止する（梅雨 or 夏の状態）。 → × 湿度を下げて防止する（空気が乾燥した冬の状態で余計に危険である）。

☑ 3. 伝導性（電気伝導性）・電気絶縁性と静電気の関係

	電気の流れ	静電気の発生	危険性
電気伝導性 大	電気が流れやすい	発生しにくい	危険性はほとんどない
電気絶縁性 大	電気が流れにくい	大量に発生する	火花放電して危険性が大きい

最近の試験問題で実力アップ！

(1) 電気伝導性
　① 静電気を防止するために、電気伝導性を大きくする。　　　答（○）
　　→電気を流れやすくすれば、静電気が逃げて帯電がなくなり災害の防止になる。
　② 銅等伝導性のものを使用する。（ガソリンスタンドの例）　　　答（○）
　　→給油時に発生する静電気を、給油ホースに巻き込んだ銅線でアースし除去する。

(2) 電気絶縁性
　① 静電気を防止するために、電気絶縁性を大きくする。　　　答（×）
　　→電気絶縁性を大きくすると静電気が逃げにくくなるので、帯電して火花放電し火災発生の原因となる。
　② ガソリンスタンドの従業員
　ガソリンスタンドの従業員は、帯電防止服、帯電防止靴を着用する。　答（○）
　従業員は絶縁性の大きい靴を使用する。　　　答（×）
　従業員の服や靴は、合成繊維の素材を使用する。　　　答（×）
　→合成繊維の素材は、絶縁性が大きく静電気が発生し帯電しやすい。

よく出題される 問題

問 1 静電気に関する説明として、次のうち正しいものはどれか。

1. 静電気の蓄積を防止するためには、湿度を低くした方がよい。
2. 静電気の蓄積による火花放電は、可燃性ガスや粉じんのあるところでは、しばしば点火源となる。

3. 導電性の高い物質は、低い物質より静電気を蓄積しやすい。
4. ベンゼン等の非常に電気を通しにくい液体は、パイプやホースの中を流れても静電気を発生しない。
5. 静電気の蓄積を防止するためには、電気絶縁性をよくすればよい。

問2 静電気について、次のうち誤っているものはどれか。

1. 静電気は人体にも帯電する。
2. 静電気は電気の不導体に帯電しやすい。
3. 静電気は固体だけでなく、液体にも帯電する。
4. 物質に静電気が蓄積すると電気分解作用が起こり、引火しやすくなる。
5. 一般に合成繊維の衣服は、木綿のものより静電気が発生しやすい。

問3 静電気に関する説明として、次のうち誤っているものはどれか。

1. 作業する場所の床や靴の電気抵抗が大きいと、静電気の蓄積量は多くなる。
2. 帯電した物体が放電するときのエネルギーの大小は、可燃性ガスの発火に影響しない。
3. 夏場に人体に帯電しないのは、汗や湿気により静電気が他に漏れるからである。
4. 接触分離する2つの物体の種類及び組合せによって、発生する静電気の大きさや極性が異なる。
5. 接触面積や接触圧は、静電気発生の要因の一つである。

問4 静電気について、次のうち誤っているものはどれか。

1. 静電気による火災には、燃焼物に適応した消火方法をとる。
2. 静電気の発生を少なくするには、流体等の流速や撹拌速度などを遅くする。
3. 静電気は、電気の不導体の摩擦等によって発生する。
4. 静電気の蓄積は、湿度の低いときに特に起こりやすい。
5. 静電気の蓄積防止策として、タンク類などを電気的に絶縁する方法がある。

問5 液体の危険物が静電気を帯電しやすい条件について、次のうち誤っているものはどれか。

1. 加圧された液体が、ノズル、亀裂等、断面積の小さな開口部から噴出するとき。
2. 液体が液滴となって空気中に放出されるとき。

3. 伝導率の低い液体が配管を流れるとき。
4. 液体相互又は液体と粉体等とを混合・攪拌するとき。
5. 直射日光に長時間さらされたとき。

問6 静電気に関する説明として、次のうち誤っているものはどれか。

1. 静電気は、空気中の湿度を高くしたほうが蓄積しにくい。
2. 静電気が危険なのは、その放電火花が点火源となるからである。
3. 静電気の有効な除去の手段として、接地の方法がある。
4. 引火性の液体は、一般に電気の不導体であり、流動、摩擦などにより静電気が発生しやすい。
5. 電気伝導率の大きい物質は、小さい物質より静電気が蓄積しやすい。

問7 静電気に関する説明として、次のうち誤っているものはどれか。

1. 静電気は固体だけでなく、気体、液体にも発生する。
2. 静電気の帯電量は、物質の絶縁抵抗が大きいものほど少ない。
3. ガソリン等の液体がパイプやホースの中を流れるときは、静電気が発生しやすい。
4. 2種類の電気の不導体を互いに摩擦すると、一方が正に、他方が負に帯電する。
5. 静電気の蓄積による放電火花は、可燃性ガスや粉じんのあるところでは、しばしば発火の原因となる。

問8 静電気に関する説明として、次のうち誤っているものはどれか。

1. 静電気が蓄積すると火花放電を生じることがある。
2. 静電気は、一般に物体の摩擦などによって発生する。
3. 物質に静電気が蓄積すると発熱し、その物質は蒸発しやすくなる。
4. 電気量を Q とし電圧を V とすると、静電気の電気エネルギー（ジュール）は、$E = \dfrac{1}{2}QV$ で表される。
5. 静電気は、湿度が低いと蓄積しやすい。

問題21　静　電　気

問9　石油類のように、非水溶性で伝導率（電気伝導度）の低い液体が配管中を流動すると静電気が発生する。次のA～Eの記述のうち、静電気の発生しやすい組合せはどれか。

A. 流速が大きい。
B. 配管内面の粗さが小さい。
C. 流れが乱れている。
D. 液温が低い。
E. 空気中の湿度が高い。

1. AとE　　2. BとD　　3. AとC　　4. CとD　　5. DとE

解答 & パーフェクト講義

問1　解答2

●電気の不導体や絶縁体（プラスチック、ガラス等＝電気が流れないもの）を摩擦すると、その物体に静電気が発生し帯電する。静電気が蓄積（帯電）すると火花放電を起こし点火源となる。

× 1. 静電気の蓄積を防止するためには、梅雨時のように湿度を高くすればよい。冬季のように低くすると、静電気が蓄積して危険性が増すので誤っている。
○ 2. 静電気による火花放電は、可燃性ガス（ガソリン等）や粉じん（石炭の粉）のあるところではしばしば点火源となる。
× 3. 電気導電性の高い（電気が流れやすい）銅やアルミニウム等は、低いガソリンやプラスチック等より静電気が発生しにくく、蓄積もしにくい。
× 4. ベンゼン等の電気を通しにくい非水溶性の液体は、パイプやホースの中を流れるとき流動摩擦等により静電気が発生しやすい。
× 5. 静電気の蓄積を防止するためには、接地（アース）等して静電気を逃がしてやればよい。電気絶縁性をよくする（電気が流れない）と、静電気が蓄積されて余計に危険性が増す。

問2　解答4

○ 1. 冬季に車から降りるとき、指先に「ビリッ」と小さなショックを感じるのは、人体に帯電した静電気が放電したためである。
○ 2. 静電気は電気の不導体であるガソリンや毛糸等に発生し帯電する。
○ 3. 静電気は固体（プラスチック等）だけでなく、液体（灯油等）にも帯電する。

× 4. ガソリンに静電気が蓄積しても電気が流れないので、電気分解作用が起こることはないし、引火しやすくなることもない。

○ 5. ポリエステル等の合成繊維の衣服は、木綿のものより静電気が発生しやすい。

問3 解答2

○ 1. 作業する場所の床や靴の電気抵抗が大きい（電気が流れにくい）と、静電気は漏れにくく（逃げにくく）なり蓄積量は多くなる。

× 2. 帯電した物体が放電するときの**エネルギーが大きければ（火花が大きい）、可燃性ガスは発火（引火）しやすくなり**、小さければ発火しにくくなる。

○ 3. 夏場に人体に帯電しないのは、汗や湿気により静電気が他に漏れる（逃げる）からである。

○ 4. 毛糸のコートとアクリルのセーターは、静電気の発生量が大きな着衣の組み合わせの一つで、毛糸はプラス側に、アクリルはマイナス側に帯電する。

○ 5. 大きな物体（接触面積が大きい）を強く摩擦（接触圧が大きい）すれば、静電気の発生量は多くなる。

問4 解答5

○ 1. 静電気を原因とするガソリン火災には、電気火災ではなく燃焼物（ガソリン）に適応した消火方法をとる。

○ 2. 流体（ガソリン等）の流速や撹拌速度などを遅くして摩擦等を少なくすると、静電気の発生が少なくなる。

○ 3. 静電気は、電気の不導体（毛糸やプラスチック等）の摩擦等によって発生する。

○ 4. 静電気の蓄積は、湿度の低い冬季などに特に起こりやすい。

× 5. **タンク類などを接地（アース）すれば静電気の蓄積防止策になるが、電気的に絶縁（アース線を取ると同じ意味）すれば静電気が蓄積して余計に危険である。**

問5 解答5

○ 1. 加圧された液体が、ノズル等から噴出するときは摩擦等が大きくなるので、静電気が発生しやすく帯電する。

○ 2. 液体が液滴となって空気中に放出されると、摩擦等が大きくなるので静電気

が発生し帯電する。
- ○3. 伝導率の低いガソリンや灯油等が配管を流れるとき、静電気が発生し帯電する。
- ○4. 静置した状態より、液体相互又は液体と粉体等とを混合・攪拌するときは、液体内や粉体との摩擦等により静電気が発生し帯電しやすい。
- ×5. 静電気の発生しやすいガソリンや灯油等が、直射日光に長時間さらされたとしても、流動や撹拌等しない限り静電気が発生したり帯電することはない。

問6 解答 5

- ○1. 静電気は、空気中の湿度を高くしたほうが漏れやすくなり蓄積しにくい。
- ○2. 静電気が危険なのは、その放電火花が点火源となるからである。
- ○3. 静電気の有効な除去の手段として、接地（アースを取る）の方法がある。
- ○4. 引火性の液体（ガソリン、灯油等）は一般に電気の不導体であり、流動、摩擦などにより静電気が発生しやすい。
- ×5. 電気伝導率の大きい物質（銅やアルミ等）は、小さい物質（ガソリンやベンゼン等）より静電気が蓄積しにくい。

問7 解答 2

- ○1. 静電気は固体（プラスチック等）だけでなく、気体（水蒸気等）、液体（ガソリン、ベンゼン等）にも発生する。
- ×2. 静電気の帯電量（蓄積した量）は、物質の電気抵抗が大きい（電気が流れない物質でプラスチックやガソリン等）ほど少ないのではなく多い。
- ○3. ガソリン等の非水溶性の液体がパイプやホースの中を流れるときは、流動摩擦等により静電気が発生しやすい。
- ○4. 不導体（電気の流れない）の化繊の布とプラスチック等を互いに摩擦すると、一方が正（＋）に、他方が負（－）に帯電する。
- ○5. 静電気の蓄積による放電火花は一瞬のスパークなので、時間が短く電気エネルギーは小さいが、可燃性ガス（ガソリン蒸気）や粉じんのあるところでは、しばしば発火の原因（点火源）となり危険である。

問8 解答 3

- ○1. 静電気が蓄積すると火花放電を生じ、それが点火源になることがある。

○2. 静電気は、一般に物体（化学繊維、ガソリン等の不導体＝絶縁体）の摩擦などによって発生し帯電する。

×3. **静電気が蓄積した毛糸のセーターが、発熱や蒸発したりすることはない。**

?4. 電気量を Q とし電圧を V とすると、静電気の電気エネルギー（ジュール）は、$E = \frac{1}{2} QV$ で表される。

○5. 車から降りるとき指先にビリッと静電気を感じたり、毛糸のセーターを脱ぐときにパチパチと音がでるのは、湿度の低い冬である。

出題分析アドバイス

4項はわからなくて？マークでも、3項が誤っているので正しいと判断できる。難しくてわかりづらい項目は、？マークをして無理に○×の印を付ける必要はない。最近の試験問題では難しい項目（本書で説明されていない等）が答えになることは、95％の確率でないのだから。

問9 解答 3

○A. ガソリンを計量機から車の燃料タンクに給油するとき、**ノズルの流速が大きいと流動摩擦等が激しくなり静電気が発生しやすい。**

×B. 配管の内壁表面の粗さが小さい（内面が滑らかなこと）と、流れが乱れることがないので静電気の発生は少ない。

○C. **流れが乱れると、流体内の内部摩擦等が激しくなり静電気が発生しやすい。**

×D. 液温の高低は、静電気の発生に影響しない。

×E. 空気中の湿度が高いと、配管の表面が湿る等して静電気が漏れ発生も帯電も少なくなる。

×1. AとE　　×2. BとD　　○3. AとC　　×4. CとD　　×5. DとE

問題 22-1 物質の三態、比重、沸騰、気体の性質、潮解・風解

合格のポイント！

1 物質の三態

☑ **1. 物質の三態**

① 物質は、条件（温度や圧力）によって固体、液体、気体に変化する。これを、物質の三態という。

〈物質の三態の図〉

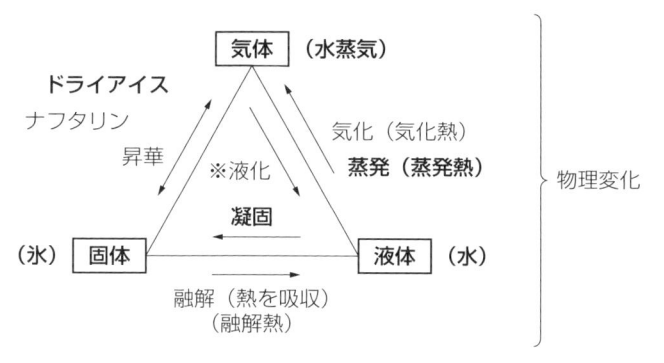

```
                気体 （水蒸気）
ドライアイス    ／↑  ↓＼
ナフタリン     ／   気化（気化熱）
    昇華    ／ ※液化  蒸発（蒸発熱）  ⎫
         ／                         ⎬ 物理変化
        凝固                        ⎭
（氷） 固体 ─────────→ 液体 （水）
         融解（熱を吸収）
         （融解熱）
```

※気体が液体になることを液化又は凝縮という

② **熱の吸収・放出**
- 固体の氷は、**熱を吸収**して水になる。
- 気体の水蒸気は、**熱を放出**して水になる。

2 比重と密度

☑ **1. 液体（固体）の比重**

① 標準の水の比重は → 1.0（4℃のときが一番大きい）
② 液比重が0.75のガソリンは、水の0.75倍の重さ（水よりも軽いので浮く → 非水溶性物質が条件）
③ 比重が水より重いもの一覧（試験に関連するもの）

水に溶けない危険物		水に溶ける危険物	
二硫化炭素	1.3	酢酸	1.05
ニトロベンゼン	1.2	エチレングリコール	1.1
クロロベンゼン	1.1	グリセリン	1.3

〈水の比重〉

0℃	0.999
4℃	1.000
20℃	0.998
100℃	0.958

☑ 2. 気体（蒸気）の比重

① 標準の空気の比重→1.0
② 蒸気比重（気体の比重）が3～4のガソリンは、空気より重いので低いところに滞留し危険である。
③ 第4類の危険物の蒸気比重→すべて1以上で空気より重い。

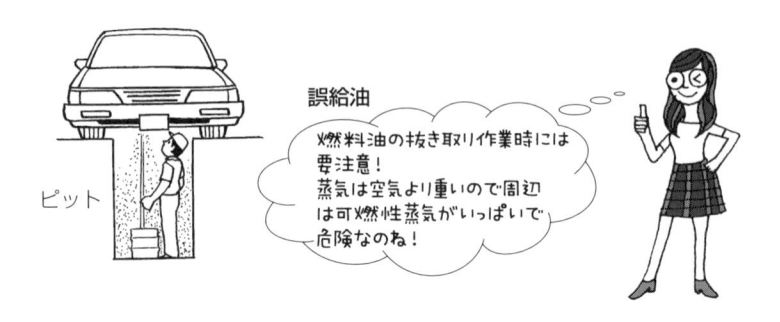

誤給油
燃料油の抜き取り作業時には要注意！
蒸気は空気より重いので周辺は可燃性蒸気がいっぱいで危険なのね！

ピット

☑ 3. 図による比重の概要

・ガソリンの蒸気は空気より重いので、地面に沿って低く遠くへ流れる。
・くぼみがあると滞留する。このため、低所の換気をして高所に排出する。

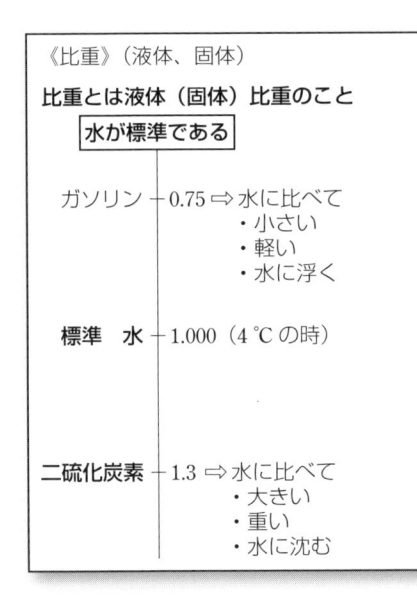

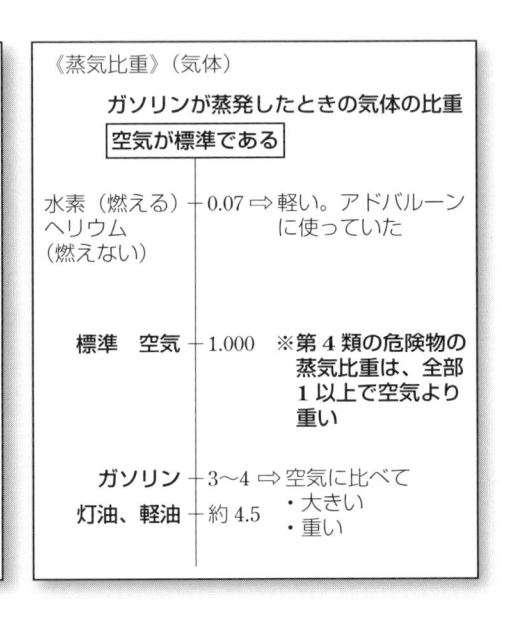

《比重》（液体、固体）

比重とは液体（固体）比重のこと
水が標準である

ガソリン ― 0.75 ⇒ 水に比べて
・小さい
・軽い
・水に浮く

標準　水 ― 1.000（4℃の時）

二硫化炭素 ― 1.3 ⇒ 水に比べて
・大きい
・重い
・水に沈む

《蒸気比重》（気体）

ガソリンが蒸発したときの気体の比重
空気が標準である

水素（燃える）― 0.07 ⇒ 軽い。アドバルーンに使っていた
ヘリウム
（燃えない）

標準　空気 ― 1.000　※第4類の危険物の蒸気比重は、全部1以上で空気より重い

ガソリン ― 3～4 ⇒ 空気に比べて
灯油、軽油 ― 約4.5　・大きい
・重い

3 沸騰と沸点

① 沸点とは、液体の飽和蒸気圧が外気の圧力に等しくなるときの、液温をいう。
② 水の沸点は、100℃である。ガソリンの沸点は 40 ～ 220℃である。
③ 沸点が低い液体ほど蒸発しやすく引火の危険性が高い。特殊引火物、ガソリン等。
④ 沸点は加圧すると高くなり、減圧すると低くなる。
　・車のラジエータは加圧の状態→冷却水は約 120℃で沸騰

外気圧が高いと、沸点は高くなる。

　・富士山の頂上は減圧の状態→水は約 90℃で沸騰
⑤ 水に不揮発性物質（食塩、砂糖等）が溶け込むと、沸点は高くなる。

大気圧
（1気圧・外圧・外気圧ともいう）

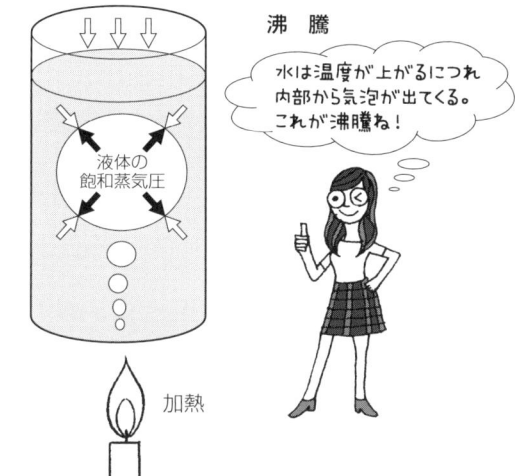

液体の飽和蒸気圧

沸騰
水は温度が上がるにつれ内部から気泡が出てくる。これが沸騰ね！

加熱

4 気体の性質（ボイルの法則等）

☑ 1. 気体の体積と圧力
気体を圧縮して圧力を2倍にすると、体積は 1/2（半分）となる。
$P_1 V_1 = P_2 V_2$　　　（P：圧力　V：体積）

☑ 2. 気体の体積と温度
① 圧力が一定ならば、気体は温度が1℃上昇するごとに、0℃のときの体積の

1/273（273分の1）ずつ体積を増す。

② 273℃上がれば、体積は2倍になる。体積が変わらなければ圧力が2倍になる。

5 潮解・風解

☑ 1. 潮　解
固体が空気中の水分を吸収して、自ら溶ける現象（食塩、塩素酸ナトリウム等）。

☑ 2. 風　解
固体（結晶水を含んだ物質）の水分が蒸発して粉末状になる現象。

よく出題される　問題

☑ 1. 物質の三態

問1 物質の状態変化について、次のうち正しいものはどれか。

1. 一般に融点は、沸点より高い。
2. 固体が液体になることを凝固という。
3. 固体は気体になることはない。
4. 気体が液体になることを凝縮という。
5. 融点12℃の物質は、常温（20℃）では固体である。

☑ 2. 蒸発と沸騰

問2 沸点について、次のうち正しいものはどれか。

1. 沸点は外圧が高くなれば低くなる。
2. 水に食塩を溶かした溶液の1気圧における沸点は、100℃より低い。
3. 沸点とは、液体の飽和蒸気圧が外圧と等しくなったときの液温である。
4. 可燃性液体の沸点は、いずれも100℃より低い。
5. 沸点の高い液体ほど蒸発しやすい。

問3 次の文章の（　）内のA～Cに当てはまる語句の組合せとして、正しいものはどれか。

「液体の蒸気圧は、温度の上昇とともに（A）する。その飽和蒸気圧が、大気の圧力に等しくなるときの（B）が沸点である。したがって、大気の（C）が低いと沸点も低くなる。」

	〈A〉	〈B〉	〈C〉
1.	減少	温度	圧力
2.	増大	湿度	温度
3.	減少	圧力	温度
4.	増大	温度	圧力
5.	減少	圧力	湿度

3. 比重と密度

問 4 比重についての説明で、次のうち誤っているものはどれか。

1. 水の比重は、4℃のときが最も大きい。
2. 第4類の危険物の蒸気比重は、1より小さい。
3. 氷の比重は、1より小さい。
4. ガソリンが水に浮かぶのは、ガソリンが水に不溶で、かつ比重が1より小さいからである。
5. 二硫化炭素は、水より重い。

問 5 次のうち正しいものはどれか。

1. 2つの物質の分子式が同じであれば、化学的性質は全く同じである。
2. 黄りんと赤りんは同素体であるから、化学的性質は全く同じである。
3. 比重が同じであれば、同一体積の物体の質量は同じである。
4. 2つの物質の体積が同じであれば、その質量は同じである。
5. 沸点が同じであれば、必ず同一物質である。

4. 潮解・風解

問 6 潮解の説明として、次のうち正しいものはどれか。

1. 物質が空気中の水蒸気と反応して、固化する現象。
2. 物質の中に含まれている水分が放出されて、粉末になる現象。
3. 固体が空気中の水分を吸収して、その水に溶ける現象。
4. 物質が空気中の水蒸気と反応して、性質の異なった2つ以上の物質になる現象。
5. 水溶液の水分が蒸発して、溶質が析出する現象。

問7 用語の説明として、次のうち誤っているものはどれか。

1. 沸点とは、液体の飽和蒸気圧が外気の圧力に等しくなるときの液体の温度をいう。
2. 化合物とは、化学的方法によって2種類以上の物質に分解でき、また、化合によって合成できるものをいう。
3. 混合物とは、各々の物質が互いに化学結合せずに混ざりあったものをいう。
4. 昇華とは、固体が直接気体になる現象又はその逆の現象をいう。
5. 風解とは、固体が空気中の水分を吸収して溶ける現象をいう。

解答 & パーフェクト講義

☑ **1. 物質の三態**

問1 解答 4

- × 1. 氷が融けて水になる融点は0℃であり、水が沸騰する沸点は100℃である。**融点は必ず沸点より低い。**
- × 2. 固体の氷が融けて液体の水になることを融解という。**凝固は誤っている。**
- × 3. 固体のドライアイスは、液体を経ず直接気体になる（昇華という）。
- ○ 4. **気体の水蒸気が液体の水になることを凝縮という。**
- × 5. 融点12℃の物質は12℃で固体から液体に変化するので、<u>12℃以上の常温（20℃）では液体である。</u>

☑ **2. 蒸発と沸騰**

問2 解答 3

- × 1. 沸点は加圧した（外圧が高いと同じ）ラジエータでは高くなる。
- × 2. 水に不揮発性物質の食塩を溶かすと沸点は、<u>100℃より低いではなく高くなる。</u>
- ○ 3. **沸点とは、液体の飽和蒸気圧が外圧と等しくなったときの液温である。**
- × 4. 沸点はアセトアルデヒド21℃、トルエン111℃で、100℃より低いものもあり高いものもあるので誤っている。
- × 5. 沸点の温度で蒸発するので、<u>沸点の低い液体ほど蒸発しやすい。</u>

問3 解答4　A：増大　　B：温度　　C：圧力

「液体の蒸気圧は、温度の上昇とともに（A：**増大**）する。その飽和蒸気圧が、大気の圧力に等しくなるときの（B：**温度**）が沸点である。したがって、大気の（C：**圧力**）が低いと沸点も低くなる。」

☑ 3．比重と密度

問4 解答2

考え方 Point!!　●比重→液体（固体）の比重である。気体の場合は、蒸気比重という。

○ 1．水の比重は4℃のときが最も大きく、0℃でも100℃でもそれより小さい。
× 2．第4類の危険物の蒸気比重（気体の比重）は、**全部1より大きく**（ガソリンは3～4）**空気より重い**。
○ 3．氷は0℃以下なので、比重は1より小さい。
○ 4．ガソリンが水に浮かぶのは、ガソリンが水に不溶（非水溶性）で、かつ、比重が1より小さい（軽い）からである。
○ 5．二硫化炭素は比重が1.3で、水より重い危険物の一つである。

問5 解答3

× 1．2つの物体の分子式が同じであっても、性質が異なるもの（異性体等）があるので誤っている。
× 2．黄りんと赤りんは同素体であるので、化学的性質は異なっている。
○ 3．**比重が1の水1ℓ（体積）と比重1の潤滑油1ℓの質量は同じである**。
× 4．2つの物体の体積が同じであっても、比重が異なればその質量は異なる。
× 5．ベンゼンとエチルメチルケトンの沸点は80℃で同じであるが、同一物質ではない。

☑ 4．潮解・風解

問6 解答3

× 1．潮解とは、物質が空気中の水蒸気と反応して固化する現象ではない。
× 2．物質の中に含まれている水分が放出されて、**粉末になる現象を風解という**。
○ 3．**固体の食塩が、梅雨時に空気中の水分を吸収してその水に溶解する（しける）**

現象を潮解という。

× 4. 空気中の水蒸気と反応して、性質の違う2つ以上の物質になる現象ではない。

× 5. 潮解とは、水溶液の水分が蒸発して溶質が析出する現象ではない。

問7　解答5

○ 1. 沸点とは、液体の飽和蒸気圧が外気の圧力に等しくなるときの液体の温度をいう。→**沸点の定義**であり正しい。

○ 2. 化合物とは、化学的方法によって2種類以上の物質に分解でき、また、化合によって合成できるものをいう。→**化合物の定義**であり正しい。

○ 3. 混合物とは、各々の物質が互いに化学結合せずに混ざりあったものをいう。→**混合物の定義**であり正しい。

○ 4. 昇華とは、固体が直接気体になる現象又はその逆の現象をいう。

× 5. 風解とは、固体（結晶水を含んだ物質）の水分が蒸発して粉末状になる現象をいい、固体が空気中の水分を吸収して溶ける現象は潮解なので誤っている。

出題分析アドバイス
2項の化合物、3項の混合物は、化学の問題でよく答えになる重要な項目なので、きっちりと最後まで読んで、○印を付けて覚えるようにしよう！

問題 22-2 比熱と熱容量、熱量の計算、熱の移動、液体（ガソリン）の膨張計算、湿度、物理総合

1 比熱と熱容量

☑ 1. 比熱と熱容量
① 比熱→物質 1 g の温度を 1 K（1 ℃）だけ上昇させるのに必要な熱量。
- 比熱の大きい水は、温めにくく冷めにくいので、この性質を利用して湯たんぽに使っている。
- また、燃焼物から熱を奪う作用が大きいので、消火に利用される。

② 熱容量→ある物体の温度を 1 K だけ上昇させるのに必要な熱量。

☑ 2. 熱容量の計算式
熱容量 = 質量 × 比熱 $C = mc$
- 重さが 1 g であれば、比熱と熱容量の値は同じである。

2 熱量の計算

熱量〔J〕= 質量〔g〕× 比熱 × 温度差〔℃〕

3 熱の移動

熱の伝わり方には、伝導、対流、放射（ふく射）の3つがある。

☑ 1. 伝 導
熱が高温部から低温部へと伝わっていく現象を伝導という。

　　　　　　　　大　　中　　小
① 熱伝導率の大きさは、固体＞液体＞気体の順で固体が一番大きい。
② 熱伝導率の小さいものほど熱が伝わりにくく燃えやすい。
③ アルミニウムのような金属も粉にすれば（微粉化）、見かけ上の熱伝導率が小さくなり燃えやすくなる。

☑ 2. 対 流
鉄釜のふろで湯を沸かすと、火に近い下部よりも上部が温かくなる現象（水は温まると比重が小さくなり上部に移動する）。
また、ストーブを使うと、床面より天井のほうが温かくなる等。
対流は液体と気体に起こる。固体に対流は起こらない。

☑ 3. 放 射
太陽に照らされると、熱が真空中や空気中を伝わって体が温かくなる現象。

4 液体（ガソリン）の膨張計算
① タンクや容器に液体の危険物を入れる場合に**空間容積を必要とする理由は？**
→**液体の体膨張による容器の破損を防ぐため**（物体は温度が高くなるにつれて体積が増える。膨張しない容器であれば、圧力が高くなる）。

② 体膨張率：固体＜液体＜気体　　気体が一番大きい。
　　　　　　　小　　中　　大

③ ガソリンの膨張計算（ガソリン以外の液体でも計算式は同じ。体膨張率は異なる）

| ガソリンの膨張した分〔l〕 | ＝ | ガソリンの元の体積〔l〕 | × | ガソリンの体膨張率 | × | 温度差〔℃〕 |

5 湿度、物理総合
① **空気中に含まれている水蒸気の量を湿度という。**
② **相対湿度→空気に最大限含みうる水蒸気量の何％を含んでいるのかで表す。**

よく出題される問題

☑ 1. 比熱と熱容量

問1 熱容量について、次のうち正しいものはどれか。

1. ある物質の温度を1K（ケルビン）だけ高めるのに必要な熱量である。
2. 物質を収納している容器の比熱のことである。
3. 物体に1Jの熱量を与えたときの温度上昇率のことである。
4. 物質1kgの比熱のことである。
5. 比熱に密度を乗じたものである。

問2 比熱が c で質量が m の物体の熱容量 C を表す式として、次のうち正しいものはどれか。

1. $C = mc$　　2. $C = mc^2$　　3. $C = m^2c$　　4. $C = m/c^2$　　5. $C = c/m^2$

問題 22-2　比熱と熱容量、熱量の計算、熱の移動、液体（ガソリン）の膨張計算、湿度、物理総合

☑ 2．熱量の計算

問3　ある液体 200 g を 10℃から 35℃まで高めるのに必要な熱量として、次のうち正しいものはどれか。
ただし、この液体の比熱は 1.26 J/(g・K) とする。

1. 4.2 kJ　　2. 6.3 kJ　　3. 8.8 kJ　　4. 21.0 kJ　　5. 29.4 kJ

問4　0℃で 100 g の液体に 12.6 kJ の熱量を与えたら、この液体の温度は何度になるか。ただし、比熱は 2.1 J/(g・K) とする。

1. 40℃　　2. 45℃　　3. 50℃　　4. 55℃　　5. 60℃

☑ 3．熱の移動

問5　熱の移動の説明で、次のうち誤っているものはどれか。

1. ストーブに近付くと、ストーブに向いているほうが温かくなるのは、放射熱によるものである。
2. ガスコンロで水を沸かすと水の表面が温かくなるのは、熱の伝導によるものである。
3. コップに湯を入れるとコップが温かくなるのは、熱の伝導によるものである。
4. 冷房装置で冷やされた空気により室内全体が冷やされるのは、熱の対流によるものである。
5. 太陽で地上の物が温められて温度が上昇するのは、放射熱によるものである。

問6　熱の移動に関する説明で、次のA、Bに当てはまる語句で正しいものはどれか。

「物体と熱源との間に液体が存在するときには、液体は一般に温度が高くなると比重が小さくなるので上方に移動し、それで物体に熱が伝わる。これが（A）による熱の伝わり方である。しかし、熱源と物体との間に何もなく、真空である場合にも熱は伝わる。太陽により地上の物体が暖められ、温度が上がるのはこの例であって、このような熱の伝わり方を（B）と呼ぶ。」

	〈A〉	〈B〉
1.	対流	伝導
2.	伝導	放射
3.	伝導	対流
4.	対流	放射
5.	放射	伝導

問7 熱の移動の仕方には、伝導、対流及び放射の3つがあるが、次のA～Eのうち主として対流が原因であるものはいくつあるか。

　A. 天気の良い日に屋外の日光浴で体が暖まった。
　B. ストーブで灯油を燃焼していたら、床面より天井近くの温度が高くなった。
　C. 鉄棒を持ってその先端を火の中に入れたら、手元の方まで次第に熱くなった。
　D. 風呂を沸かしたら、上のほうが下より温かくなった。
　E. アイロンを掛けたら、その衣類が熱くなった。

1. 1つ　　2. 2つ　　3. 3つ　　4. 4つ　　5. 5つ

4. 液体（ガソリン）の膨張計算

問8 0℃のガソリン1 000 lを徐々に温めたら1 020 lになった。このときの液温に最も近いものは、次のうちどれか。ただし、ガソリンの体膨張率は$1.35×10^{-3} K^{-1}$で、蒸発はないものとする。

1. 5℃　　2. 10℃　　3. 15℃　　4. 20℃　　5. 25℃

5. 湿度、物理総合問題

問9 次のうち正しいものはどれか。

1. 水の比熱は、エタノールより小さい。
2. 水の熱伝導率は、銀より大きい。
3. 濃い食塩水の凍結温度（氷点）は、普通の飲料水より低い。
4. 熱の対流は、液体及び固体だけに起こる現象である。
5. 水の体膨張率は、空気より大きい。

解答 & パーフェクト講義

1. 比熱と熱容量

問1 解答 1

●この問題では、熱容量の定義の項を確認することが大切である。

○1. 熱容量とは、ある物質の温度を1 K（ケルビン）だけ高めるのに必要な熱量であり正しい。→熱容量の定義
×2. 熱容量とは、物質を収納している容器の比熱のことではない。
×3. 物体に1 Jの熱量を与えたときの温度上昇率のことではない。

問題22-2　比熱と熱容量、熱量の計算、熱の移動、液体（ガソリン）の膨張計算、湿度、物理総合

× 4．熱容量とは、物質1kgの比熱のことではない。
× 5．比熱に質量を乗じた（×＝掛ける）ものを熱容量という。密度は誤っている。

問2 解答1

○ 1. $C = mc$　　× 2. $C = mc^2$　　× 3. $C = m^2c$　　× 4. $C = m/c^2$
× 5. $C = c/m^2$

☑ 2．熱量の計算

問3 解答2

「ある液体200gを10℃から35℃まで高めるのに必要な熱量として、次のうち正しいものはどれか。ただし、この液体の比熱は1.26J/(g・K)とする。」

解法のtechnique　★熱量の計算式

　　熱量〔J〕＝質量〔g〕×比熱×温度差〔℃〕

① 熱量の計算

　$x = 200\,\text{g} \times 1.26\,\text{J/g·K} \times (35-10)\,℃$
　$x = 200 \times 1.26 \times (35-10) = 200 \times 1.26 \times 25$
　$x = 2 \times 100 \times 1.26 \times 25 = 2 \times 25 \times 100 \times 1.26$
　$x = 50 \times 126 = 6\,300\,\text{J}$

② J（ジュール）からkJ（キロジュール）への換算（mからkmへの換算と同じ）

求める熱量 x は6 300Jとなるが答えはkJで求められているので、1 000で割ると答えが出る。

　$6\,300\,\text{J} \div 1\,000 = 6.3\,\text{kJ}$

× 1. 4.2 kJ　　○ 2. **6.3 kJ**　　× 3. 8.8 kJ　　× 4. 21.0 kJ　　× 5. 29.4 kJ

問4 解答5

考え方のPoint!!　●温度差の項を x として計算し、出た数値に元の温度0℃をプラスすればよい。

「0℃で100gの液体に12.6kJの熱量を与えたら、この液体の温度は何度になるか。ただし、比熱は2.1J/(g・K)とする。」

解法のtechnique　★① 与えられた熱量の換算→kJからJへ（1 000倍すればよい）

　　　　　$12.6\,\text{kJ} = 12.6\,\text{kJ} \times 1\,000 = 12\,600\,\text{J}$

② 熱量の計算→ 12 600 J の熱量で、この液体は何℃上がるのか？
   熱量〔J〕＝質量〔g〕×比熱×温度差〔℃〕
   12 600 J = 100 g × 2.1 J/(g・K) × x〔℃〕
   12 600 = 100 × 2.1 × x
   100 × 2.1 × x = 12 600
   210x = 12 600   x = 60   *よって、60℃上がる。

③ 0℃の液体は、何℃になるのか？
   0℃ + 60℃ = 60℃   *よって、60℃の5項が答えである。
   × 1. 40℃   × 2. 45℃   × 3. 50℃   × 4. 55℃   ○ 5. **60℃**

☑ 3. 熱の移動

問5 解答 2

○ 1. ストーブに近付くと温かくなるのは、放射熱によるものである。
× 2. ガスストーブで水を沸かすと水の表面が温かくなるのは、**熱の伝導によるものではなく対流によるものである。**
○ 3. コップに湯を入れるとコップが温かくなるのは、熱の伝導によるものである。
○ 4. 冷房装置で室内全体が冷やされるのは、熱の対流によるものである。
○ 5. 太陽で地上の物が温められて温度が上昇するのは、放射熱によるものである。

出題分析アドバイス 各項は最後まできっちりと読んで○×印を付けてほしい。**熱の移動の問題では、対流が答えになる出題が多い**（最近の出題傾向より）。

問6 解答 4

「物体と熱源との間に液体が存在するときには、液体は一般に温度が高くなると比重が小さくなるので上方に移動し、それで物体に熱が伝わる。これが（A：**対流**）による熱の伝わり方である。しかし、熱源と物体との間に何もなく、真空である場合にも熱は伝わる。太陽により地上の物体が暖められ、温度が上がるのはこの例であって、このような熱の伝わり方を（B：**放射**）と呼ぶ。」

　　　　〈A〉　　　　〈B〉
× 1. 対流○　　伝導×
× 2. 伝導×　　放射○
× 3. 伝導×　　対流×
○ 4. **対流**○　　**放射**○

問題22-2　比熱と熱容量、熱量の計算、熱の移動、液体（ガソリン）の膨張計算、湿度、物理総合

× 5. 放射 × 　　　伝導 ×

問7　解答 2

× A. 天気の良い日に屋外の日光浴で体が暖まったのは、放射熱によるものである。
○ B. ストーブの燃焼で床面より天井近くの温度が高くなったのは、熱の対流によるものである。
× C. 鉄棒の先端を火の中に入れたら手元の方まで次第に熱くなったのは、熱の伝導によるものである。
○ D. 風呂を沸かしたら上のほうが下より温かくなったのは、対流によるものである。
× E. アイロンを掛けたら衣類が熱くなったのは、熱の伝導によるものである。

× 1. 1つ　　○ 2. 2つ　　× 3. 3つ　　× 4. 4つ　　× 5. 5つ

4．液体（ガソリン）の膨張計算

問8　解答 3

「0℃のガソリン1 000 *l* を徐々に温めたら1 020 *l* になった。このときの液温が最も近いものは、次のうちどれか。ただし、ガソリンの体膨張率は$1.35 \times 10^{-3} \mathrm{K}^{-1}$で、蒸発はないものとする。」

解法のtechnique　★ガソリンの膨張計算式

| ガソリンの膨張した分〔*l*〕 | ＝ | ガソリンの元の体積〔*l*〕 | × | ガソリンの体膨張率 | × | 温度差〔℃〕 |

① ガソリンの増加した分の計算
　1 020 *l* − 1 000 *l* = 20 *l*
② 液温の計算
温度差の項を x として計算し、出た数値に元の温度0℃をプラスすればよい。

$20\, l = 1\,000\, l \times 1.35 \times 10^{-3} \mathrm{K}^{-1} \times x\,〔℃〕$

$20 = 1\,000 \times 1.35 \times \dfrac{1}{1\,000} \times x$

$20 = 1.35 \times x \rightarrow 1.35 \times x = 20 \rightarrow 1.35 x = 20$

$x = \dfrac{20}{1.35} \fallingdotseq 14.8\,℃$

よって元の 0℃ + 14.8℃ = 14.8℃　　＊一番近いのは 3 項の 15℃となる。
× 1. 5℃　　　× 2. 10℃　　　○ 3. 15℃　　　× 4. 20℃　　　× 5. 25℃

☑ 5．湿度、物理総合問題

問9 解答 3

× 1. 水の比熱は、エタノールより小さいではなく大きい。
× 2. 水の熱伝導率は、銀より大きいではなく小さい。熱伝導率は固体が一番大きい。
○ 3. 濃い食塩水の凍結温度（氷点）は、0℃以下で普通の飲料水より低い。
× 4. 熱の対流は、液体及び気体だけに起こり固体には起こらない。
× 5. 水の体膨張率は、空気より小さい。体膨張率は気体が一番大きい。

問題 23 物理変化・化学変化、単体・化合物・混合物、化学反応・熱化学他

1 物理変化・化学変化

☑ 1. 物理変化

形や大きさが変化するだけで、本質は変化しない（元に戻りやすい変化）。
① 物質の三態の変化→氷が融けて水になる。ドライアイスが昇華する。
② 原油を蒸留してガソリンや灯油、軽油を造る。
③ ガソリンが流動して静電気が発生した。
④ ニクロム線に電気を通じると赤熱する。
⑤ 弾性限界までバネが伸びきった。

☑ 2. 化学変化

性質の異なるまったく別な物質になること（元に戻りにくい変化）。
① 木炭が燃焼して二酸化炭素ができた（化合、酸化、燃焼）。
② ガソリンやアルコール等が燃焼して、二酸化炭素と水蒸気（水）が発生した（化合、酸化、燃焼）。
③ 鉄が空気中で錆びて、ぼろぼろになる（化合、酸化）。
④ 酸化第二銅を水素気流中で熱すると、金属銅が得られる（還元）。
⑤ 乾性油が空気中で徐々に硬化した（化合、酸化）。
⑥ 塩酸と亜鉛を接触させたら水素が発生した（化合）。

＜物理変化＞
気体（水蒸気）
固体（氷）　液体（水）
物質の三態
静電気
本質は変わらない

＜化学変化＞
二酸化炭素（CO_2）や水（H_2O）などへ変化
ガソリンの燃焼
性質が全く異なる物質になる

☑ 3. 試験によく出る化学変化

化学変化の種類
　酸化、還元、中和、燃焼、爆発、化合、分解、重合

2 単体・化合物・混合物

☑ **1. 単体→1種類の元素からできている物質**
酸素（O_2）、水素（H_2）、炭素（C）、硫黄（S）、窒素（N_2）、ナトリウム（Na）等

☑ **2. 化合物→2種類以上の元素からできている物質**
水（H_2O）、二酸化炭素（CO_2）、塩化ナトリウム＝食塩（NaCl）、エタノール＝エチルアルコール（C_2H_5OH）、硝酸（HNO_3）等

☑ **3. 混合物→2種類以上の物質が単に混じり合ったもの**

　　　　　　　$O_2 + N_2$　　　　　　　　$NaCl + H_2O$
空気（酸素＋窒素）や食塩水（食塩＋水）
その他の混合物：ガソリン、灯油、軽油、重油等の石油（石油製品）

3 化学反応・熱化学他

☑ **1. 反応熱**
発熱反応（＋の反応熱）→熱の発生を伴う反応
吸熱反応（－の反応熱）→熱の吸収を伴う反応

☑ **2. 炭素の燃焼**
① 完全燃焼→炭素が燃焼して直接二酸化炭素になるとき。
　$C + O_2 = CO_2 + 394.3$ kJ（発熱反応）
② 不完全燃焼→炭素が一酸化炭素を経て2段階の燃焼をするとき。
　$C + 1/2 O_2 = CO + 110.6$ kJ（発熱反応）
　$CO + 1/2 O_2 = CO_2 + 283.7$ kJ（発熱反応）

注意 炭素が不完全燃焼すると、有毒な一酸化炭素（CO）が生じる。また、すすが多く出る。

＊最近の関連問題
二酸化炭素の1分子は、炭素1原子と酸素2原子からなっている　　　答（○）
→二酸化炭素1分子はCO_2で表され、炭素1原子（C_1）と酸素2原子（O_2）からなっている。

☑ **3. 化学反応式**
① 化学反応式の見方
　$C + O_2 → CO_2$

- 化学反応式では、同じ種類の原子の数は矢印を境（反応前と反応後）にして左右両辺で等しくなる。

☑ 4. 溶　液

食塩　+　水　→　食塩水
（溶質）（溶媒）　（溶液）

☑ 5. 溶解度

① **固体の溶解度**→液温が高くなると、塩や砂糖は溶けやすくなり**溶解度は大きく**なる。
② **気体の溶解度**→固体とは逆で、ビールやコーラは**液温が高くなると溶解度が低下**して、溶け込んでいる二酸化炭素（気体）が泡となって多量に出る。

☑ 6. 濃　度

溶液と溶質の量の比を溶液の濃度といい、溶液 1 l 中に溶けている溶質を物質量（モル）で表した濃度をモル濃度という。単位は mol/l で表す。

よく出題される　問題

☑ 1. 物理変化・化学変化

問1 次の A～E の変化で、化学変化はいくつあるか。

A. ドライアイスを放置したら小さくなった。
B. 鉄が錆びて、ぼろぼろになった。
C. 紙が濃硫酸に触れて黒くなった。
D. 氷がとけて水になった。
E. ナフタリンが昇華した。

1. 1つ　　2. 2つ　　3. 3つ　　4. 4つ　　5. 5つ

☑ 2. 単体・化合物・混合物

問2 酸素の性状等について、次のうち誤っているものはどれか。

1. 無色無臭の気体である。
2. 空気中に約 21 vol% 含まれている。
3. 実験的には、過酸化水素を分解してつくる。

4. 高温では、一部の貴金属、希ガス元素を除き、ほとんどすべての元素と反応する。
5. 酸素の同素体としてオゾンがあるが、両者の性状はほぼ同一である。

問3 化合物と混合物について、次のうち誤っているものはどれか。

1. 空気は、主に窒素と酸素の混合物である。
2. ガソリンは、種々の炭化水素の化合物である。
3. 食塩水は、水と塩化ナトリウムの混合物である。
4. 水は、水素と酸素の化合物である。
5. 二酸化炭素は、炭素と酸素の化合物である。

問4 次の物質の組合せのうち、単体、化合物および混合物の3種類に分類した場合、混合物のみのものはどれか。

1. 硝酸、酸素
2. 硝酸、塩化ナトリウム
3. 酸素、空気
4. 石油、空気
5. 塩化ナトリウム、水銀

問5 次の文の（ ）内の（A）および（B）の語句の組合せで、正しいものはどれか。

「黄りんや硫黄は、1種類の元素からなっているので（A）であるが、（B）は、2種類以上の物質が混じった状態で存在しているので混合物である。」

　　　〈A〉　　　〈B〉
1. 化合物　　　空気
2. 同素体　　　水
3. 単体　　　　ガソリン
4. 単体　　　　エタノール
5. 化合物　　　酸素

難 レベルアップ 問題

問6 混合物の分離や精製についての説明で、正しいものの組合せはどれか。

A. 再結晶………固体を溶媒に溶かし、溶解度の差を利用して結晶を析出させ、分離、精製する。
B. 蒸留…………溶媒に対する溶解度の差を利用し、混合物から特定物質を溶かし出す。
C. ろ過…………液体とその液体に混ざっている固体の物質を、ろ紙などを用いて分離する。
D. 抽出…………液体を含む混合物を熱で沸騰させ、その蒸気を冷やして液体の分離、精製を行う。

1. AとB　　2. AとC　　3. BとC　　4. BとD　　5. CとD

3. 化学反応・熱化学他

問7 炭素が燃焼するときの熱化学方程式は次のとおりである。
　　　$C + 1/2\,O_2 = CO + 110\,kJ$ ………（A）
　　　$C + O_2 = CO_2 + 395\,kJ$ ………（B）
この方程式から考えて、次の記述のうち正しいものはどれか。ただし炭素の原子量は12、酸素の原子量は16である。

1. 炭素が完全燃焼するときは（A）式で、又不完全燃焼するときは（B）式で表される。
2. 二酸化炭素の1 molは28 gである。
3. 二酸化炭素の1分子は、炭素1原子と酸素2原子からなっている。
4. 炭素12 gが完全燃焼すると、二酸化炭素28 gが生じる。
5. A、Bの両式とも吸熱反応による酸化反応である。

レベルアップ問題

問8 一般的な物質の反応速度について、次のうち正しいものはどれか。

1. 触媒は反応速度に影響しない。
2. 気体の反応では、反応物質の濃度は気体の分圧に反比例するので、分圧が低いほど気体の反応速度は大きくなる。
3. 固体では、反応物との接触面積が大きいほど反応速度は小さくなる。
4. 温度が上がると、反応速度は小さくなる。
5. 反応物の濃度が高いほど、反応速度は大きくなる。

難 レベルアップ 問題

問9 ある物体の反応速度が10℃上昇するごとに3倍になるとすれば、温度が10℃から50℃になったとき、反応速度は何倍になるか。

1. 12倍
2. 15倍
3. 81倍
4. 120倍
5. 160倍

難 レベルアップ 問題

問10 物質が酸化反応をする次の熱化学方程式のうち、発光があったとしても燃焼でないものはどれか。

1. $C + O_2 = CO_2 + 394\ kJ$
2. $Al + \dfrac{3}{4} O_2 = \dfrac{1}{2} Al_2O_3 + 836\ kJ$
3. $C_2H_5OH + 3O_2 = 2CO_2 + 3H_2O + 1\,368\ kJ$
4. $N_2 + \dfrac{1}{2} O_2 = N_2O - 74\ kJ$
5. $C_3H_8 + 5O_2 = 3CO_2 + 4H_2O + 2\,220\ kJ$

解答 & パーフェクト講義

☑ **1. 物理変化・化学変化**

問1 解答 2

●物質の三態の変化は、すべて物理変化と覚えておけば答えが出る問題である。

　　p.181 の 1. 物質の三態を確認しよう！

× A. ドライアイスを放置したら小さくなった。→**物質の三態の変化（昇華）で物理変化**

○ B. 鉄が錆びて、ぼろぼろになった。→**化学変化**

○ C. 紙が濃硫酸に触れて黒くなった。→**化学変化**

× D. 氷がとけて水になった。→**物質の三態の変化（融解）で物理変化**

× E. ナフタリンが昇華した。→物質の三態の変化で物理変化

× 1. 1つ　　○ 2. 2つ　　× 3. 3つ　　× 4. 4つ　　× 5. 5つ

得点力UPのツボ
物理・化学は法令や性質に比べて、他の項目を調べない（覚えていなければ）と答えが出ない問題が多くあります。わからなかったり間違ったら、合格のポイント、考え方のポイント、出題分析アドバイスの確認事項をきっちりと読んで、一歩一歩階段を上ろう！

☑ 2. 単体・化合物・混合物

問2 解答 5

○ 1. 酸素は無色無臭の気体である。もし、色や臭いがあれば、生活等に支障が出る可能性がある。
○ 2. 酸素は空気中に約 21 vol%含まれており、残りの約 78 %は窒素である。
? 3. 実験的には、過酸化水素を分解してつくる。
○ 4. 高温では、一部の貴金属（金や白金）、希ガス元素（ネオン等）を除き、ほとんどすべての元素と反応する。
× 5. 酸素の同素体としてオゾンがあるが、両者の性状は異なっている。

問3 解答 2

考え方Point!!　● p.198 の② 単体・化合物・混合物の項を見て解いてみよう！

○ 1. 空気は酸素と窒素の**混合物である**（$O_2 + N_2$）。
× 2. **ガソリンは、種々の炭化水素（炭素と水素からなる物質）の化合物ではなく混合物である。**
○ 3. 食塩水は、水と塩化ナトリウムの混合物である（$H_2O + NaCl$）。
○ 4. 水は酸素と水素の化合物である（H_2O）。
○ 5. 二酸化炭素は、酸素と炭素の化合物である（CO_2）。

出題分析アドバイス
この種の問題では、95 %の確率で石油製品（ガソリン、灯油等）、空気、食塩水等の混合物が答えになる場合が多い。

問4 解答 4

× 1. 硝酸（化合物）×　　酸素（単体）×

× 2. 硝酸（化合物）×　　塩化ナトリウム（食塩＝化合物）×
× 3. 酸素（単体）×　　　空気（混合物）○
○ 4. **石油（混合物）**○　　**空気（混合物）**○
× 5. 塩化ナトリウム（化合物）×　　水銀（単体）×

> **得点力UPのツボ**　合格のポイントは面倒に感じるが、上記のように物質の後に（単体）、（化合物）、（混合物）を「消せるボールペン」等を使って記入すると自然に覚えることができる。

問5　解答3

「黄りんや硫黄は、1種類の元素からなっているので（A：**単体**）であるが、(B：**空気、ガソリン**）は、2種類以上の物質が混じった状態で存在しているので混合物である。」

　　　　　〈A〉　　　　　　　　　〈B〉
× 1. 化合物×　　　空気○→ $O_2 + N_2$ ＝混合物
× 2. 同素体×　　　水×→ H_2O ＝化合物
○ 3. **単体**○　　　ガソリン○→（混合物）炭化水素の混合物は、化学式が書けない。
× 4. 単体○　　　エタノール×→ C_2H_5OH ＝化合物
× 5. 化合物×　　　酸素×→ O_2 ＝単体

> **得点力UPのツボ**　B項は参考に化学式を書くと、単体、化合物、混合物の違いがわかる。設問の黄りん→P、硫黄→S

難 レベルアップ問題

問6　解答2

○ A. 再結晶………固体を溶媒に溶かし、溶解度の差を利用して結晶を析出させ、分離、精製する。
× B. 蒸留…………溶媒に対する溶解度の差を利用し、混合物から特定物質を溶かし出す。→抽出の説明なので誤っている。
○ C. ろ過…………液体とその液体に混ざっている固体の物質を、ろ紙などを用いて分離する。
× D. 抽出…………液体を含む混合物を熱で沸騰させ、その蒸気を冷やして液体

の分離、精製を行う。→蒸留の説明なので誤っている。

× 1. AとB　○ 2. AとC　× 3. BとC　× 4. BとD　× 5. CとD

3. 化学反応・熱化学他

問7 解答 3

●二酸化炭素1分子は CO_2 で表される。

$C + 1/2\, O_2 = CO + 110\,kJ$ ……… (A)

$C + O_2 = CO_2 + 395\,kJ$ ……… (B)

「この方程式から考えて、次の記述のうち正しいものはどれか。ただし炭素の原子量は12、酸素の原子量は16である。」

× 1. 炭素が完全燃焼するときは (A) 式でなく (B) 式で、不完全燃焼するときは (B) 式でなく (A) 式で表される。また、発熱量から見ても、395 kJ と大きな (B) 式が完全燃焼である。

× 2. 二酸化炭素の1分子は CO_2 で表され、分子量は 44(C は $1 \times 12 = 12$ 　O_2 は $2 \times 16 = 32$)となり 1 mol は 44 に g を付けた 44 g となる。

○ 3. 二酸化炭素1分子は CO_2 で表され、炭素1原子(C_1)と酸素2原子(O_2)からなっている。化学の約束ごとで、炭素 C_1 の 1 は書かないで C と表す。

× 4. 炭素(C) 12 g が完全燃焼すると、二酸化炭素(CO_2)が 28 g でなく 44 g 生じる(2項と意味が同じ)。

× 5. A、B の両式とも吸熱反応(−)ではなく、発熱反応(+)による酸化反応である。

難 レベルアップ 問題

問8 解答 5

× 1. 触媒は反応速度を速くする作用がある。

? 2. 気体の反応では、反応物質の濃度は気体の分圧に反比例するので、分圧が低いほど気体の反応速度は大きくなる。

× 3. 固体では、反応物との接触面積が大きいほど反応速度は大きくなる。

× 4. 温度が上がると、反応速度は大きくなる。バッテリーは冬季よりも気温の高い夏季のほうが、内部での化学反応が活発になり出力が増大する。

○ 5. 反応物の濃度が高いほど、反応速度は大きくなる。

レベルアップ問題

問9 解答 3

★簡単な解き方→下記のように、10℃上がるごとに3倍してやればよい。

「ある物体の反応速度が10℃上昇するごとに3倍になるとすれば、温度が10℃から50℃になったとき、反応速度は何倍になるか。」

- × 1. 12倍
- × 2. 15倍
- ○ 3. **81倍**
- × 4. 120倍
- × 5. 160倍

10℃	1
20℃	1×3倍＝3倍
30℃	3×3倍＝9倍
40℃	9×3倍＝27倍
50℃	27×3倍＝81倍

10℃上がるごとに3倍する

レベルアップ問題

問10 解答 4

★燃焼の定義は、「燃焼とは、<u>熱と光の発生を伴う酸化反応である。</u>」であることから、各項の熱化学方程式について次の3点を確認すればよい。

① 熱の発生→1項の＋394 kJのプラス（＋）で発熱反応と確認できるが、<u>4項のN_2（窒素）だけは－74 kJと吸熱反応で発熱していない。</u>
② 光の発生→設問から5つの反応ともすべて発光している。
③ 酸化反応→＋O_2等すべてが酸素と反応しているので、酸化反応である。

よって、**4項の熱の発生が伴わないN_2（窒素）の反応は、燃焼ではない。**

- ○ 1. $C + O_2 = CO_2 + 394$ kJ
- ○ 2. $Al + \dfrac{3}{4} O_2 = \dfrac{1}{2} Al_2O_3 + 836$ kJ
- ○ 3. $C_2H_5OH + 3O_2 = 2CO_2 + 3H_2O + 1\,368$ kJ
- × 4. $N_2 + \dfrac{1}{2} O_2 = N_2O － \mathbf{74}$ **kJ**
- ○ 5. $C_3H_8 + 5O_2 = 3CO_2 + 4H_2O + 2\,220$ kJ

問題 24 金属・イオン化傾向・腐食、有機化合物

合格のポイント！

1 金属・イオン化傾向・腐食

☑ 1. 金属の性質

① 比重が大きい（カリウム、ナトリウムは、水より軽く例外である）。
比重が 4 より小さいものを軽金属という。マグネシウム、アルミニウム等。

② 塊状では燃焼しない金属でも、粉末状にすると見かけ上の熱伝導率が小さくなり燃えやすくなる。→アルミニウム粉、亜鉛粉等（2 類の危険物）。

☑ 2. イオン化傾向

① イオン化列

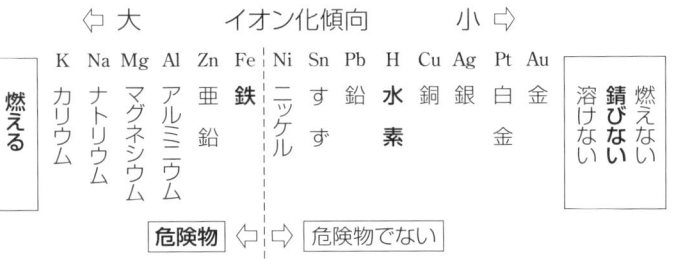

⇐ 大　　イオン化傾向　　小 ⇒

K	Na	Mg	Al	Zn	Fe	Ni	Sn	Pb	H	Cu	Ag	Pt	Au
カリウム	ナトリウム	マグネシウム	アルミニウム	亜鉛	鉄	ニッケル	すず	鉛	水素	銅	銀	白金	金

左側：燃える・錆びる・溶ける
右側：燃えない・錆びない・溶けない

危険物 ⇐ ｜ ⇒ 危険物でない

② イオン化傾向の大きい金属→化学変化を受けやすい。
燃焼したり錆びやすい（ナトリウム、マグネシウム、鉄等）。

③ イオン化傾向の小さい金属→化学変化を受けにくい。
金や白金は、どのような条件下でも錆びにくい。

④ イオン化傾向の活用例

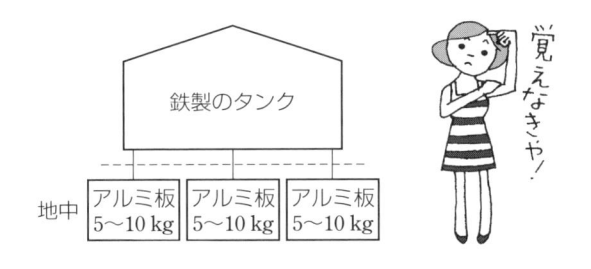

〈原油タンク等の腐食防止例〉
鉄でできた原油タンク等が錆びないように、鉄よりイオン化傾向の大きいアルミニ

ウムを電極として地中に埋めて、錆を防いでいる。鉄製のタンクが錆びる前に、アルミ板のアース（電極）が錆びて小さくなるので、定期的に交換してタンクが錆びるのを防いでいる。

☑ 3. 金属製配管の腐食について
(1) 配管の錆びにくい環境
① コンクリートはアルカリ性なので、配管等を覆うと錆びにくい。
② エポキシ樹脂塗装等をした配管は、空気や水に触れにくくなるので錆びにくい。
③ 配管が鉄製の場合、鉄より錆びやすい金属（イオン化傾向の大きい金属）をアースとして接続する（前述の2.④の原油タンク等の腐食防止例参照）。

(2) 配管の錆びやすい環境
① 直流電気鉄道の軌道（レール）に近い土壌に配管を埋設したときは錆びやすい。
② 土質の異なる場所にまたがって配管を埋設した場合は錆びやすい。
③ 酸性の溶液や海水に浸った金属は、錆びやすい。
④ 配管が鉄製の場合、鉄よりイオン化傾向の小さい金属（銅など）と接触していると錆びやすい。

2 有機化合物

☑ 1. 化合物
・**有機化合物**→炭素（C）の化合物（エタノール＝C_2H_5OH 等）
　ガソリンは、有機化合物が数十種類混ざりあった混合物である。
　炭素原子の結合の仕方により、鎖式化合物と環式化合物がある。
・**無機化合物**→一般に有機化合物以外の化合物（硫酸＝H_2SO_4 等）

　　　　ガソリン　灯油　アルコール　　　　　　　　硫酸　　食塩

　　　　　　＜有機化合物＞　　　　　　　　　　＜無機化合物＞
　　　　　有機は炭素（C）を含む

☑ 2. 有機化合物の特性
① 成分元素は、主に炭素（C）、水素（H）、酸素（O）、窒素（N）で一般に可燃性。
② 完全燃焼すると二酸化炭素（CO_2）と水蒸気（水＝H_2O）になるものが多い。
③ 一般に水に溶けにくく、有機溶媒（アルコール、エーテル等）によく溶ける。

④ 一般に融点、沸点の低いものが多い。
　ガソリン、灯油、軽油、重油、潤滑油等の石油製品の中で、ガソリンの沸点が一番低く蒸発しやすい。また引火点も低く危険性が大きい。
⑤ 一般に電気の不導体（電気が流れない）で、静電気が発生しやすい。

よく出題される 問題

☑ 1. 金属・イオン化傾向・腐食

問1 金属の性状について、次のうち誤っているものはどれか。

1. すべて不燃である。
2. 一般に展性、延性に富み金属光沢をもつ。
3. 銀の熱伝導率は、鉄よりも大きい。
4. 常温（20℃）において、液体のものがある。
5. 軽金属は一般に比重が4以下のもので、カリウム、アルミニウム及びカルシウムなどが該当する。

問2 鉄の腐食について、次のうち誤っているものはどれか。

1. 酸性域の水中では、水素イオン濃度が高いほど腐食する。
2. 発煙硫酸に浸すと、不動態皮膜を形成する。
3. アルカリ性のコンクリート中では、腐食は防止される。
4. 塩分の付着したものは、腐食しやすい。
5. 水中で鉄と銅が接触していると、鉄の腐食は防止される。

問3 地下配管が腐食して危険物が漏れる事故が増えている。金属配管を地中に埋設すると電気化学的に腐食するが、この腐食を防ぐ方法として、より腐食しやすい金属と接続する方法がある。配管が鉄製の場合、腐食しやすい金属は次のうちいくつあるか。

　ニッケル、マグネシウム、銅、亜鉛、アルミニウム、すず

1. 2つ　　2. 3つ　　3. 4つ　　4. 5つ　　5. 6つ

問4 鋼製の危険物配管を埋設する場合、最も腐食が起こりにくいものは次のうちどれか。

1. 土壌埋設管が、コンクリート中の鉄筋に接触しているとき。

2. 直流電気鉄道の軌条（レール）に接近した土壌に埋設されているとき。
3. エポキシ樹脂塗料で完全に被覆され、土壌に埋設されているとき。
4. 砂層と粘土層の土壌にまたがって埋設されているとき。
5. 土壌中とコンクリート中にまたがって埋設されているとき。

難 レベルアップ 問題

問 5 金属のイオン化傾向についての説明で、次のA〜Dのうち正しい組合せはどれか。

A. イオン化傾向の小さい金属の単体は、大きい金属の単体より酸化されやすい。
B. イオン化傾向の大きい金属の単体には、希硫酸や希塩酸と反応して水素を発生するものがある。
C. イオン化傾向と金属の反応性との関係は、ほとんどない。
D. イオン化傾向の異なる金属を組み合わせて、酸化還元の作用を利用して電池ができる。

1. AとB　　2. AとC　　3. AとD　　4. BとC　　5. BとD

☑ 2. 有機化合物

問 6 有機化合物について、次のうち誤っているものはどれか。

1. 有機化合物は鎖式化合物と環式化合物の2つに大別される。
2. 有機化合物の成分元素は、炭素、酸素、水素のいずれかが含まれている。
3. 有機化合物の多くは水に溶けにくい。
4. 有機化合物は、無機化合物に比べて融点又は沸点の低いものが多い。
5. 有機化合物は一般に不燃性である。

問 7 有機化合物について、次のうち誤っているものはどれか。

1. 無機化合物に比べて種類が多い。
2. 一般に空気中で燃えて、二酸化炭素と水を発生するものが多い。
3. 分子式が同じであっても性質が異なる異性体がある。
4. 一般に融点及び沸点の高いものが多い。
5. 一般に水に溶けにくく、アルコール、アセトン、ジエチルエーテル等の有機溶媒によく溶ける。

難 レベルアップ 問題

問8 次の有機化合物のなかで、環式化合物でないものはどれか。

1. アニリン　　2. ピリジン　　3. テトラヒドロフラン
4. 塩化ベンゾイル　　5. アセトアルデヒド

難 レベルアップ 問題

問9 次の文章の（A）～（C）に入る語句の組合せで、正しいものはどれか。

「有機化合物のうち、分子が鎖状構造の（A）をアルカンという。アルカンの一般式は、（B）で表される。同じ一般式で表され、よく似た構造体のものが集まった化合物を（C）という。一番簡単なアルカンはメタンであり、ガソリンにはnの数値が5～10のアルカンが含まれている。」

	〈A〉	〈B〉	〈C〉
1.	飽和炭化水素	C_nH_{2n+2}	異性体
2.	不飽和炭化水素	C_nH_{2n-2}	同族体
3.	飽和炭化水素	C_nH_{2n}	異性体
4.	不飽和炭化水素	C_nH_{2n-2}	異性体
5.	飽和炭化水素	C_nH_{2n+2}	同族体

解答 & パーフェクト講義

☑ 1. 金属・イオン化傾向・腐食

問1 解答 1

× 1. 金属のうち、イオン化傾向の大きいナトリウムやマグネシウムは燃焼する。
○ 2. 一般に展性（薄く広くのばす）、延性（引きのばされる）に富み金属光沢をもつ。
○ 3. 銀の熱伝導率は、鉄の約5倍大きい。
○ 4. 金属には常温（20℃）において、水銀のように液体のものがある。
○ 5. 軽金属は一般に比重が4以下のもので、カリウム、アルミニウム及びカルシウムなどが該当する。

問2 解答 5

- ○ 1. 酸性域の水中では、<u>水素イオン濃度が高い（pH値が小さい）</u>ほど腐食する。
- ○ 2. 鉄を発煙硫酸に浸すと、不動態皮膜を形成し反応しにくくなる。
- ○ 3. 一般にアルカリ性のコンクリート中では、<u>鉄の腐食は防止される</u>。
- ○ 4. 鉄が海水に浸ったり塩分が付着すると、腐食しやすい。
- × 5. 水中で鉄と銅が接触していると、<u>イオン化傾向の大きい鉄が腐食する</u>。

問3 解答 2

考え方のPoint!!
● 金属配管が鉄製の場合に腐食を防ぐ効果のあるものは、鉄よりもイオン化傾向の大きいマグネシウム、アルミニウム及び亜鉛等である。
×ニッケル、○マグネシウム、×銅、○亜鉛、○アルミニウム、×すず

- × 1. 2つ
- ○ 2. 3つ
- × 3. 4つ
- × 4. 5つ
- × 5. 6つ

問4 解答 3

- × 1. 鋼製の土壌埋設管が、コンクリート中の鉄筋等異種金属に接触していると錆びやすい。
- × 2. 直流電流の流れている電車の線路近くの土壌の配管は、迷走電流により腐食しやすい。
- ○ 3. **エポキシ樹脂塗料で完全に被覆して埋設した配管は、水や空気に触れることが少ないので腐食が起こりにくい。**
- × 4. 砂層と粘土層等土質の異なった場所の配管は、腐食しやすい。
- × 5. 土壌中とコンクリート中等、土質の異なった場所の配管は、腐食しやすい。

難 レベルアップ問題

問5 解答 5

- × A. イオン化傾向の小さい金属（金、白金）の単体は、大きい金属の単体（マグネシウム、アルミニウム等）より<u>酸化されにくい</u>。
- ○ B. イオン化傾向の大きい金属の単体には、希硫酸や希塩酸と反応して<u>水素を発生するものがある</u>（アルミニウム、亜鉛等）。
- × C. <u>イオン化傾向の大きい金属（マグネシウム、アルミニウム等）は反応性が</u>

大きく（燃焼したり錆びやすい）、小さい金属（金、白金）は反応性が小さい。
- ○ D．イオン化傾向の異なる金属を組み合わせて、酸化還元の作用を利用して電池ができる。

× 1．AとB　　× 2．AとC　　× 3．AとD　　× 4．BとC　　○ 5．BとD

☑ 2．有機化合物

問6 解答5

- ○ 1．有機化合物は鎖式化合物（エタノール等）と環式化合物（ベンゼン等）の2つに大別される。
- ○ 2．一般に有機化合物は、成分元素として炭素、酸素、水素を複数含むものが多い。
- ○ 3．一般に有機化合物は、非水溶性のものが多く水に溶けにくい。
- ○ 4．有機化合物は、無機化合物に比べて融点又は沸点の低いものが多い。
- × 5．アルコールをはじめ第4類の危険物のほとんどは有機化合物で、可燃性である。

問7 解答4

●融点や沸点が低い危険物の特長
① 融点→融点（固体から液体になる温度）が－114℃と低いエタノールは、液体であり、逆に融点が高い鉄は固体である。**第4類の危険物はすべて液体であり、融点は低い。**
② 沸点→沸点の低いガソリン（40～220℃）は、蒸発（揮発）しやすい。**第4類の危険物は、沸点の低いものが多い。**

- ○ 1．アルコール類やベンゼン等の有機化合物は、食塩や硫酸等の無機化合物に比べて種類が多い。
- ○ 2．有機化合物は一般に炭素（C）と水素（H）が主成分なので、燃えると二酸化炭素（CO_2）と水（H_2O）を発生するものが多い。

  $C + O_2 \rightarrow CO_2$　　　$H_2 + 1/2 O_2 \rightarrow H_2O$

- ○ 3．分子式が同じであっても性質が異なる物質を異性体といい、オルトキシレンとメタキシレン等が相当する。
- × 4．一般にエタノール等の有機化合物は、液体で融点が低く、また沸点も低く蒸発（揮発）しやすいものが多い。

○5. 一般に水に溶けにくく、アルコール、アセトン、ジエチルエーテル等の有機溶媒（溶剤＝塗料等を薄める液のこと）によく溶ける。

難 レベルアップ 問題

問8 解答 5

○1. アニリン　　○2. ピリジン　　○3. テトラヒドロフラン
○4. 塩化ベンゾイル　　×5. アセトアルデヒド

★全くわからないときは、<u>山勘でやるのではなく、見慣れた品名に○印（問8の場合は×印）をする</u>のも得点確率を向上させる手法である。

難 レベルアップ 問題

問9 解答 5

「有機化合物のうち、分子が鎖状構造の（A：**飽和炭化水素**）をアルカンという。アルカンの一般式は、（B：C_nH_{2n+2}）で表される。同じ一般式で表され、よく似た構造体のものが集まった化合物を（C：**同族体**）という。一番簡単なアルカンはメタンであり、ガソリンにはnの数値が5～10のアルカンが含まれている。」

	〈A〉	〈B〉	〈C〉
×1.	飽和炭化水素○	C_nH_{2n+2} ○	異性体 ×
×2.	不飽和炭化水素 ×	C_nH_{2n-2} ×	同族体 ○
×3.	飽和炭化水素○	C_nH_{2n} ×	異性体 ×
×4.	不飽和炭化水素 ×	C_nH_{2n-2} ×	異性体 ×
○5.	**飽和炭化水素**○	C_nH_{2n+2} ○	**同族体**○

★理解しにくいときは、丸暗記することで、一定の得点力レベルまで到達できる。

問題 25 酸・塩基・pH、酸化と還元他

1 酸・塩基・pH

☑ 1. 酸
① 水に溶けると電離して水素イオン（H⁺）を生じる物質。又は、他の物質に水素イオン（H⁺）を与えることができる物質。
例：硝酸 $HNO_3 \rightarrow NO_3^- + H^+$
② **酸の性質：青色リトマス紙を赤変させる。水溶液は酸味を有する。**
学校での"成績は3"と覚える。→青（セイ）赤（セキ）は酸（サン）。
③ 酸は、亜鉛や鉄等の金属を溶かして、**水素を発生する**。

☑ 2. 塩 基
① 水に溶けると電離して水酸化物イオン（OH⁻）を生じる物質。又は、他の物質から水素イオン（H⁺）を受け取ることができる物質。
② **塩基の性質：赤色リトマス紙を青変する。水溶液は渋みを有する。**

☑ 3. 中 和
一般に、酸と塩基から塩と水のできる反応を中和という。

☑ 4. 水素イオン指数（pH）
水溶液の酸性や塩基性（アルカリ性）の濃度を表すのに、水素イオン指数（pH）を用いることがある。

```
             酸性側      中性    塩基性側
                               （アルカリ性側）
  pH値   0 ⇦         ⇨ 7 ⇦         ⇨ 14
          強酸        弱酸  弱アルカリ  強アルカリ
```

2 酸化と還元他

☑ 1. 酸 化
① **物質が酸素と化合すること又は、水素化合物が水素を失うこと。**
② 炭素が燃えて二酸化炭素になる。 $C + O_2 \rightarrow CO_2$ （完全燃焼）
木炭→一酸化炭素　　　　　　　 $C + 1/2O_2 \rightarrow CO$ （不完全燃焼）
③ **ガソリンが燃焼して二酸化炭素と水蒸気になる。**
④ **鉄を放置しておいたら錆びた。**

注意：**物質が燃えたり錆びたりするのは、すべて酸化である。**

☑ 2．還　元
① 酸化物が酸素を失うこと又は、**物質が水素と化合する反応**。
② 二酸化炭素が赤熱した木炭に触れて一酸化炭素になった。

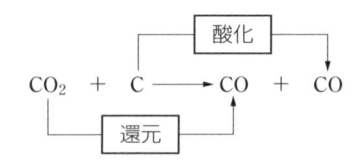

$$CO_2 + C \longrightarrow CO + CO$$
（上：酸化、下：還元）

〈解説〉二酸化炭素（CO_2）が一酸化炭素（CO）になる（酸素が1個少なくなる）反応は、還元（反応）である。

☑ 3．酸化と還元の同時性
① 一般に一つの反応で、**酸化と還元は同時に起こる**。

上記2．において、二酸化炭素は**還元**されているが、炭素は**酸化**されて一酸化炭素になっている。

☑ 4．酸化と還元のまとめ

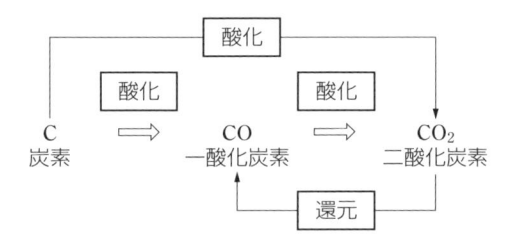

C（炭素） ⇒ CO（一酸化炭素） ⇒ CO_2（二酸化炭素）
（C→CO：酸化、CO→CO_2：酸化、C→CO_2：酸化、CO_2→CO：還元）

☑ 5．酸化剤と還元剤
・**酸化剤**→他の物質を酸化する物質（他の物質から水素を奪う性質のあるもの）
　　　　　酸素、塩素酸カリウム等（第1類の酸化性固体）や**過酸化水素**、**硝酸**等（第6類の酸化性液体）
・**還元剤**→他の物質を還元する物質（他の物質から酸素を奪う性質のあるもの）
　　　　　一酸化炭素、水素等

問題25 酸・塩基・pH、酸化と還元他

よく出題される問題

☑ 1．酸・塩基・pH

問1 酸と塩基の性質について、次のうち誤っているものはどれか。

1. 酸とは、水に溶けると電離して水素イオン（H⁺）を生じる物質。又は、他の物質に水素イオン（H⁺）を与えることができる物質をいう。
2. 酸は赤色リトマス紙を青く変え、塩基は青色リトマス紙を赤く変える。
3. 塩基とは、水に溶けると電離して水酸化物イオン（OH⁻）を生じる物質。又は、他の物質から水素イオン（H⁺）を受け取ることができる物質をいう。
4. 酸・塩基の濃度は、水素イオン指数（pH）で分かる。
5. 中和とは、酸と塩基が反応して別な物質ができる反応をいう。

問2 次の文章の（　）内のA～Dに当てはまる語句の組合せとして、正しいものはどれか。

「塩酸は酸であるのでpHは7より（A）、また水酸化ナトリウムは塩基であるので、その水溶液のpHは7より（B）。塩酸と水酸化ナトリウムを反応させると、食塩と水ができるが、この反応を（C）と呼ぶ。なお同一濃度の塩酸、水酸化ナトリウムで生じた食塩の水溶液のpHは7であるので、水溶液は（D）である。」

	〈A〉	〈B〉	〈C〉	〈D〉
1.	小さく	大きい	中和	中性
2.	大きく	小さい	酸化	酸性
3.	小さく	大きい	還元	アルカリ性
4.	大きく	小さい	中和	中性
5.	小さく	大きい	酸化	酸性

問3 次に示す水素イオン指数について、酸性で、かつ中性に最も近いものはどれか。

1. pH2.0　　2. pH5.1　　3. pH6.8　　4. pH7.1　　5. pH11.3

難 レベルアップ問題

問4 次の文章の（　）内のA～Dに当てはまる語句の組合せとして、正しいものはどれか。

「HCl、HNO₃ 等のように、水に溶けて H⁺ を生じる物質を（A）といい、NaOH、Ca(OH)₂ のように OH⁻ を生じる物質を（B）という。酸は（C）のリトマス紙を（D）に変えるが、塩基はその逆である。」

	A	B	C	D
1	塩基	酸	黄色	赤色
2	酸	塩基	黄色	赤色
3	塩基	酸	赤色	青色
4	酸	塩基	青色	赤色
5	塩基	酸	青色	黄色

2. 酸化と還元

問5 次のうち酸化反応でないものはどれか。

1. ガソリンが燃焼して、二酸化炭素と水蒸気になる。
2. ドライアイスが周囲から熱を奪い気体になる。
3. 鉄が空気中でさびて、ぼろぼろになる。
4. 炭素が不完全燃焼して、一酸化炭素になる。
5. 化合物から水素が奪われる。

問6 物質 A が B に変化したとき、酸化反応に該当するものは次のうちどれか。

	〈A〉	〈B〉
1	木炭	一酸化炭素
2	黄りん	赤りん
3	硫黄	硫化水素
4	水	水蒸気
5	濃硫酸	希硫酸

問7 酸化と還元について、次のうち誤っているものはどれか。

1. 化合物が水素を失うことを酸化という。
2. 酸化剤は電子を受け取りやすく還元されやすい物質であり、反応によって酸化数が減少する。

問題 25 酸・塩基・pH、酸化と還元他

3. 物質が水素と化合することを還元という。
4. 反応する相手の物質によって酸化剤として作用したり、還元剤として作用したりする物質がある。
5. 同一反応系において、酸化と還元は同時に起こることはない。

問 8 次の反応のうち、下線を引いた物質が還元されているのはどれか。

1. 木炭が燃焼して二酸化炭素になった。
2. 黄りんが燃焼して五酸化りんになった。
3. エタノールが燃焼して二酸化炭素と水になった。
4. 二酸化炭素が赤熱した炭素に触れて一酸化炭素になった。
5. 銅を空気中で熱したら黒く変色した。

解答 & パーフェクト講義

☑ **1. 酸・塩基・pH**

問 1 解答 2

●酸と塩基の性質
① 酸の性質：青色リトマス紙を赤変させる。
　　学校での"成績は 3"と覚える。→青（セイ）赤（セキ）は酸（サン）
② 塩基の性質：赤色リトマス紙を青変する。

? 1. 酸とは、水に溶けると電離して水素イオン H^+ を生じる物質。又は、他の物質に水素イオン H^+ を与えることができる物質をいう。
× 2. **酸は青色リトマス試験紙を赤く変え**、塩基は逆に赤色リトマス試験紙を青く変える。→学校での"成績は 3"と覚える。青（セイ）赤（セキ）は酸（サン）
? 3. 塩基とは、水に溶けると電離して水酸化物イオン OH^- を生じる物質。又は、他の物質から水素イオン H^+ を受け取ることができる物質をいう。
○ 4. 強い酸である塩酸の水素イオン指数（pH）は 1 に近く、弱酸の酢酸の pH は約 3 であり、**酸・塩基の濃度は水素イオン指数（pH）でわかる**。
○ 5. 中和とは、酸と塩基が反応して別の物質（塩と水）ができる反応をいう。

> 得点力UPのツボ
> 1、3 項は難しいので？マークにした。物理・化学では、基本となる項目（2 項）をきっちりと覚えておくことが合格への第一歩だ。

問2 解答1

「塩酸は酸であるのでpHは7より（A：**小さく**）、また水酸化ナトリウムは塩基であるので、その水溶液のpHは7より（B：**大きい**）。塩酸と水酸化ナトリウムを反応させると、食塩と水ができるが、この反応を（C：**中和**）と呼ぶ。なお同一濃度の塩酸、水酸化ナトリウムで生じた食塩の水溶液のpHは7であるので、水溶液は（D：**中性**）である。」

	〈A〉	〈B〉	〈C〉	〈D〉
○ 1.	**小さく**○	**大きい**○	**中和**○	**中性**○
× 2.	大きく×	小さい×	酸化×	酸性×
× 3.	小さく○	大きい○	還元×	アルカリ性×
× 4.	大きく×	小さい×	中和○	中性○
× 5.	小さく○	大きい○	酸化×	酸性×

出題分析アドバイス　少し難しいが、酸と塩基などの基本的な問題なのでマスターしておきたい。

問3 解答3

解法のTechnique ★ p.215の水素イオン指数（pH）の図の中に1～5の数値を記入するか、メモ用紙等に簡単な図を描くとよい。

× 1. pH2.0　　× 2. pH5.1　　○ 3. **pH6.8**　　× 4. pH7.1
× 5. pH11.3

得点力UPのツボ　pH値は7より小さいのが酸性側である。4項のpH7.1は中性のpH7.0に一番近いが、アルカリ性側なので間違わないよう注意したい。

難 レベルアップ問題

問4 解答4

「HCl、HNO₃等のように、水に溶けてH⁺を生じる物質を（A：**酸**）といい、NaOH、Ca(OH)₂のようにOH⁻を生じる物質を（B：**塩基**）という。酸は（C：**青色**）のリトマス紙を（D：**赤色**）に変えるが、塩基はその逆である。」

	A	B	C	D
×1	塩基×	酸×	黄色×	赤色○
×2	酸○	塩基○	黄色×	赤色○
×3	塩基×	酸×	赤色×	青色×
○4	**酸○**	**塩基○**	**青色○**	**赤色○**
×5	塩基×	酸×	青色○	黄色×

> 得点力UPの**ツボ**
> HClやNaOHが酸か塩基かわからなくても、基本で大切なリトマス紙のC、D項（成績は3＝青（セイ）→赤（セキ）は酸（サン））をきっちりと覚えていれば答えの出る問題である。

2. 酸化と還元

問5　解答2

●物質が燃えたり錆びたりするのは、すべて酸化（酸化反応）である。

○1. ガソリンが**燃焼**して、二酸化炭素と水蒸気になる。→ガソリンが燃焼しているので酸化である。
×2. ドライアイスが周囲から熱を奪い気体になる。→昇華した状態である。**ドライアイスは、燃焼したり錆びたりしないので酸化ではない。**
○3. 鉄が空気中で**さびて**、ぼろぼろになる。→鉄が錆びているので、酸化である。
○4. 炭素が**不完全燃焼**して、一酸化炭素になる。→不完全**燃焼**も酸化である。
○5. 化合物から水素が奪われる。→水素が奪われる反応は、酸化である。

問6　解答1

●酸化反応とは物質が酸素と化合する反応で、燃焼も酸化反応である。

　　　〈A〉　　　　　　　　　〈B〉
○1. **木炭（C）**　　　一酸化炭素（CO）→木炭が不完全燃焼して一酸化炭素になったもので、酸化反応である。
×2. 黄りん（P）　　　赤りん（P）→同素体であり元素記号からも燃焼していない。

- ×3. 硫黄（S）　　　　硫化水素（H₂S）→物質が水素と化合する反応は、還元である。
- ×4. 水（H₂O）　　　　水蒸気（H₂O）→液体が気体に変化しただけである。
- ×5. 濃硫酸　　　　　　希硫酸→濃度が薄くなっただけである。

問7 解答5

- ○1. 化合物が水素を失うことを酸化という。
- ？2. 酸化剤は電子を受け取りやすく還元されやすい物質であり、反応によって酸化数が減少する。
- ○3. 物質が水素と化合することを還元という。
- ○4. 硫黄は反応する相手の物質によって酸化剤として作用したり、還元剤として作用したりする。
- ×5. 同一反応系において、酸化と還元は同時に起こる。

出題分析アドバイス　1、3、5項は基本レベルの問題なため、確実に覚えることで得点力が上がる！

問8 解答4

考え方のPoint!!　●酸化（燃焼、錆び等）のチェックをした残りが還元である。

- ×1. 木炭が燃焼して二酸化炭素になった反応は酸化である。
- ×2. 黄りんが燃焼して五酸化りんになった反応は酸化である。
- ×3. エタノールが燃焼して二酸化炭素と水になった反応は酸化である。
- ○4. 二酸化炭素（CO₂）が赤熱した木炭に触れて一酸化炭素（CO）になった反応は、酸素が失われて1個少なくなっているので還元である。
- ×5. 銅を熱したら黒く変色（錆びる）したのは酸化である。

危険物の性質・火災予防・消火の方法

3学期

ラストスパートだ！

問題 26 危険物の類ごとの性質

合格のポイント！

☑ 危険物の概要

① 第1類～第6類の概要

類別	性質	性質の概要
第1類	酸化性固体 （不燃性）	そのもの自体は燃えない。他の物質を酸化させる酸素を多量に含有しており、加熱、衝撃等により酸素を放出して激しい燃焼を起こさせる。
第2類	可燃性固体	火炎により着火しやすい、又は比較的低温で引火しやすい可燃性固体である。
第3類	自然発火性物質及び禁水性物質	固体又は液体。空気にさらされると自然に発火し、又は水と接触すると発火し若しくは可燃性ガスを発生する。
第4類	引火性液体	引火性を有する液体。
第5類	自己反応性物質	**固体・液体**。可燃物と酸素が共存し、加熱分解等により、比較的低い温度で多量の熱を発生し、又は爆発的に反応が進行する（内部燃焼する）。
第6類	酸化性液体 （不燃性）	酸化で燃えない硝酸。そのもの自体は燃焼しない液体で、混在する他の可燃物の燃焼を促進する性質を持っている（**強酸化性液体**）。

出題分析アドバイス　最近の出題傾向では危険物の類ごとの性質は、第5類を重点的に覚え、他に1類、3類、6類を覚えることが大切である。

② 危険物概要の覚え方

```
1固  燃えない。 2固  可燃性。 3固  液体禁水、自然。
4液  引火で、 5自己  固液。 6液  酸化で燃えない硝酸。
    固：固体    液：液体    禁水：禁水性物質
    自然：自然発火性物質    引火：引火性物質
    自己：自己反応性物質    酸化：酸化性物質
```

覚えなきゃ！

223

2固　可燃性とは→2類は固体で可燃性と読む。

5自己　固液とは→5類は自己反応性物質で固体と液体があると読む。

最近の試験問題で実力アップ！

① 危険物は1気圧、常温（20℃）において、気体、液体及び固体のものがある。

答（×）

→**危険物は液体及び固体のみであり、気体の水素ガスやプロパンは、消防法上の危険物ではない。**

② 危険物には、単体（硫黄等）、化合物（アルコール等）及び混合物（ガソリン等）の3種類がある。　　　　　　　　　　　　　　　　　　　　　　　　　答（○）

③ 不燃性の液体（第6類）及び固体（第1類）で、酸素を放出し燃焼を助けるものがある。　　　　　　　　　　　　　　　　　　　　　　　　　　　　　　答（○）

④ 液体の危険物の比重は1より小さいが、固体の危険物の比重はすべて1より大きい。　　　　　　　　　　　　　　　　　　　　　　　　　　　　　　　答（×）

→液体、固体ともに**比重は、1以上のものもあり1以下のものもあるので誤っている。**

⑤ 引火性液体の燃焼は常に分解燃焼であるが、引火性固体の燃焼は主に表面燃焼である。　　　　　　　　　　　　　　　　　　　　　　　　　　　　　答（×）

→両方とも蒸発燃焼である。

⑥ 保護液として水、二硫化炭素、メタノールを使用するものがある。

答（×）

→保護液として水（二硫化炭素の保護液）は使うが、**二硫化炭素（蒸気は有毒）やメタノールを保護液として使用することはない。**

⑦ 同一類の危険物の適応消火薬剤及び消火方法は、同じである。　　　答（×）

→第4類のガソリン（非水溶性→**泡消火剤**）とアルコール類（水溶性→**水溶性液体用泡消火剤**）の**適応消火薬剤及び消火方法は、異なる。**

よく出題される　問題

問1　第1類から第6類の危険物の性状等について、次のうち正しいものはどれか。

1. 1気圧において、常温（20℃）で引火するものは必ず危険物である。
2. すべての危険物には引火点がある。
3. 危険物は必ず燃焼する。

4. すべての危険物は、分子内に炭素、酸素または水素のいずれかを含有している。
5. 危険物は1気圧において、常温（20℃）で液体または固体である。

問2 危険物の類ごとの性状について、次のうち正しいものはどか。

1. 危険物には常温（20℃）において、気体、液体及び固体のものがある。
2. 引火性液体の燃焼は蒸発燃焼であるが、引火性固体の燃焼は分解燃焼である。
3. 液体の危険物の比重は1より小さいが、固体の危険物の比重は1より大きい。
4. 保護液として、水、二硫化炭素及びメタノールを使用するものがある。
5. 分子内に酸素を含んでおり、他から酸素の供給がなくても燃焼するものがある。

問3 次の文の（ ）内に当てはまる語句で、正しいものはどれか。

「（ ）の危険物は酸化性の物質で、他の物質を酸化しやすい酸素を分子の中に含有しており、過熱・衝撃・分解させることにより、酸素を放出しやすい固体である。」
1. 第1類　　2. 第2類　　3. 第3類　　4. 第5類　　5. 第6類

問4 危険物の類ごとの性状について、次のうち正しいものはどれか。

1. 第1類の危険物は、可燃性の気体である。
2. 第2類の危険物は、可燃性の固体である。
3. 第3類の危険物は、可燃性で強酸の液体である。
4. 第5類の危険物は、酸化性の固体又は液体である。
5. 第6類の危険物は、可燃性の固体又は液体である。

問5 危険物の類ごとの性状について、次のうち正しいものはどれか。

1. 第1類の危険物は、酸素を含有しているので内部（自己）燃焼する。
2. 第2類の危険物は、水と作用して激しく発熱する。
3. 第3類の危険物は、可燃性の強酸類である。
4. 第5類の危険物は、内部（自己）燃焼するものが多い。
5. 第6類の危険物は、可燃性の強酸化剤である。

問6 危険物の類ごとの性質について、次のうち誤っているものはどれか。

1. 第1類の危険物は、固体で他の物質を酸化する。
2. 第2類の危険物は、火炎により着火しやすい液体である。
3. 第3類の危険物は空気中で自然発火し、又は水と接触して発火し若しくは可燃性ガスを発生する。
4. 第5類の危険物は自己反応性があり、加熱、衝撃、摩擦により発火、爆発するものが多い。
5. 第6類の危険物は、液体で他の物質を酸化する。

問7 危険物の類ごとに共通する性状について、次のうち誤っているものはどれか。

1. 第1類の危険物は、すべて固体である。
2. 第2類の危険物は、すべて固体である。
3. 第3類の危険物は、液体または固体である。
4. 第5類の危険物は、すべて液体である。
5. 第6類の危険物は、すべて液体である。

レベルアップ問題

問8 危険物の類ごとの性状として、次のうち正しいものはどれか。

1. 第1類の危険物はすべて酸素を含有し、加熱すると爆発的に燃焼する。
2. 第2類の危険物は無機物の固体で、比重は1より大きく水に溶けない。
3. 第3類の危険物は自然発火性又は禁水性を有するが、ほとんどのものは、両方の危険性を有している。
4. 第5類の危険物は可燃性の固体で、加熱、衝撃、摩擦等により発火し、爆発するものが多い。
5. 第6類の危険物は酸化性の固体で、可燃物を酸化する。

解答 & パーフェクト講義

問1 解答5

× 1. プロパンガスは常温（20℃）でマッチの火により引火し燃焼するが、消防法上の危険物でない。

× 2. 第1類や第6類の酸化性の危険物は、燃焼しないので引火点はない。

問題26 危険物の類ごとの性質

× 3. 第1類（酸化性の固体）や第6類（酸化性の液体）の危険物は、燃焼しない。
× 4. 第2類危険物の硫黄（S）や赤りん（P）は、分子内に炭素（C）、酸素（O）または水素（H）のいずれをも含有していない。
○ 5. 危険物は、常温（20℃）で液体または固体である（気体はない）。

問2 解答 5

× 1. 危険物は常温（20℃）において液体及び固体のみであり、気体の水素ガスやプロパンは、消防法上の危険物ではない。
× 2. 引火性液体、引火性固体ともに燃焼の仕方は蒸発燃焼である。
× 3. 液体では比重が1より大きい二硫化炭素（1.3）等があり、固体では比重が1より小さいナトリウム（0.97）等があるので誤っている。
× 4. 保護液として水（二硫化炭素の保護液）は使うが、二硫化炭素（蒸気は有毒）やメタノールを使用することはない。
○ 5. 第5類の自己反応性物質（ニトログリセリン＝ダイナマイトの原料等）は多くの酸素を含んでおり、他から酸素の供給がなくても燃焼（爆発）する。

出題分析アドバイス　5項は、いろいろな問題で出題されている項目なので、きっちりと覚えておくと後が楽になる。

問3 解答 1

解法のtechnique　★文中下線の**酸化性の物質**がポイントで、これにより**第1類か第6類**とわかる。この物質が文末にある**固体**とわかれば、**第1類が正解**となる。
「（第1類）の危険物は**酸化性の物質**で、他の物質を酸化しやすい酸素を分子の中に含有しており、過熱・衝撃・分解させることにより、酸素を放出しやすい固体である。」
○ 1. 第1類　× 2. 第2類　× 3. 第3類　× 4. 第5類　× 5. 第6類

問4 解答 2

得点力UPのツボ　大切な第2類、第5類危険物の覚え方
2可燃性（2類は固体で可燃性）、5自己固液（5類は自己（自己反応性）で固体と液体）

× 1. 第1類の危険物は、酸化性の固体である。消防法上の危険物に気体はないので

227

誤っている。

○ 2. 第2類の危険物は、**可燃性の固体である。**

× 3. 第3類の危険物は、自然発火性及び禁水性の液体又は固体である。

× 4. 第5類の危険物は、酸化性ではなく自己反応性の固体又は液体である。

× 5. 第6類の危険物は、可燃性の固体又は液体ではなく酸化性の液体である。

問5 解答 4

> 得点力UPのツボ
>
> 第1類〜第6類の概要の覚え方は、まず第一に、不燃性の危険物が1類と6類とにあると覚えるのがポイントである。次いで、答えによくなる2類と5類の性質と性質の概要を覚えること。これをきっちりと覚えれば、ほぼ答えがでる。

× 1. 第1類の危険物は酸化性固体なので、酸素を含有しているが燃焼はしない。

× 2. 第2類の危険物は、酸化されやすい（燃焼しやすいと同じ意味）可燃性の固体である。

× 3. 第3類の危険物は可燃性の強酸類ではなく、禁水性および自然発火性の物質である。

○ 4. 第5類の危険物は可燃物と酸素が共存しているので、内部（自己）燃焼するものが多い。

× 5. 第6類の危険物は、可燃性ではなく不燃性の強酸化剤である。

問6 解答 2

○ 1. 第1類の危険物は、固体で他の物質を酸化する。

× 2. **第2類の危険物は、火炎により着火しやすい液体ではなく固体である。**

○ 3. 第3類の危険物は空気中で自然発火し、又は水と接触して発火し若しくは可燃性ガスを発生する。

○ 4. 第5類の危険物は自己反応性（可燃物と酸素が共存している）があり、加熱、衝撃、摩擦により発火、爆発するものが多い。

○ 5. 第6類の危険物は、液体で他の物質を酸化する。硝酸や過酸化水素が該当する。

問7 解答 4

考え方 Point!!
● 各類ごとの状態は、2つずつあるのが特徴である（2類と5類が大切）。
・固体→ 1類、2類　　・固体と液体→ 3類、5類　　・液体→ 4類、6類

○ 1. 第1類の危険物は、すべて固体である。
○ 2. 第2類の危険物は、すべて固体である。
○ 3. 第3類の危険物は、液体または固体である。
× 4. 第5類の危険物は、<u>液体又は固体であり</u>すべて液体は誤っている。
○ 5. 第6類の危険物は、すべて液体である。

難 レベルアップ問題

問8 解答 3

× 1. 第1類の危険物はすべて酸素を含有しているが、<u>不燃性なので燃焼しない</u>。
× 2. 第2類の危険物には、<u>有機物で引火性の固体（固形アルコール等）が存在す</u>るので誤っている。
○ 3. 第3類の危険物は自然発火性又は禁水性を有するが、ほとんどのものは、両方の危険性を有している。ナトリウム、アルキルアルミニウム等が該当する。
× 4. 第5類の危険物は<u>可燃性の固体（第2類の危険物である）ではなく自己反応性の固体・液体</u>であり、加熱、衝撃、摩擦等により発火し、爆発するものが多い。
× 5. 第6類の危険物は<u>酸化性の固体ではなく液体</u>で、可燃物を酸化する。

問題27 第4類に共通する特性 合格のポイント！

☑ **1. 引火性の液体である**
① 第4類の危険物はすべて可燃性であり、常温（20℃）でほとんどのものが液状である。
② 沸点の低い危険物は可燃性蒸気が発生しやすく、引火点も低く危険性が高い。
　＊ジエチルエーテル……（沸点）35℃、（引火点）－45℃
③ 引火点の低い危険物は、引火しやすく危険である。
　＊ガソリンの引火点は－40℃以下と低く、厳冬の北海道でも引火する
④ 引火点の低い危険物は、発火点も低いとは限らない。
　＊二硫化炭素……（引火点）－30℃以下、（発火点）90℃で低い
　　酸化プロピレン……（引火点）－37℃、（発火点）449℃で高い
⑤ 引火点と**燃焼点**の関係
　＊一般に燃焼点は引火点より約10℃ほど高い。
⑥ 燃焼範囲の広い危険物は、危険性が大きい。
　＊二硫化炭素：1.3～50.0 vol％　　　アセトアルデヒド：4.0～60.0 vol％
　　ガソリン：1.4～7.6 vol％（参考）
⑦ 燃焼範囲の下限値が低い危険物は、危険性が大きい。
　＊ベンゼン：1.2～7.8 vol％　　　二硫化炭素：1.3～50.0 vol％
⑧ 危険物が霧状の場合は、空気との接触面積が大きく燃えやすくなり危険性が増大する。

☑ **2. 発火点の低いものがある**
発火点の低い危険物は、発火しやすく危険性が大きい。
　＊二硫化炭素……90℃（第4類で発火点が一番低く、発火しやすい）。

☑ **3. 液比重は1より小さく、水に溶けないものが多い**
① 液比重が1より小さく水より軽いものが多い。→火災時に水関係の消火器（棒状の水、棒状の強化液）を使用すると、消火できないばかりか消火液の上に燃えている危険物が浮いて火面が広がり危険性が増す。

　水より重い危険物
　　二硫化炭素　1.3　　　クロロベンゼン、酢酸、グリセリン等
② 水に溶けないものが多い（非水溶性）
　水に溶ける危険物（水溶性）
　　アセトアルデヒド、酸化プロピレン、アセトン、メタノール（メチルアルコー

ル）、エタノール（エチルアルコール）、酢酸
③ 水溶性の危険物（アルコール類）は、水で希釈して濃度を薄くすると蒸気圧は低くなる。また、引火点は高くなり引火しにくくなる（最近の出題傾向より）。

☑ 4．蒸気比重は1より大きい
① 蒸気比重はすべて1より大きい（空気より重い）。
→蒸気はくぼみや低所に滞留し、また、低いところへ流れる。
② このため、遠く離れた場所（特に風下側）にある火源により引火する危険性がある。
③ 石油製品の場合、蒸気比重が大きい危険物は液比重が大きく引火点が高い。
＊ギヤー油……（蒸気比重）大きい、（液比重）0.90で大きい、（引火点）220℃で高い

ガソリンは水より軽いよ
可燃性蒸気は空気より重いよ

☑ 5．静電気が発生しやすい
① 第4類の危険物は、非水溶性（水に溶けない）で電気の不良導体（絶縁体）であるものが多く、静電気が発生し蓄積（帯電）しやすい。静電気の火花により引火することがある。
静電気が発生しない（帯電しない）危険物
エタノール（エチルアルコール）、アセトン等の水溶性危険物。
② ガソリンスタンドで給油ノズルの流速を遅くすると、静電気の発生は少なくなる。

☑ 6．色・臭気・透明等
① 無色・無臭の判断は？
・無色無臭と出れば、すべて誤っている。
・刺激臭、果実臭等と具体的な言葉が出れば、すべて正しい。
② 無色透明の判断は？
・無色透明と出れば、石油製品以外の危険物であれば、すべて正しい。

7. 簡便法について

簡便法とは？→「数値等が覚えられない場合でも、答えを出す方法」である。

① 液体の比重の場合：水より軽いと出れば→二硫化炭素は×、他はすべて○
　　　　　　　　　　：水より重いと出れば→二硫化炭素は○、他はすべて×

　＊二硫化炭素の比重は、1.3で水より重い。

② 引火点の場合：常温（20℃）より低い高いの判断
　　　　　　　→○○油と油のつく油種の引火点は、すべて常温（20℃）より高い（例：灯油40℃以上、ギヤー油220℃等）。

③ 発火点の場合　：二硫化炭素以外で100℃より低いと出れば→すべて×
　　　　　　　　　＊二硫化炭素の発火点は90℃で、100℃以下は他になし。

④ 無色透明の場合：無色透明と出れば→すべて○

⑤ 無色無臭の場合：無色無臭と出れば→すべて×
　　　　　　　　：無色で芳香、果実臭、刺激臭など具体的な臭いであれば→○

⑥ 有機溶剤に溶ける：有機溶剤（有機溶媒）に溶けると出れば→すべて○

得点力UPのツボ

液体の比重が：1より小さい→水より軽いと同じ。
　　　　　　：1より大きい→水より重いと同じ。

よく出題される問題

問1 第4類の危険物の一般性状について、次のうち誤っているものはどれか。

1. 引火性である。
2. 蒸気は空気とわずかに混合した状態でも、引火するものが多い。
3. 水に溶けにくい。
4. 液体の比重は1より大きい。
5. 流動により静電気が発生しやすい。

問2 第4類の危険物の性状について、次のうち誤っているものはどれか。

1. すべて可燃性であり、水に溶けないものが多い。
2. 常温（20℃）でほとんどが液状である。
3. 蒸気比重は1より小さいものが多い。
4. 蒸気は空気とわずかに混合した状態でも引火するものが多い。
5. 液体の比重は1より小さいものが多い。

問3 第4類の危険物に共通する性質について、次のうち正しいものはどれか。

1. 熱伝導率が大きいので、蓄熱し、自然発火しやすい。
2. 沸点が低いものは、引火しやすい。
3. 蒸気比重は1より小さいので、空気中に拡散しやすい。
4. 導電率（電気伝導度）が大きいので、静電気が蓄積しにくい。
5. 水溶性のものは、水でうすめると引火点が低くなる。

問4 第4類の危険物の一般性状について、次のうち正しいものはどれか。

1. 水に溶けやすい。
2. 常温（20℃）では、点火源があればすべて引火する。
3. 引火点の低い物質ほど、引火の危険性が高い。
4. 燃焼範囲の下限値の低いものほど、危険性は小さい。
5. 点火源がなければ、発火点以上の温度でも燃焼しない。

問5 第4類の危険物の性状について、次のうち正しいものはどれか。

1. 蒸気比重が小さいものほど、引火点が高い。
2. 引火点が低いものほど、発火点も低い。
3. 発火点が低いものほど、発火しやすい。
4. 分子量が大きなものほど、引火点が低い。
5. 引火点が低いものほど、蒸発しにくい。

問6 第4類の危険物の性状として、次のうち誤っているものはどれか。

1. 引火性の液体である。
2. 発火点は、ほとんどのものが100℃以下である。
3. 引火の危険性は、引火点の低いものほど高い。
4. 液体の比重は、1より小さいものが多い。
5. 非水溶性のものは、静電気が蓄積しやすい。

問7 次のA～Dは、引火点の低いものから高いものへと、順に並べたものである。正しいものを掲げているものはどれか。

A. 軽油 → アセトン → シリンダー油
B. クレオソート油 → 重油 → ジエチルエーテル
C. 自動車ガソリン → 灯油 → グリセリン
D. 二硫化炭素 → メタノール → ギヤー油

1. A、B　　2. B、C　　3. C、D　　4. A、B、C　　5. A、C、D

問8 第4類の危険物の一般的な性質として、次のうち誤っているものはどれか。

1. 液比重は1より小さく、水に溶けないものが多い。
2. 燃焼の下限界および上限界は物質によって異なるが、燃焼下限界の低いものやそれが狭いものほど、火災や爆発の危険性が大きい。
3. 蒸気比重は1より大きいので、低所に滞留しやすい。
4. 一般に電気の不良導体であり、静電気が蓄積されやすい。
5. 沸点や引火点が低いものほど蒸気が発生しやすく、引火の危険性が大きい。

問9 第4類の危険物の一般的性状について、次のうち正しいものはどれか。

1. 水に溶けるものはない。
2. 静電気が蓄積されやすく、静電気の火花で引火するものがある。
3. 空気とは、いかなる混合割合でも燃える。
4. 発火点が100℃以下のものはない。
5. 常温（20℃）で気体のものもあり、自然発火性を有する。

問10 引火性液体の性質と危険性の説明として、次のうち誤っているものはどれか。

1. 一般に常温（20℃）では、沸点が低いものほど可燃性蒸気が発生しやすいので、引火の危険性が高まる。
2. アルコール類は、注水して濃度を低くすると蒸気圧は高くなり、引火点も高くなる。
3. 多くのものは比重は1より小さいので、火災などの際に注水すると水面に浮かんで火面が広がり、かえって火災が拡大する。
4. 伝導率（電気伝導度）の小さいものは、急激な流動、ろ過などにより静電気が発生しやすく、静電気による火災が起こりやすい。
5. 粘度の大小は、危険物の漏えいによる火災時に影響を与える。

解答 & パーフェクト講義

問1 解答 4

- ○ 1. 第4類の危険物は、引火性の液体である。
- ○ 2. 燃焼範囲の下限値の小さいものが多く、ガソリンの場合は1.4 vol%で、他も多くは約1～2 vol%であり、蒸気は空気とわずかに混合した状態でも引火する。
- ○ 3. 第4類の危険物は非水溶性で、水に溶けないものが多い。
- × 4. **ガソリン、灯油、重油など液体の比重は、1より小さいものが多い。**
- ○ 5. 非水溶性危険物（水に溶けない）が多いので、流動により静電気が発生しやすい。

問2 解答 3

- ○ 1. 第4類の危険物はすべて可燃性であり、水に溶けない（非水溶性）ものが多い。
- ○ 2. 常温（20℃）でほとんどが液状である。
- × 3. 第4類の危険物の蒸気比重は、**すべて1より大きい**ので誤っている。
- ○ 4. 燃焼範囲の下限値の小さいものが多く、蒸気は空気とわずかに混合した状態でも引火するものが多い。
- ○ 5. 液体の比重は1より小さいものが多く、非水溶性であれば水に浮く。

問3 解答 2

- × 1. **熱伝導率が大きいもの**ほど熱が伝わりやすく逃げやすいので、**蓄熱して自然発火することはない**。第4類には自然発火しやすい動植物油類のアマニ油等があるが、熱伝導率が原因で自然発火するものではない。
- ○ 2. 第4類で沸点が低いガソリンは蒸発しやすく、引火点も－40℃以下と低いので引火しやすい。
- × 3. 蒸気比重はすべて1より大きいので、低所に滞留して拡散しにくい。
- × 4. 第4類の危険物は、電気の不導体で導電率（電気伝導度）が**小さく**（電気が流れない）**静電気が蓄積しやすい**。
- × 5. 水溶性のエタノールは、水でうすめると引火点が13℃より**高くなり**引火しに

くくなる。引火点が低くなると引火しやすくなる。

> **得点力UPのツボ**
> 1、4、5項は、難しくて考え込んでしまう問題である。しかし、2項と3項は、**この中では基本で簡単な内容である**。基本レベルの項目をおさえておけば得点確率はUPする！

問4 解答3

- × 1. 第4類の危険物は、非水溶性のものが多く水に溶けにくい。
- × 2. 常温（20℃）で引火するのは、引火点が20℃以下のものである。第4類の危険物は、引火点が20℃以上のものが多くあるので誤っている。
- ○ 3. 引火点が－40℃以下で低いガソリンは、灯油等に比べると引火の危険性が高い。
- × 4. 燃焼範囲の下限値の低いものほど、小さい濃度（漏れていても気づかないほどの量で）で燃焼するので危険性は大きい。
- × 5. 発火点以上の温度であれば、危険物はすべて点火源がなくても燃焼する。

問5 解答3

- × 1. 蒸気比重が小さいものほど、引火点が低い傾向にある。
- × 2. 引火点が低いものほど、発火点も低いとは限らない。
- ○ 3. **第4類の危険物の中で発火点が一番低い二硫化炭素（90℃）は、一番発火しやすい。**
- × 4. 石油製品では、分子量が大きなものほど引火点が高い傾向にある。
- × 5. 引火点が－30℃以下で低い特殊引火物は、沸点が低く蒸発（揮発）しやすい。

> **得点力UPのツボ**
> 後ろ見返しにある「第4類危険物の特性」の表を使って問題を解くと、引火点と沸点や蒸発（揮発）の関連がわかりやすく参考になります。

問6 解答2

- ○ 1. 第4類の危険物は、すべて引火性の液体である。
- × 2. **発火点が100℃以下のものは二硫化炭素（90℃）のみであり、他のものは100℃より高い。**
- ○ 3. 引火点の低いジエチルエーテル（－45℃）は、引火の危険性が高い。

問題27　第4類に共通する特性

○ 4. 液体の比重は、1より小さい（水より軽い）ものが多い。
○ 5. 非水溶性のもの（ガソリン、ベンゼン、灯油等）は、静電気が蓄積しやすい。

問7 解答3

出題分析アドバイス：この形式の問題の答えは、一番左側（引火点の低い物品）に「特殊引火物」か「ガソリン」が記されるパターンが多い。

× A. 軽油（45℃以上）→アセトン（-20℃）→シリンダー油（250℃）
× B. クレオソート油→重油→ジエチルエーテル（-45℃）
○ C. 自動車ガソリン（-40℃以下）→灯油（40℃以上）→グリセリン（199℃）
○ D. 二硫化炭素（-30℃以下）→メタノール（11℃）→ギヤー油（220℃）
× 1. A、B　× 2. B、C　○ 3. C、D　× 4. A、B、C　× 5. A、C、D

得点力UPのツボ：p.147の一覧表にある「試験によくでる危険物の引火点」を覚えることで得点力はUPする！

問8 解答2

○ 1. 液比重（水が1）は1より小さく、水に溶けない（非水溶性）ものが多い。
× 2. **燃焼の下限界および上限界は物質によって異なるが、燃焼下限界の低いものやそれが狭いではなく広いものほど、火災や爆発の危険性が大きい。**
○ 3. 蒸気比重は1より大きい（空気より重い）ので、低所に滞留しやすく危険である。
○ 4. 一般に電気の不良導体であり、静電気が蓄積されやすい。
○ 5. ガソリンは第4類のなかでは沸点や引火点が低いので、蒸気を発生しやすく引火の危険性が大きい。

問9 解答2

× 1. アルコール類、アセトン、アセトアルデヒド等は、水に溶ける危険物である。
○ 2. **特殊引火物、第1石油類、第2石油類で非水溶性の物品は、静電気が蓄積されやすく静電気の火花で引火することがある。**
× 3. 第4類のすべての危険物には燃焼範囲（ガソリンは1.4～7.6 vol%）があり、

237

その範囲内では燃焼するが、範囲外の混合割合では燃焼しない。
× 4. **二硫化炭素の発火点は 90 ℃で、第 4 類では一番低い。**
× 5. 常温（20 ℃）で気体（一般に高圧ガス）であれば、消防法上の危険物ではない。また、自然発火性を有するものは、動植物油類のアマニ油等ごくわずかである。

問10 解答 2

○ 1. 一般に常温（20 ℃）では沸点の低いガソリン（40～220 ℃）は、高い軽油（170～370 ℃）に比べて可燃性蒸気が発生しやすく、引火点（－40 ℃以下）も低いので引火の危険性が高い。
× 2. 引火点が 13 ℃のエタノール（エチルアルコール）は、50 ％程度に薄めたものは引火するが、これ以上薄めると**引火点が高くなり引火しなくなる。反対に蒸気圧は、エタノールより蒸気圧の低い水で薄めるので低くなる。**
○ 3. 第 4 類の危険物の多くは比重は 1 より小さいので、火災などの際に注水（放水と同じ）すると消えないばかりか水面に浮かんで火面が広がり、かえって火災が拡大する（非水溶性の危険物）。
○ 4. 非水溶性で伝導率（電気伝導度）の小さい（電気が流れにくい）ベンゼンやガソリンは、急激な流動、ろ過などにより静電気が発生しやすく、**静電気による火災が起こりやすい。**
○ 5. 粘度（ねばりけ）の小さいガソリンや灯油の漏えいによる火災は、粘度の大きい潤滑油等に比べて容易に流動しやすいので火面が拡大しやすい。

出題分析アドバイス：答えではないが○印の項目は、引火性液体の性質や危険性の説明がわかりやすく解説してあり、今後の勉学に役立つので重要！

238

問題28 第4類に共通する火災予防

☑ 1. 蒸気を発生させない
① 炎、火花、高温体等との接近又は加熱を避けるとともに、みだりに蒸気を発生させない。高温体とは？ →真っ赤に焼けた鉄の塊を想像して解答する。
② 二硫化炭素を水槽に入れ水没貯蔵する理由は？ →可燃性蒸気（有毒）の発生を防ぐ。

☑ 2. 容器は密栓して冷所に貯蔵する
① 液温が上がると引火の危険性が生じるため冷所に貯蔵する。
② 密栓する場合は液漏れを防ぐために、容器の上部に十分な空間をとる。
③ 通気口付きの貯蔵容器
　　使用OK →第6類の過酸化水素のみ（危険物試験の出題範囲に限る）。
　　使用NO →メチルエチルケトン、灯油等（通気口から可燃性の蒸気が漏れて危険性が増す）。

☑ 3. 可燃性蒸気の排出は高所へ
① 可燃性蒸気は比重が重く低所に滞留することから、低所の蒸気を高所に排出する。

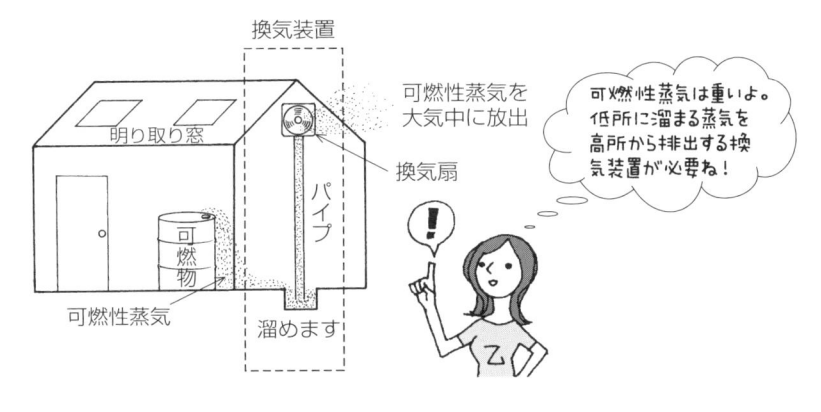

＊可燃性蒸気の排出（屋内貯蔵所の場合）
　ドラム缶から漏れて蒸発した危険物の蒸気（気体）は、空気より重いので溜めますに溜めて、換気設備でパイプを通じて屋外の高所に排出する。
② 蒸気の滞留を防ぐため通風や換気を行う。→発生する蒸気を燃焼範囲の下限値以下にする。

③ 可燃性蒸気が滞留するおそれのある場所では、**火花を発生する機械器具を使用しない**。また、電気設備は、防爆構造のものを使用する。

4. 静電気の蓄積防止策

① 静電気が発生し帯電しやすいホース、配管、タンク、タンクローリー等は、**接地（アース）をして静電気の帯電を防止する**（逃がす）。
② ガソリン、灯油等の粘性の低い危険物は、静電気が発生しやすいので激しい動揺又は流動を避ける。
③ 湿度が低いと、静電気が発生し帯電するおそれがあるので注意して取り扱う。

最近の試験問題で実力アップ！

① 取扱作業時の服装は、電気絶縁性のよい靴やナイロンその他の化学繊維などの衣類を着用する。　　　　　　　　　　　　　　　　　　　　　　　　答（×）
→**電気絶縁性（電気が流れない）のよい靴は、人体に帯電した静電気を逃がすことができないので、危険性が増大する**。また、化学繊維などの衣類は、静電気が発生し帯電しやすいので着用してはいけない。

よく出題される 問題

問 1 第 4 類危険物の性質及び貯蔵、取扱いについて、次のうち誤っているものはどれか。

1. 揮発性の大きい屋外タンク貯蔵所には、液温の過度の上昇を防ぐため、タンク上部に散水装置を設けるとよい。
2. 危険物を容器に詰めるときは、静電気の蓄積に注意する。
3. 危険物の入っていた空容器は、内部に可燃性蒸気が残留していることがあるので火気に注意する。
4. 危険物の蒸気は一般に空気より軽いので、高所の換気を十分に行う。
5. 危険物を取り扱う機器、容器等は、可燃性蒸気の発生を抑えるためできるだけ密閉する。

問 2 第 4 類危険物の貯蔵及び取扱いの一般的な注意事項として、次のうち正しいものはどれか。

1. 危険物を貯蔵した空容器は、ふたをはずして密閉された部屋に保管する。
2. 配管で移送するときは静電気の発生を抑えるため、なるべく流速を遅くする。

3. 万一流出したときは多量の水で流す。
4. 蒸気の発生を防止するため、空間を残さないように容器に詰めて密栓をする。
5. 容器に詰め替えるときは蒸気が多量に発生するので、床に溝を造って蒸気が拡散しないようにする。

問3 灯油を貯蔵し、取り扱うときの注意事項として、次のうち正しいものはどれか。

1. 蒸気は空気より軽いので、換気口は室内の上部に設ける。
2. 静電気が発生しやすいので、激しい動揺又は流動を避ける。
3. 常温（20℃）で容易に分解し発熱するので、冷所に貯蔵する。
4. 直射日光により過酸化物を生成するおそれがあるので、容器に日覆いをする。
5. 空気中の湿気を吸収して爆発するので、容器に不活性ガスを封入する。

問4 第1石油類の危険物を取り扱う場合の火災予防について、次のうち誤っているものはどれか。

1. 液体から発生する蒸気は、地上をはって離れた低いところに溜まることがあるので、周囲の火気に気をつける。
2. 取扱作業をする場合は、鉄びょうのついた靴は使用しない。
3. 取扱場所に設けるモーター、制御器、スイッチ、電灯等の電気設備はすべて防爆構造のものとする。
4. 取扱作業時の服装は、電気絶縁性のよい靴やナイロンその他の化学繊維などの衣類を着用する。
5. 床上に少量こぼれた場合は、ぼろ布などできれいにふき取り、通風を良くし、換気を十分に行う。

問5 二硫化炭素の屋外貯蔵タンクを水槽に入れ、水没する理由として、次のうち正しいものはどれか。

1. 可燃物との接触を避けるため。
2. 水と反応して安定な物質をつくるため。
3. 可燃性蒸気が発生するのを防ぐため。
4. 不純物の混入を防ぐため。
5. 空気と接触して爆発性の物質ができるのを防ぐため。

問6 次の文章の（　）内のA〜Dに当てはまる語句として、正しいものはどれか。

「第4類危険物の貯蔵及び取扱いにあたっては、炎、火花または（A）との接近を避けるとともに、発生した蒸気を屋外の（B）に排出するか、または（C）を良くして蒸気の拡散を図る。また、容器に収納する場合は、（D）危険物を詰め、蒸気が漏えいしないように密栓する。」

	〈A〉	〈B〉	〈C〉	〈D〉
1.	可燃物	低所	通風	若干の空間容積を残し
2.	可燃物	低所	通風	一杯に
3.	高温体	高所	通風	若干の空間容積を残し
4.	水分	高所	冷暖房	若干の空間容積を残し
5.	高温体	低所	冷暖房	一杯に

問7 第1石油類の貯蔵タンクを修理・清掃する場合の火災予防上の注意事項として、次のうち誤っているものはどれか。

1. 洗浄のため水蒸気をタンク内に噴出させるときは、静電気の発生を防止するため、高圧で短時間に導入する。
2. 残油等をタンクから取り出すときは、静電気の蓄積を防止するため、タンク及び容器等を接地する。
3. タンク内に残っている可燃性ガスを排出する。
4. タンク内の作業に入る前に、タンク内の可燃性ガス濃度を測定機器で確認してから修理等を開始する。
5. タンク内の置換用ガスには、窒素等が用いられる。

問8 ジエチルエーテルの貯蔵、取扱いの方法として、次のうち誤っているものはどれか。

1. 直射日光を避け冷所に貯蔵する。
2. 容器は密栓する。
3. 火気及び高温体との接近を避ける。
4. 建物の内部に滞留した蒸気は、屋外の高所に排出する。
5. 水より重く水に溶けにくいので、容器等に水を張って蒸気の発生を抑制する。

問9 危険物の製造所で改修等の工事を実施する場合、安全管理の対策として、次のうち適切でないものはどれか。

1. 工事部分及び施設全体について、工事を実施する際に生じる危険性を予測し、事前に十分把握しておくこと。
2. 施設全体に影響を及ぼす製造所等に変更の必要が生じた場合は、現場責任者の

判断により速やかに工事を実施し、工事が完了後、工事を統括する責任者に報告する。
3. 工事の指示方法、工程ごとのチェック体制等の安全管理組織を確認し、責任区分及び指示系統を明確にしておくこと。
4. 工事が他の部分の工事と並行して実施される場合は、互いの作業に危険を及ぼすことがあるので、相互の連絡を密接にして工事を実施する。
5. 作業方法を具体的に指示した安全マニュアルを作成し、遵守する。

難 レベルアップ 問題

問10 第4類の危険物の貯蔵、取扱いの方法で、次のA～Dのうち正しいもののみを掲げている組合せはどれか。

A. 引火点の低いものを屋内で取り扱う場合には、十分な換気を行う。
B. 屋内の可燃性蒸気が滞留するおそれのある場所では、その蒸気を屋外の地表に近い部分に排出する。
C. 容器に収納して貯蔵するときは、容器に通気孔を設け、圧力が高くならないようにする。
D. 可燃性蒸気の滞留するおそれのある場所の電気設備は、防爆構造のものを使用する。

1. A、B   2. A、C   3. A、D   4. B、C   5. C、D

解答 & パーフェクト講義

問1 解答 4

○ 1. 揮発性の大きい屋外タンク貯蔵所には、液温の過度の上昇を防ぐため、タンク上部に散水装置を設けるとよい。
○ 2. 危険物を容器に詰めるときは、静電気が発生しやすいので蓄積に注意する。
○ 3. ガソリン等の入っていた空容器は、内部に可燃性蒸気が残留していることがあるので火気に注意する。
× 4. **危険物の蒸気は必ず空気より重いので、低所の換気を十分に行う。**
○ 5. 危険物を取り扱う機器、容器等は、可燃性蒸気の発生を抑えるためできるだけ密閉する。

問2 解答2

× 1. 危険物を貯蔵した空容器は、きっちりとふたをして貯蔵する。ふたをはずして密閉された部屋に保管すれば、蒸気が滞留して危険である。
○ 2. **危険物を配管で移送するときは、静電気の発生を抑えるため、なるべく流速を遅くすることは正しい取扱いである。**
× 3. 万一危険物が流出したときは、回収するのが正しい取扱いである。多量の水で流すと、二次汚染で被害が広がるおそれがある。
× 4. 危険物を容器一杯に詰めると、液温が上昇したときに危険物が膨張して漏れる等危険性が増大するので、若干の空間容積を残すように定められている。
× 5. 床に溝を造って危険物の詰替え作業を行うと、蒸気が滞留して危険性が増大する。蒸気の発生を少なくするとともに、換気をよくするのが正しい作業である。

問3 解答2

× 1. 灯油の蒸気は空気より重いので、床面に滞留した蒸気を屋外の高所に排出する。
○ 2. **灯油は静電気が発生しやすいので、激しい動揺又は流動を避ける。**
× 3. 灯油は常温（20℃）で分解することはないが、冷所に貯蔵する必要はある。
× 4. 直射日光により過酸化物を生成するおそれがあるのは、灯油ではなく特殊引火物のジエチルエーテルである。
× 5. 灯油ではなく第3類危険物のアルキルアルミニウム等は、空気中の湿気を吸収して爆発するので容器に不活性ガス（窒素等）を封入して貯蔵する。

問4 解答4

○ 1. ガソリン等の蒸気比重は空気の数倍重く、液体から発生する蒸気は地上をはって離れた低いところに溜まることがあるので、周囲の火気に気をつける。
○ 2. 取扱作業をする場合は、火花等防止のため鉄びょうのついた靴は使用しない。
○ 3. 取扱場所に設けるモーター、制御器、スイッチ、電灯などの電気設備はすべて防爆構造のものを使用するように定められている。
× 4. **電気絶縁性のよい靴やナイロンその他の化学繊維などの衣類は、静電気を多量に発生し帯電するので危険である。**着用する衣類は、帯電防止服等を着用する。

○ 5. ガソリン、ベンゼン等の第1石油類が床上に少量こぼれた場合は、ぼろ布などできれいにふき取り、通風を良くし、換気を十分に行えば安全である。

問5 解答 3

●覚え方のPoint!! ●二硫化炭素の蒸気は有毒なので、蒸気の発生を抑制することが水没貯蔵の目的である。また、水没貯蔵する危険物は、比重が水より重く、水に溶けないことが前提となる。

× 1. 可燃物との接触を避けるため、水没貯蔵する必要はない。
× 2. 二硫化炭素は水と反応しない。
○ 3. 二硫化炭素を貯蔵しているタンクに水を入れ水没貯蔵することにより、比重の軽い水が二硫化炭素の上に浮いてふたの役目をし、**有毒な可燃性蒸気が発生するのを防ぐ**ことができる。
× 4. 不純物の混入を防ぐため、水没貯蔵する必要はない。
× 5. 空気と接触して爆発性の物質ができるのは、ジエチルエーテルである。

問6 解答 3

「第4類危険物の貯蔵及び取扱いにあたっては、炎、火花または（A：**高温体**）との接近を避けるとともに、発生した蒸気を屋外の（B：**高所**）に排出するか、または（C：**通風**）を良くして蒸気の拡散を図る。また、容器に収納する場合は、（D：**若干の空間容積を残し**）危険物を詰め、蒸気が漏えいしないように密栓する。」

特別講義

（A）接近を避けなければならないのは高温体か可燃物かで迷うが、もし可燃物であれば、ガソリンの貯蔵及び取扱い時に可燃物である灯油の取扱いができなくなるので、**高温体**となる。1000℃で真っ赤になった鉄の塊を想像してみるとよい。

（B）蒸気は空気の数倍重いので、屋外の**高所に排出する**。落下する間に風等により拡散され危険性は低下するが、低所に排出すると滞留して拡散が悪くなり危険性が増大する。

（C）窓や扉を開ける等して**通風を良く**すれば、蒸気が拡散され危険性は低下する。

（D）危険物を容器一杯に詰めると、液温が上昇したときに危険物が膨張して漏れる等危険性が増大するので、**若干の空間容積を残す**ように法令で定められている。

問7 解答 1

考え方のPoint!! ●静電気は、固体、液体、気体（水蒸気等）、人体にも発生する。

× 1. 洗浄のため水蒸気をタンク内に噴出させるときは、静電気の発生を防止するため、**低圧で導入する**。水蒸気でも、高圧で噴出すると静電気が発生して危険である。
○ 2. 残油等をタンクから取り出すときは、静電気の蓄積を防止するため、タンク及び容器等を接地（アース）する。
○ 3. タンク内に残っている可燃性ガスを、窒素等の置換用ガスを使って排出する。
○ 4. 安全のためタンク内の作業に入る前に、タンク内の可燃性ガス濃度を測定機器で確認してから修理等を開始する。
○ 5. タンク内の置換用ガス（安全作業のために可燃性蒸気をタンク外に追い出すためのガス）には、不燃性の窒素等が用いられる。

問8 解答 5

○ 1. ジエチルエーテルの貯蔵、取扱いは、直射日光を避け冷所に貯蔵する。
○ 2. 蒸気が漏れるのを防ぐために、容器は密栓をする。
○ 3. 液温の上昇や火災防止のために、火気及び高温体との接近を避ける。
○ 4. 建物の内部に滞留した蒸気は、**拡散を図るために屋外の高所に排出する**。
× 5. 水より重く水に溶けにくいので、容器等に水を張って蒸気の発生を抑制するのは**ジエチルエーテルではなく二硫化炭素の水没貯蔵である**。

問9 解答 2

○ 1. 安全管理の対策として、工事部分及び施設全体について、工事を実施する際に生じる危険性を予測し、事前に十分把握しておくことは大切である。
× 2. 施設全体に影響を及ぼす製造所等に変更の必要が生じた場合は、まず、**工事を統括する責任者に報告し指示を受けることが基本である**。これを怠って工事を行うと、他の施設に甚大な被害と混乱を及ぼすおそれがある。
○ 3. 工事の指示方法、工程ごとのチェック体制等の安全管理組織を確認し、責任区分及び指示系統を明確にしておくことは大切である。
○ 4. 工事が他の部分の工事と並行して実施される場合は、互いの作業に危険を及ぼすことがあるので、相互の連絡を密接にして工事を実施することは大切で

ある。
○5. 作業方法を具体的に指示した安全マニュアルを作成し、遵守する。

難 レベルアップ問題

問10 解答 3

- ○ A. ガソリン等引火点の低い危険物は沸点も低く蒸発しやすいので、屋内で取り扱う場合には安全のためにも十分な換気を行う。
- × B. 屋内の可燃性蒸気が滞留するおそれのある場所では、その**蒸気を屋外の高所に排出する**。第4類の危険物の蒸気比重は空気より重いので、地表に近い部分に排出すると拡散が悪くなり危険性が増す。
- × C. 容器に収納して貯蔵するときは、必要な空間容積をとり密栓をしなければならない。**容器に通気孔を設けることができる危険物は、第4類にはない。**
- ○ D. 可燃性蒸気の滞留するおそれのある場所の電気設備は、火花を発するものを使用してはならない（防爆構造のものを使用する。）と定められている。

× 1. A、B　　× 2. A、C　　○ 3. A、D　　× 4. B、C　　× 5. C、D

問題29 事故事例

よく出題される問題

問1 第4類第1石油類を貯蔵する屋内貯蔵所において、危険物の流出事故が発生した場合の処置として、適切でないものは、次のうちいくつあるか。

A. 電気設備による引火を防止するため、照明や漏れた蒸気を屋根上に排出する設備のスイッチを切った。
B. 漏えい事故を作業員に知らせるとともに、消防機関に連絡した。
C. 消火の準備をするとともに、床面に流出した危険物に乾燥砂をかけ、吸いとった。
D. 危険物を移動させるため、危険物を充てんした金属製ドラム缶をひきずって屋外に出した。
E. 溜めますにたまった危険物を容器で汲み上げ、ふたのある金属容器に収納した。

1. 1つ　　2. 2つ　　3. 3つ　　4. 4つ　　5. 5つ

問2 ガソリンを貯蔵していた移動タンク貯蔵所に、灯油を流入しているとき、火災が起きることがあるが、その主な原因として次のうち正しいものはどれか。

1. 流入によって発生する灯油の蒸気にガソリン蒸気が吸収され、そのとき発生する吸収熱によって発火することがあるから。
2. 流入によって発生する灯油の蒸気とガソリンの蒸気との摩擦熱によって、発火するため。
3. 充満していたガソリンの蒸気が、ある程度灯油に吸収され燃焼範囲内の濃度になり、灯油の流入によって発生した静電気の放電火花で引火するため。
4. 灯油の流入によってガソリン蒸気が攪拌され、そのときの摩擦熱により発火するため。
5. ガソリン蒸気により爆発性混合気が形成されたところに、灯油の蒸気が加わり混合気が圧縮され、その圧縮熱と蒸気の摩擦熱とにより発火するため。

問3 移動貯蔵タンクから地下タンクに危険物を注入中、危険物が流出する事故がたびたび発生しているが、このような事故を防止するために、注入開始前に行う確認事項として、次のうち誤っているものはどれか。

1. 移動タンク貯蔵所と地下タンク貯蔵所の危険物の量が正しいか確認する。

2. 地下タンク貯蔵所の計量口が開いているか確認する。
3. 移動タンク貯蔵所の底弁が正しいか確認する。
4. 地下タンク貯蔵所の注入口に誤りがないか確認する。
5. 移動タンク貯蔵所の注入ホースと地下タンク貯蔵所の注入口が確実に結合されているか確認する。

問4 移動タンク貯蔵所から給油取扱所の地下タンクにガソリンを注入中、ガソリンが流出した事故に対する対策として、次のうち不適切なものはいくつあるか。

A. 移動タンク貯蔵所の底部の閉鎖装置を作動させるとともに、地下タンクへの注入を中止し、消火の準備をする。
B. ガソリンの漏えい事故を給油所内の従業員に知らせるとともに、消防機関に連絡する。
C. 事務所及び湯沸室等の火気設備の火を切るとともに、出入口の扉の閉鎖を確認する。
D. 多量の水でガソリンを油分離槽に流し込み、界面活性剤で乳化して下水に流す。
E. 顧客を避難させ、一般の人の出入りを禁止するとともに、道路通行車両にも注意した。

1. 1つ 2. 2つ 3. 3つ 4. 4つ 5. 5つ

問5 次の事故事例を教訓とした今後の対策として、誤っているものはどれか。

「給油取扱所の固定給油設備から軽油が漏れて地下に浸透したため、地下専用タンクの外面保護材の一部が溶解した。また、周囲の地下水も汚染され、油臭くなった。」

1. 給油中は吐出状況を監視し、ノズルから空気（気泡）を吹き出していないかどうか注意すること。
2. 固定給油設備は定期的に前面カバーを取り外し、ポンプ及び配管に漏れがないか点検すること。
3. 固定給油設備のポンプ周囲及び下部ピット内は点検を容易にするため、常に清掃しておくこと。
4. 固定給油設備のポンプ及び配管等の一部に著しく油、ごみ等が付着する場合は、その付近に漏れの疑いがあるので、重点的に点検すること。
5. 固定給油設備の下部ピットは、漏油しても地下に浸透しないように、内側をアスファルトで被覆しておくこと。

問6　「顧客に自ら給油等させる給油取扱所（セルフスタンド）において、給油を行おうとして、自動車の燃料タンクの給油口キャップを緩めた際に、噴出したガソリン蒸気に静電気放電したことにより、引火して火災になった。」

このような静電気事故を防止するため、給油取扱所における静電気対策として、次のうち適切でないものはどれか。

1. 固定給油設備等のホースおよびノズルの導通を良好に保つ。
2. ガソリン蒸気への静電気放電が起きないようにするために、給油口キャップを開放する前には、金属等に触れないようにする。
3. 固定給油設備等や機器等の直近その他見やすい箇所に、「静電気除去」に関する事項を表示する。
4. 給油取扱所の従業員は、帯電防止服および帯電防止靴の着用を励行する。
5. 地盤面への散水を適時行い、人体に帯電している静電気が漏えいしやすいようにする。

問7　次の事故の可能性が最も高い危険物は、次のうちどれか。

「ある一般取扱所において、危険物を金属製容器から金属製ロートを使用してポリ容器（10ℓ）に移替え中、流動により発生した静電気がスパークし、蒸気に引火したため火災が発生し、行為者が火傷した。」

1. 灯油　　2. 軽油　　3. 重油　　4. ガソリン　　5. ギヤー油

難 レベルアップ問題

問8　次の文の下線部分の（A）～（D）のうち、事故の発生要因になると考えられるものすべてを掲げているものはどれか。

「ガソリンを貯蔵していた移動タンク貯蔵所のタンクにガソリンを注入するため、(A)導電性の低い作業着と靴を着用してタンク内を(B)不活性ガスで置換した。次に注入管をタンク上部から入れ、注入管の先端をタンクの底部から(C)相当に離した状態で、(D)速度をできるだけ速めて注入している際、タンク内部から突然炎が上がった。」

1. (A)、(B)　　2. (A)、(B)、(C)　　3. (A)、(C)、(D)
4. (B)、(D)　　5. (C)、(D)

解答 & パーフェクト講義

問1 解答2

●設問に「第4類第1石油類」とあれば、ガソリンを想像して、① 引火点が低い、② 沸点が低いので蒸気の発散が多い、③ 静電気が大量に発生し帯電する等を思い出して答えを導き出すことが大切である。

× A. 漏れた蒸気を屋根上に排出する設備のスイッチを切ると、蒸気が低所に滞留して危険性が増す。また、スイッチをむやみに切ると、発生する火花により漏れた蒸気に引火するおそれがあり危険である。

○ B. 漏えい事故を作業員に知らせるとともに消防機関に連絡したことは、適切な処置である。

○ C. 消火の準備をするとともに、床面に流出した危険物に乾燥砂をかけ吸いとったことは、適切な処置である。

× D. 金属製ドラム缶を引きずる作業は、火花が発生して流出した危険物に引火するおそれがあり危険である。

○ E. 溜めますに溜まった危険物を容器で汲み上げ、ふたのある金属容器に収納したことは適切な処置である。

× 1. 1つ　　○ 2. 2つ　　× 3. 3つ　　× 4. 4つ　　× 5. 5つ

問2 解答3

× 1. 吸収熱が発生することはない。また、それによって発火することもない。
× 2. 摩擦熱が発生することはない。また、それによって発火することもない。
○ 3. 揮発性の高いガソリンを貯蔵していた移動貯蔵タンク内のガソリン蒸気濃度は、燃焼範囲（1.4～7.6 vol%）の上限値（7.6 vol%）をはるかに超えているので火災を起こすことはない。しかし、ガソリンを貯蔵した後に灯油を積み込むと、充満していたガソリンの蒸気が灯油に吸収され燃焼範囲内の濃度に低下し、灯油の流入によって発生した静電気の放電火花で引火することがあり危険である。
× 4. 灯油の流入によってガソリン蒸気が撹拌され、摩擦熱が発生することはない。
× 5. 圧縮熱と摩擦熱が発生することはない。

問3　解答2

- ◯ 1. 両方のタンク内の危険物の量を確認することは、流出事故防止のためには大切な作業である。
- × 2. <u>地下タンクの計量口が閉じているか確認する</u>。計量時以外は閉鎖するように法令で定められているので、<u>注入時に開いているのは誤っている</u>。

※計量口：地下タンクの在庫を量る
　　　　古いタイプの地下タンク計量装置

- ◯ 3. 移動タンク貯蔵所の底弁が正しいか確認することは大切である。
- ◯ 4. 誤注油や流出事故防止のため、地下タンクの注入口に誤りがないか確認することは大切な作業である。
- ◯ 5. 漏えい事故防止のため、移動タンク貯蔵所の注入ホースと地下タンク貯蔵所の注入口が確実に結合されているか確認することは大切な作業である。

問4　解答1

- ◯ A. 移動タンク貯蔵所の底部の閉鎖装置を作動させるとともに、地下タンクへの注入を中止し、消火の準備をするのは適切な処置である。
- ◯ B. ガソリンの漏えい事故を給油所内の従業員に知らせるとともに、消防機関に連絡するのは適切な処置である。
- ◯ C. 事務所及び湯沸室等の火気設備の火を切るとともに、出入口の扉の閉鎖を確認するのは適切な処置である。
- × D. ガソリンが漏れた場合は、その量・場所にもよるが、ドラム缶等に回収するのが基本で、他に乾燥砂やウエス等を使って回収する方法がある。**多量の水で油分離槽に流せばあふれ出るおそれがあるし、また、界面活性剤で乳化して下水に流すと、河川の汚染等により二次災害の危険が生じる。**
- ◯ E. 顧客を避難させ、一般の人の出入りを禁止するとともに、道路通行車両にも注意したのは適切な処置である。

252

○ 1. 1つ　　× 2. 2つ　　× 3. 3つ　　× 4. 4つ　　× 5. 5つ

問 5 解答 5

- ○ 1. 給油中は吐出状況を監視し、ノズルから空気（気泡）を吹き出していないかどうか注意する。→**気泡があれば、配管、機器に緩み、損傷等がある。**
- ○ 2. 危険物の漏えい事故防止のため、固定給油設備は定期的に前面カバーを取り外し、ポンプ及び配管に漏れがないか点検することは大切な作業である。
- ○ 3. 固定給油設備のポンプ周囲及び下部ピット内は点検を容易にするため、常に清掃しておくことは大切な作業である。
- ○ 4. 固定給油設備のポンプ及び配管等の一部に著しく油、ごみ等が付着する場合は、その付近に漏れの疑いがあるので、重点的に点検することは大切である。
- × 5. 固定給油設備の下部ピットは、石油が浸透しない部材（一般にコンクリート）で被覆しなければならない。**アスファルトは軽油と同じ石油製品なので、溶けて効果がない。**

問 6 解答 2

- ○ 1. 発生する静電気除去のために、ホースおよびノズルの導通を良好に保つ。
- × 2. ガソリン蒸気への静電気放電が起きないようにするために、給油口キャップを開放する前に、**金属等に触れて人体に帯電している静電気を逃がす。**
- ○ 3. 固定給油設備等の他、見やすい箇所に「静電気除去」に関する事項を表示する。
- ○ 4. 給油取扱所の従業員は、帯電防止服および帯電防止靴の着用を励行する。
- ○ 5. 地盤面への散水を適時行い、人体に帯電している静電気が漏えいしやすいようにすることは、静電気事故防止のために大切である。

問 7 解答 4

●静電気のスパークで引火するためには、**危険物の引火点が常温（20℃）より低いことが絶対条件である。**液温が高くなる夏季を考慮しても、引火点が40℃以上の危険物は容易に引火しない。（　）内の数値は引火点である。

- × 1. 灯油（40℃以上）
- × 2. 軽油（45℃以上）
- × 3. 重油（60〜150℃）
- ○ 4. **ガソリン（−40℃以下）**
- × 5. ギヤー油（220℃）

レベルアップ問題

問8 解答 3

「ガソリンを貯蔵していた移動タンク貯蔵所のタンクにガソリンを注入するため、(A)×導電性の低い作業着と靴を着用してタンク内を(B)○不活性ガスで置換した。次に注入管をタンク上部から入れ、注入管の先端をタンクの底部から(C)×相当に離した状態で、(D)×速度をできるだけ速めて注入している際、タンク内部から突然炎が上がった。」

× 1. (A) ×、(B) ○
× 2. (A) ×、(B) ○、(C) ×
○ 3. (A) ×、(C) ×、(D) ×
× 4. (B) ○、(D) ×
× 5. (C) ×、(D) ×

問題30 第4類に共通する消火の方法

第4類危険物の消火には、① 空気の供給を遮断する窒息消火、② 燃焼を化学的に抑制する抑制作用（負触媒作用）による消火が効果的である。

☑ 1. 第4類に効果的な消火剤
① 霧状の強化液、② 泡、③ ハロゲン化物、④ 二酸化炭素、⑤ 粉末

☑ 2. 第4類に不適当な消火剤
液比重が1より小さい（水より軽い）危険物の火災に注水すると、危険物が水に浮いて火災が拡大するので適当でない。

	棒 状	霧 状
水	×	×
強化液消火剤	×	○

注意　水と強化液の棒状は、第4類の消火には使用できない。
棒状とは、ホースで水（消火剤）をかけること。

☑ 3. 水溶性危険物の消火
① アルコール類やアセトン等の水溶性液体の消火に、一般の泡消火剤を用いても泡が溶解され消えるので効果がない。→水溶性液体用泡消火剤を使用する。

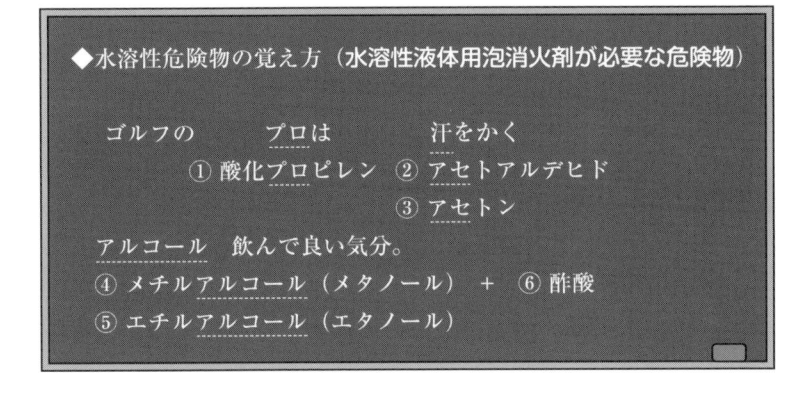

◆水溶性危険物の覚え方（水溶性液体用泡消火剤が必要な危険物）

　　ゴルフの　　　プロは　　　　汗をかく
　　　　① 酸化プロピレン　② アセトアルデヒド
　　　　　　　　　　③ アセトン
　アルコール　飲んで良い気分。
　　　④ メチルアルコール（メタノール）　＋　⑥ 酢酸
　　　⑤ エチルアルコール（エタノール）

4. 火災の区別と消火器の識別

① 普通火災（木材、紙類、繊維等）　　A 火災→白色の標識 ｝消火器に表示
② 油火災（第4類の引火性液体）　　　 B 火災→黄色の標識　　する色別標識
③ 電気火災（電線、モーター等）　　　 C 火災→青色の標識

注意　消火器に表示する識別標識の色とは、**絵表示の地色の部分の色**をいう。絵表示の色は別途定められている。

出題分析アドバイス：識別標識の問題は常に②の油火災が答えになるので、なたね油は黄色と覚える。

初期消火…速やかに消火！

火災の種類にあった消火器を使おう！

- 普通火災
- 油火災
- 電気火災

5. 消火剤と適応火災のまとめ

		普通火災（木材等）	油火災・第4類 非水溶	油火災・第4類 水溶性	電気火災（モーター等）
1. 棒状の水		○	×	×	×
2. 強化液消火剤	棒状	○	×	×	×
	霧状	○	○	○	○
3. 泡消火剤		○	○	×	×
4. 水溶性液体用泡消火剤		—	—	○	—
5. ハロゲン化物消火剤		×	○	○	○
6. 二酸化炭素消火剤		×	○	○	○
7. 粉末消火剤（リン酸塩類）		×(○)	○	○	○

○印は使用できる　×印は使用できない

よく出題される問題

問1 第4類の危険物の消火について、次のうち最も適切なものはどれか。

1. 液温を引火点以下にする。
2. 可燃性蒸気の発生を抑制する。
3. 空気の供給を遮断するか、又は燃焼を化学的に抑制する。
4. 蒸気の濃度を低下させる。
5. 可燃物を取り除く。

問2 泡消火剤の中には、水溶性液体用の泡消火剤とその他の一般の泡消火剤とがある。次の危険物の火災を泡で消火する場合、一般の泡消火剤では適切でないものはどれか。

1. キシレン　　2. トルエン　　3. ジェット燃料油　　4. アセトン
5. ベンゼン

問3 エタノールの火災に、水溶性液体用泡消火剤以外の一般的な泡消火剤を使用しても効果的でない理由として、次のうち正しいものはどれか。

1. 消火剤と化合するから。
2. 燃焼温度が非常に高いから。
3. 揮発性が大きいから。
4. 燃焼速度が速いから。
5. 泡を消すから。

問4 次の文章の（　）内に当てはまる泡消火剤について、適切なものはどれか。

「アルコール類などの可燃性液体の火災に際して、通常消火に用いられている泡消火剤の中には、火面を覆った泡が破壊し溶けて消滅してしまうものがあるため、これらの火災には（　）が用いられる。」

1. 合成界面活性剤泡消火剤
2. 水溶性液体用泡消火剤
3. たん白泡消火剤
4. 水性膜泡消火剤

5. フッ素たん白泡消火剤

問5 一般の泡消火剤を使用すると泡が消えるので、水溶性液体用の特別な泡消火剤を使用しなければならない危険物は、次のうちいくつあるか。

　　A. 二硫化炭素
　　B. アセトアルデヒド
　　C. アセトン
　　D. メタノール
　　E. クレオソート油

1. 1つ　　2. 2つ　　3. 3つ　　4. 4つ　　5. 5つ

問6 アルコール類、ケトン類などの水溶性の可燃性液体の火災に用いる泡消火剤は、水溶性液体用泡消火剤とされている。その主たる理由として、次のうち適切なものはどれか。

1. 他の泡消火剤に比べて、耐熱性に優れているから。
2. 他の泡消火剤に比べて、消火剤が可燃性液体に溶け込み引火点が低くなるから。
3. 他の泡消火剤に比べて、泡が溶解したり破壊されることがないから。
4. 他の泡消火剤に比べて、可燃性液体への親和力が極めて強いから。
5. 他の泡消火剤に比べて、水溶性が高いから。

問7 第4類の危険物の火災における消火方法として、次のうち誤っているものはどれか。

1. 重油の火災に、泡消火剤は有効である。
2. ハロゲン化物消火剤は、トルエンの火災に有効である。
3. ガソリンの火災に、二酸化炭素消火剤は不適当である。
4. リン酸塩類等の粉末消火剤は、ベンゼンの火災に有効である。
5. 軽油の火災に、棒状注水は不適である。

問8 第4類の危険物火災の消火効果等について、次のうち適当でないものはどれか。

1. 水溶性の危険物の火災には、棒状の強化液の放射が最も効果的である。
2. 乾燥砂は、小規模の火災に効果がある。
3. 初期消火には、霧状の強化液の放射が効果的である。
4. 泡を放射する小型消火器は、小規模の火災に効果がある。
5. 一般の注水による消火方法は、不適当である。

問9 ガソリン、灯油の消火について、次のうち誤っているものはどれか。

1. 粉末消火剤は、効果がある。
2. 二酸化炭素消火剤は、効果がある。
3. 泡消火剤は、効果がある。
4. 霧状の強化液消火剤は、効果がある。
5. ハロゲン化物消火剤は、全く効果がない。

問10 舗装面または舗装道路に漏れたガソリンの火災に、噴霧注水を行うことは不適切な消火方法とされている。次のA～Eのうち、その主な理由に当たるものの組合せは、次のうちどれか。

A. ガソリンが水に浮き、燃焼面積を拡大させる。
B. 水滴がガソリンをかく乱し、燃焼を激しくする。
C. 水滴の衝撃でガソリンをはね飛ばす。
D. 水が側溝等を伝わり、ガソリンを遠方まで押し流す。
E. 水が激しく沸騰し、ガソリンを飛散させる。

1. AとB　　2. AとD　　3. BとC　　4. CとE　　5. DとE

解答 & パーフェクト講義

問1　解答 3

- × 1. 消火剤でガソリンの液温を引火点の－40℃以下にするのは不可能である。
- × 2. 第4類の引火性液体は、火災時の高温により蒸発が激しくなるので、消火剤で蒸気の発生を抑制するのは難しい。
- ○ 3. 第4類の危険物の消火には、泡や二酸化炭素消火剤等で空気の供給を遮断するか又はハロゲン化物消火剤等で、燃焼を化学的に抑制する方法が最も効果的である。
- × 4. 第4類の液体の危険物は、火災時には可燃性蒸気の発生が激しいので、蒸気の濃度を低下させることは難しい。
- × 5. 第4類の液体の危険物は、可燃物を取り除く除去消火の方法は使えない。

問2　解答 4

●設問より水溶性液体を探せばよい。

水溶性危険物の覚え方（p.255 合格のポイント参照）

ゴルフの<u>プロ</u>は	<u>汗</u>をかく	<u>アルコール</u>飲んで良い気分。
・酸化<u>プロ</u>ピレン	・<u>ア</u>セトアルデヒド	・<u>メタノール</u>　　　　＋　　<u>酢酸</u>
	・<u>ア</u>セトン	・<u>エタノール</u>

○ 1. キシレン→非水溶性液体で水に溶けない。一般の泡消火剤で消火できる。
○ 2. トルエン→非水溶性液体
○ 3. ジェット燃料油→非水溶性液体
× 4. **アセトン**→**水溶性液体で水に溶ける**。一般の泡消火剤で消火できない。
○ 5. ベンゼン→非水溶性液体

問3 解答 5

●一般の泡消火剤の成分は大半が水なので、エタノール等水溶性液体の消火に使用すると、**泡がエタノールに溶けて消え窒息効果がない**。水溶性液体用泡消火剤は、泡が消えないので窒息消火ができる。

○ 5. 泡を消すから。

問4 解答 2

「アルコール類などの可燃性液体の火災に際して、通常消火に用いられている泡消火剤の中には、火面を覆った泡が破壊し溶けて消滅してしまうものがあるため、これらの火災には（2. **水溶性液体用泡消火剤**）が用いられる。」

問5 解答 3

× A. 二硫化炭素→非水溶性危険物
○ B. **アセトアルデヒド**→水溶性危険物（水溶性危険物の覚え方参照）
○ C. **アセトン**→水溶性危険物（水溶性危険物の覚え方参照）
○ D. **メタノール**→水溶性危険物（水溶性危険物の覚え方参照）
× E. クレオソート油→非水溶性危険物

× 1. 1つ　　× 2. 2つ　　○ 3. 3つ　　× 4. 4つ　　× 5. 5つ

問6 解答3

●問5の設問を再確認してほしい。問6の答えを見ることができる。
一般の泡消火剤を使用すると泡が消える（泡が溶解したり破壊されること）ので、水溶性液体用の特別な泡消火剤を使用…

× 1. 他の泡消火剤に比べて、耐熱性に優れているわけではない。
× 2. 泡消火剤の使用で引火点が低くなることはない。また、引火点は低くなればなるほど、引火しやすくなり危険性が増す。
○ 3. 他の泡消火剤に比べて、泡が溶解したり破壊されることがないから。
? 4. 他の泡消火剤に比べて、可燃性液体への親和力が極めて強いから。
× 5. 水溶性が高ければ、水溶性液体には使えないので誤っている。

問7 解答3

得点力UPのツボ
第4類の引火性液体（非水溶性の危険物が主体である。）の火災に有効な消火剤（消火器）は以下のとおり。
・霧状の強化液消火剤　・泡消火剤　・ハロゲン化物消火剤
・二酸化炭素消火剤　・粉末消火剤

○ 1. 重油の火災に、泡消火剤は有効である。
○ 2. ハロゲン化物消火剤は、トルエンの火災に有効である。
× 3. ガソリンの火災に、窒息作用のある二酸化炭素消火剤を使うのは効果的である。
○ 4. リン酸塩類等の粉末消火剤は、ベンゼンの火災に有効である。
○ 5. 軽油の火災に、棒状注水は不適である。

問8 解答1

× 1. 水溶性のアルコール等の火災に棒状の強化液の放射は、ほとんど効果がないので不適切である。
○ 2. 乾燥砂は、小規模の火災に効果がある。
○ 3. 初期消火には、霧状の強化液の放射が効果的である。
○ 4. 泡を放射する小型消火器は、小規模の火災に効果がある。
○ 5. 一般の注水による消火方法は、不適当である。

| 問9 | 解答 5 |

- ○ 1. ガソリン、灯油等の石油製品の消火に粉末消火剤は、窒息と抑制の効果があるので適している。
- ○ 2. 二酸化炭素消火剤は、窒息効果があるので適している。
- ○ 3. ガソリン、灯油の消火に泡消火剤は、窒息効果があるので適している。
- ○ 4. 霧状の強化液消火剤は、抑制効果があるので適している。
- × 5. **ハロゲン化物消火剤は、窒息と抑制の効果があるのでガソリン等に適している。**

| 問10 | 解答 2 |

考え方の Point!!
●ガソリンの火災に水を使った消火は、棒状、霧状ともに不適切である。

- ○ A. ガソリンの火災に水噴霧消火は消火できないばかりか、**非水溶性で比重の軽いガソリンが水に浮くので、燃焼面積を拡大させ危険性が増すから。**
- × B. 噴霧注水なので、水滴がガソリンをかき乱し燃焼を激しくするようなことはない。
- × C. 噴霧注水なので、水滴の衝撃でガソリンをはね飛ばすようなことはない。
- ○ D. 水噴霧では消火できないガソリンが水に浮き、**側溝等を伝わりガソリンを遠方まで押し流すことにより、危険性が増大するから。**
- × E. 噴霧注水で水が激しく沸騰し、ガソリンを飛散させるようなことはない。

× 1. AとB　　○ 2. AとD　　× 3. BとC　　× 4. CとE　　× 5. DとE

問題 31　第1石油類-1（ガソリン）

第1石油類とは、**アセトン**、**ガソリン**その他、1気圧において**引火点が21℃未満**のものをいう。ガソリンの一般性状の一覧表と、性質について下記にまとめた。

〈ガソリンの一般性状〉

品名	液比重	沸点°C	引火点°C	発火点°C	燃焼範囲 vol%	水溶性
ガソリン	0.65〜0.75	40〜220	−40以下	300	1.4〜7.6	×

① 自動車ガソリン（着色）、航空ガソリン（着色）、工業ガソリンに大別される。**自動車ガソリンは、灯油や軽油との識別を容易にするためオレンジ色に着色してある。**
② 水より軽く水に溶けない。アルコール、その他の有機溶剤によく溶ける。
③ **蒸気は空気の3〜4倍重いので、低所に滞留しやすい。**
④ 炭化水素の混合物。
⑤ **石油製品は非水溶性液体なので、静電気が発生しやすい。**

よく出題される問題

問1 ガソリンの性状について、次のうち正しいものはどれか。

1. 自然発火しやすい。
2. 発火点は、二硫化炭素より低い。
3. 燃焼範囲は、ジエチルエーテルより広い。
4. 自動車ガソリンは、すべて淡青色又は淡緑色に着色されている。
5. 水よりも軽い。

問2 自動車ガソリンの性状について、次のうち誤っているものはどれか。

1. 揮発しやすい液体であり特有の臭気がある。
2. 蒸気は空気の3〜4倍重い。
3. 引火点は常温（20℃）より高い。
4. 水より軽く、水に不溶である。
5. 燃焼範囲は、おおむね1〜8 vol%である。

問3 自動車ガソリンの性状について、次のうち誤っているものはどれか。

1. 燃焼範囲は、おおむね 1 ～ 8 vol%である。
2. 発火点は、100℃より低い。
3. オレンジ色に着色されている。
4. 水より軽い。
5. 引火点は 0℃より低い。

問4 自動車ガソリンの性状について、次のうち誤っているものはどれか。

1. 燃焼範囲は 33 ～ 47 vol%である。
2. 流動摩擦等により静電気が発生しやすい。
3. 引火点は － 40℃以下である。
4. 揮発性物質である。
5. 水面に流れたものは広がりやすい。

問5 自動車ガソリンの性状について、次のうち誤っているものはどれか。

1. 引火点は － 40℃以下である。
2. 流動により静電気が発生しやすい。
3. 水より軽い。
4. 燃焼範囲は、おおむね 1 ～ 8 vol%である。
5. 褐色又は暗褐色の液体である。

問6 自動車ガソリンの性状等について、次のうち誤っているものはどれか。

1. 引火点は － 40℃以下である。
2. 燃焼範囲は、約 1 ～ 8 vol%である。
3. 空容器でも、ガソリンが蒸発して混合気が燃焼範囲内になることがあるので、取扱いに注意をする必要がある。
4. 電気を通しやすいので、流動、ろ過、滴下、噴霧しても静電気は発生しにくい。
5. 水中では水に溶けずに表面に膜を張るので、下水等に流すとそこから引火の危険が生じる。

問7 ガソリンの一般性状について、次のうち正しいものはどれか。

1. 燃焼範囲は、3～44 vol%と非常に広い。
2. 無機化合物である。
3. 電気を通しやすい。
4. 引火点以下では、蒸気は発生しない。
5. 種々の炭化水素の混合物である。

問8 自動車ガソリンの性状について、次のうち誤っているものはどれか。

1. 蒸発しやすく引火性が非常に高い物質であり、特殊引火物に次ぐ危険性を有している。
2. ガソリンがほとんど残っていない空容器は、引火の危険性が極めて小さい。
3. 非水溶性で流動、ろ過、滴下、噴霧などの際に帯電し、放電火花により引火爆発を起こすことがある。
4. 燃焼範囲は約1～8 vol%である。
5. 蒸気は空気より重く地面をはってかなり遠くの低所に滞留し、燃焼範囲の混合ガスをつくることがある。

解答 & パーフェクト講義

問1 解答 5

× 1. ガソリンを始め石油製品は、自然発火しない。
× 2. 二硫化炭素の発火点は第4類の危険物で一番低い90℃であり、**ガソリンはそれより相当に高い約300℃である。**
× 3. 特殊引火物であるジエチルエーテルの燃焼範囲は、**ガソリンの1.4～7.6 vol%に比べて約5倍広い。** 特殊引火物の燃焼範囲は広くて危険と覚えれば、数値を覚えなくても答えを導くことができる。
× 4. 自動車ガソリンは、灯油や軽油との識別を容易にするためオレンジ色に着色されている。
○ 5. 水よりも軽い。**ガソリンをはじめ、石油製品は水より軽いと覚える。**

問2　解答 3

- ○ 1. ガソリンは沸点が低いので、揮発しやすく特有の臭気がある。
- ○ 2. 蒸気は空気の3～4倍重い。臭いを感じなくても、地面に近い所に蒸気が滞留しているので危険である。
- × 3. ガソリンの引火点は、－40℃以下で常温（20℃）より低い。
- ○ 4. ガソリンは水より軽く、非水溶性液体なので水に不溶である。
- ○ 5. 燃焼範囲は、おおむね1～8 vol%である。

出題分析アドバイス

物理・化学に次いで、性質の苦手な方が多い。性質に強くなるポイントは、ガソリンの一般性状の表を見て数値を確認したときは、必ずその数値を書くことである。ガソリンの比重、蒸気比重、点火点など大切な数値は、繰り返し出題されている重要なものである。これを行うと行わないとでは、試験本番に相当の差がでてくる。

ただし、5項のガソリンの「燃焼範囲は、おおむね1～8 vol%である」とおおよその数値しか書いてないものは、1.4～7.6 vol%と細かい数値を覚えなくても答えは必ず出るようになっている。

問3　解答 2

- × 2. 自動車ガソリンの発火点は、約300℃である。

p.232の「7. 簡便法について」より「自動車ガソリンの発火点は、100℃より低い。」と出れば、二硫化炭素以外はすべて×となる。数値は覚えられない場合には、このような方法もある。

問4　解答 1

- × 1. 自動車ガソリンの燃焼範囲は、33～47 vol%ではなくおおむね1～8 vol%（1.4～7.6 vol%）である。
- ○ 2. 自動車ガソリンは、流動摩擦等により静電気が発生しやすい。
- ○ 3. 自動車ガソリンの引火点は－40℃以下と低く、－30℃と厳冬の北海道でも引火する（ガソリンの引火点を－40℃とすると、液温が－40℃では引火するが－41℃では発生する蒸気の量が少ないので引火しない）。
- ○ 4. 沸点が低い揮発性物質である。
- ○ 5. 非水溶性液体なので、水面に流れたものは浮いて広がりやすい。

問題 31　第 1 石油類-1（ガソリン）

問5 解答 5

○ 1. ガソリンの引火点は－40℃以下であり、石油製品では一番低い。
○ 2. ガソリンは非水溶性液体なので、流動により静電気が発生しやすい。
○ 3. 水より軽いと出れば、二硫化炭素は×、他はすべて○で OK である（p.232「7. 簡便法について」を参照）。
○ 4. 燃焼範囲は 1.4 ～ 7.6 vol%であるが、おおむねであれば 1 ～ 8 vol%で OK。
× 5. 自動車ガソリンの色は、**灯油や軽油との識別を容易にするためオレンジ系色に着色**されている。

問6 解答 4

○ 1. ガソリンの引火点は－40℃以下であり、第 4 類では一番低い部類に属する。
○ 2. 燃焼範囲は、約 1 ～ 8 vol%である。
○ 3. 空容器でも、ガソリンが蒸発して混合気（ガソリン蒸気と空気が混合したもの）が燃焼範囲内になることがあるので、取扱いに注意をする必要がある。
× 4. ガソリンは**電気を通さない非水溶性液体**なので、流動、ろ過、滴下、噴霧などにより**大量の静電気が発生する**。
○ 5. 水中では水に溶けず（非水溶性）に薄く拡散して浮く（比重が 1 の水より軽い）ので、下水等に流すと火災等の危険がある。

問7 解答 5

× 1. ガソリンの燃焼範囲は、おおむね 1 ～ 8 vol%でありあまり広くはない。
× 2. ガソリンは無機化合物ではなく、有機混合物である。
× 3. 非水溶性のガソリンは、電気絶縁性が大きいので電気を通さない。
× 4. 引火点以下でも、引火はしないが蒸気を発生している。
○ 5. **ガソリンは、何十種類かの炭化水素（主に炭素と水素でできたもの）の物品が混ざりあった混合物である。**

問8 解答 2

●危険物が入っていた空容器は蒸気濃度が燃焼範囲内になることが多く、引火点が低い危険物（特殊引火物、第 1 石油類、アルコール類等）は引火の危険性が大きい。

- ◯ 1. 沸点が低いので蒸発しやすく、引火点（－40℃以下）も低く引火性が非常に高い物質である。ガソリンは、特殊引火物に次ぐ危険性を有している。
- × 2. ガソリンがほとんど残っていない**空容器は、蒸気濃度が燃焼範囲内になることが多く、引火の危険性が大きい。**
- ◯ 3. 非水溶性で流動、ろ過、滴下、噴霧などの際に帯電し、放電火花により引火爆発を起こすことがある。→引火点が－40℃以下と低いため引火しやすい。
- ◯ 4. 燃焼範囲は約1～8vol%である。
- ◯ 5. ガソリンの蒸気は空気より3～4倍重く、地面をはってかなり遠くの低所（くぼみ等）に滞留し、燃焼範囲の混合ガスをつくることがある。

問題 32　第 2 石油類（灯油・軽油・酢酸・キシレン他）

第 2 石油類とは、**灯油**、**軽油**のほか、1 気圧において引火点が 21℃以上 70℃未満のものをいう。

品　名	液比重	沸点℃	引火点℃	発火点℃	燃焼範囲 vol%	水溶性
灯　油	約 0.8	145〜270	40 以上	220	1.1〜6.0	×
軽　油	約 0.85	170〜370	45 以上	220	1.0〜6.0	×
酢　酸	1.05	118	39	463	4.0〜19.9	○
キシレン（オルト）	0.88	144	33	463	1.0〜6.0	×

☑ 1. 灯　油
① 無色または淡黄色（淡紫黄色）の液体で、特有の臭いがある。
② **液温が引火点以上になると、ガソリンと同様の引火危険を生じる。**
③ **霧状にしたり、布等に染み込んだものは、火がつきやすい。**
（空気との接触面積が大きくなり、また見かけ上の熱伝導率が小さくなるので危険性が増大する）
④ ガソリンが混合された灯油は、引火点が低くなり引火しやすい。

☑ 2. 軽　油
① 淡黄色または淡褐色の液体である（着色はしていない）。
② **霧状にしたり、布等に染み込んだものは、火がつきやすい。**

☑ 3. クロロベンゼン
① 無色透明の液体で石油に似た臭気がある。
② **水には溶けないが、アルコール、ジエチルエーテル等の有機溶剤によく溶ける。**

☑ 4. 酢酸（氷酢酸）
① 無色透明の液体で、刺激性の酢の臭いがする（食酢は酢酸の約 4% 水溶液）。
② **水によく溶け、アルコールやジエチルエーテルにもよく溶ける。**
③ 金属やコンクリートを腐食する。
④ 高濃度の酢酸は低温で氷結する（凝固点 17℃）ため、氷酢酸と呼ばれている。
⑤ アルコールと反応して酢酸エステルをつくる。

☑ **5. キシレン**

① オルトキシレン、メタキシレン、パラキシレンと3種の異性体がある。
② 非水溶性で水に溶けず、比重は水より軽い。無色透明の液体。
③ 引火点は27〜33℃で、常温（20℃）以上である。

よく出題される 問題

☑ **1. 灯油、軽油**

問1 第2石油類について、次のうち正しいものはどれか。

1. すべて原油を分溜して製造し、水に溶けない。
2. すべて引火点は31℃以上である。
3. 一般に静電気が発生しにくい。
4. 霧状のときは火が着きやすい。
5. 重油及びギヤー油は、第2石油類である。

問2 灯油の性状について、次のうち誤っているものはどれか。

1. 引火点は、40℃以上である。
2. 布にしみ込んだものは、火がつきやすい。
3. 水より軽い。
4. 蒸気は、空気より軽い。
5. 水に溶けない。

問3 灯油の一般性状について、次のうち正しいものはどれか。

1. 自然発火しやすい。
2. 引火点は、40℃以上である。
3. 発火点は、100℃より低い。
4. 液温が常温（20℃）では、蒸気は発生しない。
5. 水によく溶ける。

問4 軽油の性状等について、次のうち誤っているものはどれか。

1. 沸点は水よりも高い。
2. 水より軽い。
3. 蒸気は空気よりわずかに軽い。
4. ディーゼル機関等の燃料に用いられる。
5. 引火点は45℃以上である。

問5 灯油及び軽油に共通する性状について、次のうち誤っているものはどれか。

1. 水より軽い。
2. 引火点は、常温（20℃）より高い。
3. 蒸気は、空気より重い。
4. 発火点は、100℃より低い。
5. 水に溶けない。

2. 酢酸

問6 酢酸の性状について、次のうち誤っているものはどれか。

1. 高濃度の酢酸は低温で氷結するため、氷酢酸と呼ばれている。
2. エーテル、ベンゼンに溶ける。
3. 粘性が高く水には溶けない。
4. アルコールと反応して酢酸エステルをつくる。
5. 金属を強く腐食する。

問7 酢酸の性状について、次のうち誤っているものはどれか。

1. 無色透明の液体で、刺激臭がある。
2. 有機溶媒に溶ける。
3. 常温（20℃）で、容易に引火する。
4. 水溶液は腐食性を有する。
5. 青い炎をあげて燃焼する。

3. キシレン

問8 キシレンの性質について、次のうち誤っているものはどれか。

1. 3つの異性体がある。

2. 芳香を有している。
3. 無色の液体である。
4. 水によく溶ける。
5. 水よりも軽い。

解答 & パーフェクト講義

☑ 1. 灯油、軽油

問1 解答 4

- × 1. 第2石油類で**原油から直接得られるのは灯油、軽油だけである。また、水に溶けない物質と溶ける物質とがある。**
- × 2. 法令による第2石油類の引火点は、**21℃以上70℃未満である。**
- × 3. 水に溶けない（非水溶性）危険物が多いので、**静電気が発生しやすい。**
- ○ 4. 第2石油類が霧状のときは、空気との接触面積が大きくなり火が着きやすい。
- × 5. **重油は第3石油類であり、ギヤー油は第4石油類**に属する。

問2 解答 4

- ○ 1. 灯油の引火点は、40℃以上であり正しい。
- ○ 2. 灯油が布にしみ込んだものは、空気との接触面積が大きくなる等により火がつきやすくなる。
- ○ 3. 灯油の比重は、水より軽い。このような問題は、二硫化炭素を除いてすべて○と考えてOKである（二硫化炭素の比重は、1.3なので×となる。p.232の簡便法について参照）。
- × 4. 灯油を含む**第4類危険物の蒸気（比重）は、全部1以上で空気より重い。**
- ○ 5. 灯油を始め石油類は、非水溶性液体なので水に溶けない。

> 得点力UPのツボ　引火点等を表で確認したときは、必ず数値を書いて覚えるようにしよう！

問3 解答 2

- × 1. 灯油は自然発火しない。第4類で自然発火するものは、動植物油のアマニ油、キリ油等ごくわずかである。

○ 2. 灯油の引火点は、40℃以上である。
× 3. 灯油の発火点は、<u>100℃より高い</u>。
× 4. 灯油の蒸気は、液温が常温（20℃）でも<u>量は少ないが発生している</u>。
× 5. 非水溶性液体なので、<u>水に溶けない</u>。

問4　解答 3

○ 1. 軽油の沸点は、100℃の水よりも高い。
○ 2. 軽油の液比重は、1より小さく<u>水より軽い</u>。
× 3. 第4類の危険物の蒸気（気体の比重）は、<u>すべて1以上で空気より重い</u>。
○ 4. 軽油は、ディーゼル機関等の燃料に使われる。
○ 5. 軽油の引火点は、45℃以上である。

問5　解答 4

○ 1. 灯油及び軽油が水より軽いと出れば、二酸化炭素以外すべて○として OK である。
○ 2. 灯油、軽油と名前に油の付く危険物の引火点は、すべて常温（20℃）より高い（p.232 の「7. 簡便法について」参照）。
○ 3. 第4類の危険物の蒸気（比重）は、<u>すべて空気より重い</u>。
× 4. 第4類で発火点が100℃以下のものは、二硫化炭素の90℃のみである。
○ 5. 石油製品である灯油、軽油は、<u>非水溶性液体なので水に溶けない</u>。

☑ 2. 酢　酸

問6　解答 3

○ 1. 高濃度の酢酸は低温で氷結するため、氷酢酸と呼ばれている。
○ 2. 酢酸は、<u>エーテル、ベンゼン等の有機溶媒によく溶ける</u>。
× 3. 食酢は酢酸の約4％の水溶液であり、**水によく溶ける。また、粘性は低い**。
○ 4. 酢酸は、アルコールと反応して酢酸エステルをつくる。
○ 5. 金属を強く腐食する。

問7　解答 3

○ 1. <u>無色透明</u>と出ればすべて○。酢酸は酢の原料なので、刺激臭がある（p.232

「7. 簡便法について」参照）。

○ 2. 酢酸はジエチルエーテル、ベンゼン等の有機溶媒によく溶ける。
× 3. 酢酸の引火点は 39℃なので、常温（20℃）では蒸気の量が少なくて引火しない。
○ 4. 水溶液は腐食性を有する。
○ 5. 青い炎をあげて燃焼する。

☑ 3. キシレン

問8 解答 4

★ p.232 の「7. 簡便法について」を使って解いてみよう！

○ 1. オルトキシレン、メタキシレン、パラキシレンの 3 種の異性体がある。
○ 2. キシレンが芳香を有していると出れば、具体的な臭いなので○で OK である。
○ 3. キシレンが無色の液体であると出れば、無色透明ではないが○で OK である。
× 4. **キシレンは非水溶性液体なので、水に溶けない。**
○ 5. 水よりも軽いと出れば、二硫化炭素ではないので○で OK である。

問題 33 第3石油類、第4石油類、動植物油類、第4類全般

1 第3石油類

第3石油類とは、<u>重油、クレオソート油</u>その他、1気圧において引火点が70℃以上200℃未満のものをいう。

品　名	液比重	沸点°C	引火点°C	発火点°C	燃焼範囲 vol%	水溶性
重　油	0.9〜1.0	300以上	60〜150	250〜380	－	×
アニリン	1.01	185	70	615	－	△
グリセリン	1.3	291	199	370	－	○

☑ 1. 重　油
① 褐色又は暗褐色で粘性があり、揮発しにくい。
② <u>一般に水より軽い</u>。水には溶けない。
③ 1種（A重油）、2種（B重油）及び3種（C重油）に分類される。1種と2種の引火点は、日本工業規格では60℃以上と規定されている。
④ <u>いったん燃えはじめると、液温が高くなっているので消火が困難な場合がある</u>。
⑤ 不純物として含まれる硫黄が燃えると、有害な亜硫酸ガスとなる。

☑ 2. アニリン
① 無色又は淡黄色の特異臭ある液体。
② 水には溶けにくいが、エタノールやジエチルエーテル等にはよく溶ける。
③ アニリンにさらし粉を加えると、赤紫色に変色する。

☑ 3. グリセリン
① 無色透明の粘性ある液体である。第4類では数少ない無臭の物品である。
② <u>水、エタノールには溶けるが、ガソリン、軽油、二硫化炭素、ベンゼン等には溶けない</u>。
③ 吸湿性がある。
④ ナトリウムと反応して水素を発生する。

2 第4石油類

第4石油類とは、<u>ギヤー油、シリンダー油</u>その他、1気圧において引火点が200℃以上250℃未満のものをいう。

① 揮発しにくく（常温では蒸気は出ていない）、粘性のある液体である。

② 一般に比重は、水より軽いものが多い。
③ 燃えているときは、液温が高くなっている（250℃以上で発火点に近い場合がある）ので消火が困難な場合がある。

3 動植物油類

動植物油類とは、動物の脂肉等又は植物の種子もしくは果肉から抽出したもので、1気圧において**引火点が250℃未満**のものをいう。

区　分	ヨウ素価	品　名
乾性油	130 以上	アマニ油、キリ油
半乾性油	100 ～ 130	なたね油、大豆油
不乾性油	100 以下	ヤシ油、落花生油

① **引火点は 200 ～ 250℃である。**
② 燃えているときは、液温が高くなっているので消火が困難な場合がある（注水すると危険である）。
③ **ヨウ素価の大きい乾性油は、自然発火しやすい。**
④ **アマニ油等の乾性油は、ぼろ布等に染み込んでいると自然発火しやすい。**

よく出題される問題

☑ 1. 第3石油類

問1 重油の一般的性状について、次のうち誤っているものはどれか。

1. 水に溶けない。
2. 水より重い。
3. 日本工業規格では、1種（A重油）、2種（B重油）及び3種（C重油）に分類される。
4. 発火点は100℃より高い。
5. 3種の重油の引火点は70℃以上である。

問2 重油の性状について、次のうち誤っているものはどれか。

1. 褐色又は暗褐色の液体である。
2. 種々の炭化水素の混合物である。

3. 発火点は 70 ～ 150℃である。
4. 種類により引火点は若干異なる。
5. 不純物として含まれている硫黄は、燃えると有害なガスになる。

問3 グリセリンの性状について、次のうち誤っているものはどれか。

1. 引火点は常温（20℃）より高い。
2. 比重は水より小さい。
3. 蒸気は、空気より重い。
4. 火薬の原料に使われる。
5. 水には溶けるが、エーテルには溶けにくい。

2. 第4石油類

問4 第4石油類についての説明で、次のうち誤っているものはどれか。

1. 一般に水より軽い。
2. 常温（20℃）では蒸発しにくい。
3. 潤滑油や切削油の中に該当するものが多く見られる。
4. 引火点は、第1石油類より低い。
5. 粉末消火剤の放射による消火は、有効である。

問5 次の文の（　）内の A ～ C に当てはまる語句の組合せで、正しいものはどれか。

「第4石油類に属する物品は（A）が高いので、一般に（B）しない限り引火する危険はないが、いったん燃え出したときは（C）が非常に高くなっているので、泡消火剤では消火が困難な場合がある。」

	〈A〉	〈B〉	〈C〉
1.	沸点	蒸発	気温
2.	沸点	沸騰	気温
3.	引火点	加熱	液温
4.	引火点	加熱	気温
5.	蒸気密度	沸騰	液温

☑ 3. 動植物油類

問6 動植物油類の中で乾性油は自然発火することがあるが、次のうち最も自然発火を起こしやすい状態のものはどれか。

1. 金属容器に入ったものが、長期間、倉庫に貯蔵されている。
2. ぼろ布等にしみ込んだものが、長期間、通風の悪い所に積んであった。
3. ガラス容器に入れたものが、長時間、直射日光にさらされていた。
4. 水の混入したものが、屋外に貯蔵されていた。
5. 種々の動植物油が、同一場所に大量に貯蔵されていた。

問7 動植物油類の性状について、次のうち誤っているものはどれか。

1. 水に溶けない。
2. 燃えているときは、液温が非常に高くなっているので注水すると危険である。
3. 引火点は300℃程度である。
4. 引火点以上に熱すると、引火危険が生じる。
5. 乾性油は、ぼろ布等に染み込ませ積み重ねておくと、自然発火することがある。

問8 次の危険物のうち、ぼろ布等の繊維にしみ込ませて放置すると、状況によって自然発火を起こす可能性のあるものはどれか。

1. エタノール　　2. 軽油　　3. 灯油　　4. ベンゼン　　5. 動植物油

☑ 4. 第4類全般

問9 灯油、軽油及び重油について、次のうち誤っているものはどれか。

1. 引火点を比較すると一般に灯油が最も低く、次に軽油、重油の順となる。
2. いずれも原油の分溜によって得られる。
3. 蒸気は、いずれも空気より重い。
4. 灯油と軽油は水より軽いが、重油は水より重い。
5. 灯油と軽油は、第2石油類、重油は第3石油類に属する。

問10 危険物の特性について、次のうち誤っているものはどれか。

1. 二硫化炭素は沸点および発火点が低いので、容器やタンクに貯蔵するときは通常水を張って蒸気の発生を抑制する。
2. 酸化プロピレンの火災には、水溶性液体用泡消火剤以外の一般の泡消火剤の使

用は不適当である。
3. ガソリンを収納している容器は、空き缶であっても危険性が大きいので、火災予防上安全な場所に保管する。
4. アセトアルデヒドの引火点は非常に低いが燃焼範囲が狭いので、ガソリンに比べると火災の危険性は少ない。
5. 動植物油の乾性油が染みこんだぼろ布を通風の悪い場所に放置すると、自然発火しやすい。

難 レベルアップ 問題

問11 次のA～Dに掲げる危険物の性状等のすべてに当てはまるものはどれか。

A. 引火点が0℃以下で、燃焼範囲が広い。
B. 発火点は90℃と低く、高温体と接触すると容易に発火する。
C. 水にはほとんど溶けない。
D. 水より重い。

1. ジエチルエーテル
2. 二硫化炭素
3. アセトアルデヒド
4. ベンゼン
5. 酸化プロピレン

解答 & パーフェクト 講義

☑ 1. 第3石油類

問1 解答 2

出題分析アドバイス
比重が1より大きい危険物には、二硫化炭素（1.3）、酢酸（1.05）、グリセリン（1.3）等がある。しかし、実際の問題では酢酸等は○×形式の問題にはほとんど出ないので、試験問題で水より重いと出れば二硫化炭素のみが○となり、他はすべて×になる。

○ 1. 重油等の石油製品は非水溶性なので、水に溶けない。
× 2. 重油は3種類あるが、**比重はすべて水より軽い**。水より重いと出れば、二硫化炭素は○。他はすべて×になる（p.232「7. 簡便法について」を参照）。

- ○ 3. 日本工業規格では、3種類に分類されている。
- ○ 4. 発火点が100℃より低い物品は二硫化炭素の90℃のみであり、他の第4類の危険物はすべて100℃より高い。
- ○ 5. 3種の重油の引火点は70℃以上である。

問2 解答 3

- ○ 1. 重油は、褐色又は暗褐色の液体である。
- ○ 2. 重油は石油製品なので、ガソリン等と同じく種々の炭化水素の混合物である。
- × 3. 70～150℃は発火点ではなく、ほぼ引火点の値である。
- ○ 4. A重油の引火点は低く、C種類の引火点は高い。
- ○ 5. 不純物として含まれている硫黄は、燃えると有害な亜硫酸ガスになる。

問3 解答 2

- ○ 1. グリセリンは第3石油類なので、引火点は常温(20℃)より高い(参考:第3石油類である重油の引火点は、60～150℃である。)。
- × 2. 比重は水より大きい(比重が水より重い二硫化炭素以外の例外油種である)。
- ○ 3. 第4類の危険物の蒸気(蒸気比重)は、すべて1以上で空気より重い。
- ○ 4. グリセリンは、火薬の原料(ニトログリセリン→ダイナマイト)に使われる。
- ○ 5. 水には溶けるが、エーテルには溶けにくい。

> **得点力UPのツボ**
> グリセリンは特異な物品であり、**無臭**でベンゼン、トルエン等の**有機溶剤に溶けない**等の**第4類の他の危険物にはない特性がある**。2項の比重は水より大きい等を含めて注意しよう!

☑ 2. 第4石油類

問4 解答 4

- ○ 1. 第4石油類にはギヤー油等があり、比重は一般に水より軽い。
- ○ 2. 第4石油類は沸点が高いので、常温(20℃)では蒸発しにくい。
- ○ 3. 潤滑油や切削油の中に該当するものが多く見られる。
- × 4. 第4石油類(ギヤー油:220℃)の引火点は、第1石油類(ガソリン:−40℃)より高い。
- ○ 5. 粉末消火剤の放射による消火は、窒息と抑制効果があるので有効である。

問5 解答 3

「第4石油類に属する物品は（A:**引火点**）が高いので、一般に（B:**加熱**）しない限り引火する危険はないが、いったん燃え出したときは（C:**液温**）が非常に高くなっているので、泡消火剤では消火が困難な場合がある。」

	〈A〉	〈B〉	〈C〉
× 1.	沸点 ×	蒸発 ×	気温 ×
× 2.	沸点 ×	沸騰 ×	気温 ×
○ 3.	**引火点** ○	**加熱** ○	**液温** ○
× 4.	引火点 ○	加熱 ○	気温 ×
× 5.	蒸気密度 ×	沸騰 ×	液温 ○

☑ 3. 動植物油類

問6 解答 2

考え方 Point!!
●動植物油類の乾性油による自然発火は、**空気中で酸化されることが原因で**ある。金属容器に入った場合等と**空気の供給がない場合には、自然発火しない**。

× 1. 金属容器に入ったものが長期間倉庫に貯蔵されていても、自然発火しない。
○ 2. **ぼろ布等に乾性油がしみ込んだものを長期間、通風の悪い所に積んで置くと、空気に触れる面積が大きく酸化されやすいので、発熱し自然発火することがある。**
× 3. ガラス容器で乾性油が、長時間直射日光にさらされていても自然発火しない。
× 4. 水の混入したものが屋外に貯蔵されていても、自然発火しない。
× 5. 種々の動植物油が同一場所に大量に貯蔵されていても、自然発火しない。

問7 解答 3

得点力UPのツボ
動植物油類では、①**自然発火するのは乾性油**、②**引火点は 250℃未満**この2点を覚えておけば、ほぼ 90％の確率で解答できます（最近の出題傾向より）。

○ 1. 動植物油類は非水溶性の物品なので、水に溶けない。
○ 2. 燃えているときは、液温が非常に高くなっているので注水すると危険である。
× 3. **動植物油類の引火点は、200 ～ 250℃である。**

- ◯ 4. 引火点である200℃以上に熱すると、ガソリン同様に点火源があれば引火する。
- ◯ 5. アマニ油やキリ油等の乾性油は、ぼろ布等に染み込ませ積み重ねておくと、酸化反応による熱で温度が上がって自然発火することがある。

問8　解答 5

> **得点力UPのツボ**　自然発火するものは、動植物油類のアマニ油、キリ油のみと覚えよう！

- × 1. エタノール→アルコール類
- × 2. 軽油→第2石油類
- × 3. 灯油→第2石油類
- × 4. ベンゼン→第1石油類
- ◯ 5. 動植物油→動植物油類（アマニ油、キリ油）は自然発火に注意

☑ 4. 第4類全般

問9　解答 4

- ◯ 1. 引火点を比較すると一般に灯油（40℃以上）が最も低く、次に軽油（45℃以上）、重油（60〜150℃）の順となる。
- ◯ 2. 灯油、軽油、重油はともに石油製品なので、いずれも原油の分溜によって造る。
- ◯ 3. 第4類の危険物の蒸気（蒸気比重）は、いずれも1以上で空気より重い。
- × 4. **灯油、軽油、重油の比重（液比重）は、いずれも水より軽い。**
- ◯ 5. 灯油と軽油は、第2石油類、重油は第3石油類に属する。

問10　解答 4

- ◯ 1. 二硫化炭素は沸点および発火点（90℃）が低いので、容器やタンクに貯蔵するときは通常水を張って（水没貯蔵）蒸気の発生を抑制する。
- ◯ 2. 酸化プロピレン（水溶性）の火災には、水溶性液体用泡消火剤以外の一般の泡消火剤の使用は不適当である。
- ◯ 3. ガソリンを収納している容器は、空き缶であっても蒸気濃度が燃焼範囲内になっていることがあり危険性が大きいので、安全な場所に保管する。

× 4. 特殊引火物のアセトアルデヒドの引火点は非常に低く燃焼範囲も広いので、ガソリンに比べると火災の危険性は大きい。
○ 5. 動植物油の乾性油（アマニ油、キリ油等）が染みこんだぼろ布を通風の悪い場所に放置すると、自然発火しやすい。

難 レベルアップ 問題

問11 解答 2

A. 引火点が 0 ℃以下で、燃焼範囲が広い。→**特殊引火物の性状である。**
B. 発火点は 90 ℃と低く、高温体と接触すると容易に発火する。→**二硫化炭素**
C. 水にはほとんど溶けない。→**非水溶性の危険物である。**
D. 水より重い。→ p.232「7．簡便法について」参照。二硫化炭素は○、他はすべて×である。

		〈A〉	〈B〉	〈C〉	〈D〉	〈参考〉
×	1. ジエチルエーテル	○	×	△	×	特殊引火物
○	2. **二硫化炭素**	○	○	○	○	**特殊引火物**
×	3. アセトアルデヒド	○	×	×	×	特殊引火物
×	4. ベンゼン	×	×	○	×	第1石油類
×	5. 酸化プロピレン	○	×	×	×	特殊引火物

問題 34 特殊引火物、アルコール類

1 特殊引火物

特殊引火物とは、ジエチルエーテル、二硫化炭素その他１気圧において発火点が100℃以下のもの、又は引火点が－20℃以下で沸点が40℃以下のものをいう。

品名	液比重	沸点°C	引火点°C	発火点°C	燃焼範囲 vol%	水溶性
ジエチルエーテル	0.7	35	－45	160	1.9～36	△
二硫化炭素	1.3	46	－30以下	90	1.3～50	×
アセトアルデヒド	0.8	21	－39	175	4.0～60	○
酸化プロピレン	0.8	35	－37	449	2.3～36	○

☑ 1. ジエチルエーテル
① 無色透明の液体で、刺激性の臭気がある。
② 沸点が低いので揮発（蒸発）しやすく、蒸気は麻酔性がある。
③ 日光や空気に接触すると過酸化物を生じ、加熱、衝撃等により爆発の危険がある。

☑ 2. 二硫化炭素
① 液比重は水より重い。
② 可燃性蒸気（有毒）の発生を防ぐため水中で貯蔵する。
③ 発火点は 90℃で、危険性が大きい。→第４類危険物の中では発火点が最も低い。
④ 燃焼すると二酸化硫黄（有毒な亜硫酸ガス）と二酸化炭素を発生する。

☑ 3. アセトアルデヒド
① 無色透明の液体で、刺激性の臭気がある。
② 水によく溶けアルコール、ジエチルエーテルにもよく溶ける。
③ 貯蔵する場合は、安全のために不活性ガス（窒素等）を封入する。
④ 熱又は光で分解する性質がある。酸化すると酢酸になる。
⑤ 第１類危険物の塩素酸ナトリウム等と反応して、燃焼することがある。

☑ 4. 酸化プロピレン（別名プロピレンオキサイドともいう）
① 水によく溶けアルコール、ジエチルエーテルにもよく溶ける。
② 重合する性質があり、その際に熱を発生し、火災、爆発の原因となる。

③ 貯蔵する場合は、安全のために**不活性ガス（窒素等）を封入する**。

5. 特殊引火物全般の注意点
① 沸点が低いため蒸発しやすく危険である。
② 引火点が低いため引火しやすく危険である。
③ 燃焼範囲がガソリンの約5倍以上あり、広くて危険である。

2 アルコール類

アルコールとは、1分子を構成する**炭素の原子の数が1個から3個**までの飽和1価アルコール（変性アルコールを含む）をいい、組成等を勘案して定められている。

品名	液比重	沸点°C	引火点°C	発火点°C	燃焼範囲vol%	水溶性
メタノール	0.8	64	11	464	6.0～36	○
エタノール	0.8	78	13	363	3.3～19	○
イソプロピルアルコール（2-プロパノール）	0.79	82	15	399	2.0～12.7	○

メタノールとエタノールに共通する特性
① 沸点は100℃以下である（水は100℃である）。
② 燃焼範囲は、ガソリンより広い。
③ 青白く淡い炎を出して燃焼するため、日中では炎が見えにくいことがある。
④ メタノールには毒性があるが、エタノールには毒性がない。
⑤ 水で希釈して濃度を低くすると、蒸気圧は低くなり引火点は高くなる。

常温での引火の可否

	アルコール	ウイスキー	日本酒
アルコール濃度	100%	45%	15%
引火点	13℃	約30℃	―
引火の可否	○	○	×

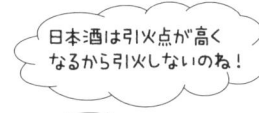

日本酒は引火点が高くなるから引火しないのね！

⑥ 三酸化クロム（無水クロム酸＝第1類危険物で酸化剤）と接触すると激しく反応して、発火することがある。

⑦ アルコール類（グリセリンを含む）は、ナトリウムと反応して水素を発生する。

よく出題される　問題

☑ 1. 特殊引火物

問1 特殊引火物について、次のうち誤っているものはどれか。

1. アセトアルデヒドは、沸点が非常に低く揮発しやすい。
2. ジエチルエーテルは、特有の臭気があり、燃焼範囲は極めて広い。
3. 二硫化炭素は、無臭の液体で水に溶けやすく、かつ、水より軽い。
4. 酸化プロピレンは重合反応を起こし、大量の熱を発生する。
5. 二硫化炭素は発火点が100℃以下で、第4類の内では発火点が特に低い危険物の1つである。

問2 アセトアルデヒドの性状について、次のうち誤っているものはどれか。

1. 無色透明の液体である。
2. エタノールには溶けるが、水には溶けない。
3. 特有の刺激臭のある液体である。
4. 酸化すると酢酸を生じる。
5. 沸点が低く、非常に揮発しやすい。

難 レベルアップ問題

問3 アセトアルデヒドの性状について、次のA〜Eのうち誤っている組合せはどれか。

A. 無色透明の刺激臭のある液体である。
B. 水、エタノールには溶けない。
C. 常温（20℃）では、引火の危険性はない。
D. 沸点が低く非常に揮発しやすい。
E. 可燃性物質であり、酸化性物質と反応し火災や爆発のおそれがある。

1. AとB　　2. BとC　　3. CとD　　4. DとE　　5. AとE

レベルアップ問題

問4 二硫化炭素の性状について、次の文の下線部分（A）〜（F）のうち、誤っている箇所のみを掲げているものはどれか。

「二硫化炭素は(A) 無色の揮発性液体で、点火すると(B) 赤色の炎をあげて燃え、有毒な(C) 二酸化硫黄を発生する。燃焼範囲は、(D) おおむね 12〜60 vol%で、蒸気は空気より(E) 軽く高所に滞留し、爆発性の混合ガスをつくる。また、流動やろ過などの際に帯電し、放電火花により(F) 引火または爆発することがある。

1. A、B、D
2. B、E、F
3. A、C、F
4. B、D、E
5. C、D、E

2. アルコール類

問5 第4類のアルコール類に共通する性状で、次のうち誤っているものはどれか。

1. 無色透明の液体である。
2. 水より軽い液体である。
3. 沸点は水より高い。
4. 発生する蒸気は空気より重い。
5. 特有の芳香を持つ。

問6 メタノールの性状について、次のうち誤っているものはどれか。

1. 常温（20℃）で引火する。
2. アルコール類では、分子量が最も小さい化合物である。
3. 燃焼しても炎の色が淡く、見えないことがある。
4. 毒性はエタノールより低い。
5. 沸点は約65℃である。

問7 エタノールの性質について、次のうち誤っているものはどれか。

1. 沸点は、100℃より低い。
2. 引火点は、0℃以下である。
3. 水溶性で、水とはどんな割合にも溶け合う。
4. 無色透明で、芳香がある。
5. 水より軽い。

問 8 メタノールとエタノールの共通する性状で、次のうち誤っているものはどれか。

1. メタノールの蒸気は有毒である。
2. いずれも揮発性で無色透明の液体である。
3. いずれも引火点は、常温（20℃）以下である。
4. いずれも水溶性で、濃度が低くなるほど引火点が低くなる。
5. いずれも一般の泡消火剤は効果がない。

解答 & パーフェクト講義

1. 特殊引火物

問1 解答 3

- ○ 1. アセトアルデヒドの沸点は、第4類では一番低い部類に属し非常に揮発しやすい。
- ○ 2. ジエチルエーテルは、特有の刺激性の臭気があり、燃焼範囲が極めて広い。
- × 3. 二硫化炭素は水に溶けない非水溶性の物品で、水より重い。また、一般には特有の不快臭がある。
- ○ 4. 酸化プロピレンは重合反応を起こし、大量の熱を発生する危険性がある。
- ○ 5. 二硫化炭素の発火点は90℃で、第4類の危険物では一番低い。

問2 解答 2

- ○ 1. 無色透明と出れば、すべて○でOKである。p.232「7. 簡便法について」参照。
- × 2. アセトアルデヒドは水溶性の危険物なので、エタノールにも水にも溶ける。
- ○ 3. 特有の刺激臭のある液体であると出れば、具体的な臭いなので○でOKである。
- ○ 4. アセトアルデヒドが酸化すると酢酸となる。
- ○ 5. アセトアルデヒドは特殊引火物なので、沸点が低く非常に揮発しやすい。

レベルアップ問題

問3 解答 2

○ A. 無色透明の刺激臭のある液体であると出れば、すべて○で OK である。
× B. アセトアルデヒドは水溶性の液体で、**水、エタノールによく溶ける。**
× C. 特殊引火物は引火点が一番低いので、**常温（20℃）で引火の危険性がある。**
○ D. 特殊引火物の沸点は、すべて低く非常に揮発しやすい。
○ E. 第1類の三酸化クロム（酸化性物質）と反応して火災や爆発のおそれがあ
× 1. AとB　　○ 2. BとC　　× 3. CとD　　× 4. DとE　　× 5. AとE

難 レベルアップ 問題

問 4 解答 4

得点力UPのツボ： p.284 の一覧表の数値や合格のポイントを見ながら解いてみよう！

「二硫化炭素は (A) ○無色の揮発性液体で、点火すると (B) ?赤色の炎をあげて燃え、有毒な (C) ○二酸化硫黄を発生する。燃焼範囲は、(D) ×おおむね 12～60 vol%で、蒸気は空気より (E) ×軽く高所に滞留し、爆発性の混合ガスをつくる。また、流動やろ過などの際に帯電し、放電火花により (F) ○引火または爆発することがある。

× 1. A○、B?、D×　　× 2. B?、E×、F○　　× 3. A○、C○、F○
○ 4. B?、D×、E×　　× 5. C○、D×、E?

得点力UPのツボ：
B：?赤色→?
D：×おおむね 12～60 vol%→○ 1.3～50 vol%
E：×軽く高所に滞留し→○重く低所に滞留
B項の○×は合格のポイントから判断できないが、答えは4項以外考えられない。

☑ 2. アルコール類

問 5 解答 3

得点力UPのツボ： p.232「7. 簡便法について」を参照。p.285 アルコール類の一覧表の数値や合格のポイントを参考にしながら解答しよう！

- ◯ 1. アルコール類は、<u>無色透明</u>の液体である。
- ◯ 2. 水より軽いと出れば、二硫化炭素は×、<u>それ以外はすべて◯</u>である。
- × 3. **アルコール類の沸点は、100℃の水より低い。**
- ◯ 4. 第4類の危険物が発生する蒸気（蒸気比重）は、<u>全部1以上で空気より重い</u>。
- ◯ 5. アルコール類は、特有の芳香をもつ。

問6　解答 4

- ◯ 1. メタノールの<u>引火点は11℃</u>なので、常温（20℃）で引火する。
- ◯ 2. アルコールの中では、分子量が最も小さい化合物である。
- ◯ 3. メタノールは、燃焼しても炎の色が淡く見えないことがある。
- × 4. **メタノールの毒性は、エタノールより高い。**
- ◯ 5. メタノールの沸点は、約65℃である。**アルコール類の沸点は100℃より低いと覚えれば、沸点関連の問題は数値を覚えなくてもすべて答えが出る。**

問7　解答 2

- × 2. **エタノールの引火点は、13℃である。**0℃以下は誤っている。
- ◯ 3. アルコール類は水溶性で、水とはどんな割合にも溶け合う。

問8　解答 4

- × 4. メタノールとエタノールはいずれも水溶性で、**水で薄めて<u>濃度が低くなるほど引火点が高くなり引火しにくくなる</u>。**
- ◯ 5. メタノールとエタノールはいずれも水溶性で、<u>一般の泡消火剤は効果がない</u>ので水溶性液体用泡消火剤を使用する。

問題 35 第1石油類-2（ベンゼン・トルエン・アセトン他）

第1石油類とは、アセトン、ガソリンその他1気圧において引火点が21℃未満のものをいう。

品 名	液比重	沸点°C	引火点°C	発火点°C	燃焼範囲vol%	水溶性
ベンゼン	0.9	80	−11	498	1.2～7.8	×
トルエン	0.9	111	4	480	1.1～7.1	×
アセトン	0.8	56	−20	465	2.5～12.8	○

1. ベンゼン
① 芳香族炭化水素で無色透明の液体。芳香性の臭気がある。
② 水に溶けないが、アルコールやジエチルエーテル等の有機溶剤によく溶ける。
③ 揮発性があり、蒸気は有毒である。

2. トルエン
① 蒸気に毒性があるが、ベンゼンよりも小さい。
② 他の特性はベンゼンに同じ。

3. アセトン
① 無色透明の液体で、特有の臭気がある。
② 水に溶けるほか、アルコール、ジエチルエーテル等の有機溶剤にもよく溶ける。
③ 水溶性液体用泡消火剤が最適である。

4. メチルエチルケトン（エチルメチルケトン）
① 通気口付きの貯蔵容器には収納できない。
② 水にわずかに溶け、アルコール、ジエチルエーテル等の有機溶剤にはよく溶ける。

危険物には
水溶性：アセトン、アルコールなど
非水溶性：ベンゼン、トルエン、ガソリンなど

よく出題される 問題

問1 ベンゼンの性状として、次のうち誤っているものはどれか。

1. 無色透明の揮発性液体である。
2. 水にはほとんど溶けない。
3. 特有の芳香を有している。
4. 水より重い。
5. アルコール、エーテルに溶ける。

問2 ベンゼンの性状等で、次のうち誤っているものはどれか。

1. 揮発性のある無色透明の液体で芳香性がある。
2. 水によく溶けるが、多くの有機溶剤には溶けない。
3. 一般に樹脂、油脂等をよく溶かす。
4. 融点が5.5℃であるため、冬季には固化することがある。
5. 蒸気は毒性が強いため吸入すると危険である。

問3 トルエンの性状について、次のうち誤っているものはどれか。

1. 無色透明の液体である。
2. 金属への腐食性はない。
3. 濃硝酸と反応して、トリニトロトルエンを生成することがある。
4. 蒸気は空気より軽い。
5. 引火点は常温（20℃）以下である。

問4 ベンゼンとトルエンについて、次のうち誤っているものはどれか。

1. 蒸気はいずれも有毒である。
2. いずれも無色の液体で水より軽い。
3. いずれも芳香族炭化水素である。
4. いずれも引火点は常温（20℃）より低い。
5. いずれも水によく溶ける。

問題35 第1石油類-2（ベンゼン・トルエン・アセトン他）

問5 アセトンの性状について、次のうち誤っているものはどれか。

1. 揮発しやすい。
2. 水に不溶で、水に浮く。
3. 無色で特有の臭気を有する液体である。
4. 引火点は、常温（20℃）より低い。
5. 発生する蒸気は空気より重いので、低所に滞留する。

問6 アセトンの性状として、次のうち誤っているものはどれか。

1. 無色透明で揮発性の液体である。
2. 引火点は、常温（20℃）より低い。
3. 水に任意の割合で溶けるが、ジエチルエーテル、クロロホルムにはほとんど溶けない。
4. 過酸化水素、硝酸と反応して、発火することがある。
5. 沸点は100℃より低い。

問7 エチルメチルケトンの貯蔵または取扱いの注意事項として、次のうち不適切なものはどれか。

1. 換気をよくする。
2. 貯蔵容器は、通気口付きのものを使用する。
3. 火気に近づけない。
4. 日光の直射を避ける。
5. 冷所に貯蔵する。

解答 & パーフェクト講義

問1 解答 4

● p.232の簡便法を使って解いてみよう！

○ 1. 無色透明と出れば、すべて○でOKである、また、沸点の低い揮発性液体である。
○ 2. ベンゼンは非水溶性液体なので、水には溶けない。
○ 3. 特有の芳香と具体的なので、○でOKである。

- ×4. 水より重いと出れば、二硫化炭素（比重1.3）以外すべて×でOKである。
- ○5. ベンゼンは有機溶剤であり、当然アルコール、エーテルの有機溶剤に溶ける。

問2　解答2

- ○1. ベンゼンは無色透明で芳香性があると出れば、○でOKである。また、沸点が低いので揮発性が大きい。p.232の簡便法を参照。
- ×2. ベンゼンは非水溶性で水に溶けないが、多くの有機溶剤（アルコール等）によく溶ける。
- ○3. ベンゼンは有機溶剤（ペンキの薄め液等）でもあり、一般に樹脂、油脂等をよく溶かす。
- ○4. 融点が5.5℃であるため、冬季には固化（固体になること）することがある。
- ○5. ベンゼンの蒸気は、毒性が強いため吸入すると危険である。

問3　解答4

- ○1. トルエンは無色透明の液体であると出れば、○でOKである。p.232の簡便法を参照。
- ○2. トルエンは金属への腐食性はない。
- ?3. 濃硝酸と反応して、トリニトロトルエンを生成することがある。
- ×4. 第4類の危険物の蒸気（蒸気比重）は、すべて1以上で空気より重い。
- ○5. トルエンの引火点は4℃で、常温（20℃）以下である。

問4　解答5

- ○1. ベンゼンとトルエンの蒸気は、いずれも有毒である。
- ○2. いずれも無色の液体で水より軽いと出れば、二硫化炭素以外○でOKである。
- ○3. ベンゼンとトルエンは、いずれも芳香族炭化水素である。
- ○4. ベンゼン（－11℃）とトルエン（4℃）の引火点は、常温（20℃）より低い。
- ×5. ベンゼンとトルエンは非水溶性物質なので、いずれも水に溶けない。

問5　解答2

- ○1. アセトンは沸点が低いので揮発しやすい。
- ×2. アセトンは水溶性液体なので、水とはどんな割合でも溶ける。

問題35 第1石油類-2（ベンゼン・トルエン・アセトン他）

- ◯ 3. 無色で特有の臭気を有する液体と出れば、◯としてOKである。p.232の「7. 簡便法について」を参照。
- ◯ 4. アセトンの引火点は-20℃で、常温（20℃）より低い。
- ◯ 5. 発生する蒸気は空気より重いので、低所に滞留する。

問6 解答 3

- ◯ 1. アセトンは、無色透明で揮発性の液体である。
- ◯ 2. アセトンの引火点は-20℃で、常温（20℃）より低い。
- × 3. 水溶性液体で水に任意の割合で溶け、**ジエチルエーテル、クロロホルム**にもよく溶ける。
- ◯ 4. 第6類で酸化性物質の過酸化水素、硝酸と反応して発火することがある。
- ◯ 5. アセトンの沸点は100℃より低い。

問7 解答 2

- × 2. 貯蔵容器に通気口付きのものを使用すると、メチルエチルケトン（第1石油類）の蒸発により内部の圧力が高くなったとき、可燃性蒸気が漏れて危険である。通気口付きの容器は、第6類危険物の過酸化水素の貯蔵に使用される。

解 答 用 紙

130%に拡大してコピーして下さい。

番号		答	番号		答	番号		答	番号		答	番号		答
	1 2 3 4 5			1 2 3 4 5			1 2 3 4 5			1 2 3 4 5			1 2 3 4 5	
	1 2 3 4 5			1 2 3 4 5			1 2 3 4 5			1 2 3 4 5			1 2 3 4 5	
	1 2 3 4 5			1 2 3 4 5			1 2 3 4 5			1 2 3 4 5			1 2 3 4 5	
	1 2 3 4 5			1 2 3 4 5			1 2 3 4 5			1 2 3 4 5			1 2 3 4 5	
	1 2 3 4 5			1 2 3 4 5			1 2 3 4 5			1 2 3 4 5			1 2 3 4 5	
	1 2 3 4 5			1 2 3 4 5			1 2 3 4 5			1 2 3 4 5			1 2 3 4 5	
	1 2 3 4 5			1 2 3 4 5			1 2 3 4 5			1 2 3 4 5			1 2 3 4 5	
	1 2 3 4 5			1 2 3 4 5			1 2 3 4 5			1 2 3 4 5			1 2 3 4 5	
	1 2 3 4 5			1 2 3 4 5			1 2 3 4 5			1 2 3 4 5			1 2 3 4 5	
	1 2 3 4 5			1 2 3 4 5			1 2 3 4 5			1 2 3 4 5			1 2 3 4 5	
	1 2 3 4 5			1 2 3 4 5			1 2 3 4 5			1 2 3 4 5			1 2 3 4 5	
	1 2 3 4 5			1 2 3 4 5			1 2 3 4 5			1 2 3 4 5			1 2 3 4 5	
	1 2 3 4 5			1 2 3 4 5			1 2 3 4 5			1 2 3 4 5			1 2 3 4 5	
	1 2 3 4 5			1 2 3 4 5			1 2 3 4 5			1 2 3 4 5			1 2 3 4 5	
	1 2 3 4 5			1 2 3 4 5			1 2 3 4 5			1 2 3 4 5			1 2 3 4 5	
	1 2 3 4 5			1 2 3 4 5			1 2 3 4 5			1 2 3 4 5			1 2 3 4 5	
	1 2 3 4 5			1 2 3 4 5			1 2 3 4 5			1 2 3 4 5			1 2 3 4 5	
	1 2 3 4 5			1 2 3 4 5			1 2 3 4 5			1 2 3 4 5			1 2 3 4 5	
	1 2 3 4 5			1 2 3 4 5			1 2 3 4 5			1 2 3 4 5			1 2 3 4 5	
	1 2 3 4 5			1 2 3 4 5			1 2 3 4 5			1 2 3 4 5			1 2 3 4 5	
	1 2 3 4 5			1 2 3 4 5			1 2 3 4 5			1 2 3 4 5			1 2 3 4 5	
	1 2 3 4 5			1 2 3 4 5			1 2 3 4 5			1 2 3 4 5			1 2 3 4 5	
	1 2 3 4 5			1 2 3 4 5			1 2 3 4 5			1 2 3 4 5			1 2 3 4 5	
	1 2 3 4 5			1 2 3 4 5			1 2 3 4 5			1 2 3 4 5			1 2 3 4 5	
	1 2 3 4 5			1 2 3 4 5			1 2 3 4 5			1 2 3 4 5			1 2 3 4 5	
	1 2 3 4 5			1 2 3 4 5			1 2 3 4 5			1 2 3 4 5			1 2 3 4 5	
	1 2 3 4 5			1 2 3 4 5			1 2 3 4 5			1 2 3 4 5			1 2 3 4 5	
	1 2 3 4 5			1 2 3 4 5			1 2 3 4 5			1 2 3 4 5			1 2 3 4 5	
	1 2 3 4 5			1 2 3 4 5			1 2 3 4 5			1 2 3 4 5			1 2 3 4 5	
	1 2 3 4 5			1 2 3 4 5			1 2 3 4 5			1 2 3 4 5			1 2 3 4 5	
	1 2 3 4 5			1 2 3 4 5			1 2 3 4 5			1 2 3 4 5			1 2 3 4 5	
	1 2 3 4 5			1 2 3 4 5			1 2 3 4 5			1 2 3 4 5			1 2 3 4 5	
	1 2 3 4 5			1 2 3 4 5			1 2 3 4 5			1 2 3 4 5			1 2 3 4 5	
	1 2 3 4 5			1 2 3 4 5			1 2 3 4 5			1 2 3 4 5			1 2 3 4 5	

※番号を入れ、各問の1項～5項に○印×印をして使って下さい。

- 本書の内容に関する質問は，オーム社ホームページの「サポート」から，「お問合せ」の「書籍に関するお問合せ」をご参照いただくか，または書状にてオーム社編集局宛にお願いします．お受けできる質問は本書で紹介した内容に限らせていただきます．なお，電話での質問にはお答えできませんので，あらかじめご了承ください．
- 万一，落丁・乱丁の場合は，送料当社負担でお取替えいたします．当社販売課宛にお送りください．
- 本書の一部の複写複製を希望される場合は，本書扉裏を参照してください．

JCOPY＜出版者著作権管理機構 委託出版物＞

鈴木先生のパーフェクト講義
乙4類危険物試験

2014年10月25日　第1版第1刷発行
2024年11月10日　第1版第9刷発行

著　者　鈴木幸男
発行者　村上和夫
発行所　株式会社オーム社
　　　　郵便番号　101-8460
　　　　東京都千代田区神田錦町 3-1
　　　　電話　03(3233)0641(代表)
　　　　URL　https://www.ohmsha.co.jp/

© 鈴木幸男 2014

組版　新生社　　印刷・製本　三美印刷
ISBN978-4-274-21651-0　Printed in Japan